场景式营销

移动互联网时代的营销方法论

向世康◎著

北京时代华文书局

图书在版编目（CIP）数据

场景式营销：移动互联网时代的营销方法论/向世
康著. -- 北京：北京时代华文书局，2016.10
ISBN 978-7-5699-1225-8

Ⅰ.①场… Ⅱ.①向… Ⅲ.①网络营销 Ⅳ.
① F713.365.2

中国版本图书馆 CIP 数据核字 (2016) 第 255167 号

场景式营销：移动互联网时代的营销方法论
Changjingshi Yingxiao:Yidong Hulianwang Shidai De Yingxiao Fangfalun

著　　者	向世康
出 版 人	王训海
选题策划	侯仰志　王秀芬
监　　制	李广顺
责任编辑	曾　丽
责任校对	岳　伟
装帧设计	张合涛
营销推广	周莹莹
责任印制	刘　银
出版发行	时代出版传媒股份有限公司　http://www.press-mart.com
	北 京 时 代 华 文 书 局　http://www.bjsdsj.com.cn
	北京市东城区安定门外大街 136 号皇城国际大厦 A 座 8 楼
	邮编：100011　电话：010-84829728
印　　刷	环球东方（北京）印务有限公司
	（如发现印装质量问题，请与印刷厂联系调换）
开　　本	710mm×1000mm　1/16　印　张 18.5　字　数 236千字
版　　次	2017 年 5 月第 1 版　印　次 2019 年 2 月第 3 次印刷
书　　号	ISBN 978-7-5699-1225-8
定　　价	58.00 元

前　言

不知从何时起，许多人在潜意识里形成了一个观念：“市场营销”就是“忽悠”。甚至有人说，所谓营销全都是骗人的，营销人能否不作恶？

某公司自吹融资几个亿，某公司自擂市值飙升多少倍，某公司鼓吹其产品绿色健康，某讲师宣扬其培训班所发证书可以找到月薪万元的工作……一些人借“营销”之名行“蒙骗”消费者之实，这些不道德的行为，早已不是“忽悠”，甚至有骗人之嫌。我们暗自感叹人心不古，试图旁征博引为营销“正名”却显得苍白无力。即便从营销的核心要素——人文价值角度也无从为营销正名，无法实证没有渗透人文情怀的营销就一定会失败，也无法实证加入人文情怀的营销就一定能大获成功。换句话说，人文情怀只是营销的一种追求，并不能成为营销的必然发展趋势或是一种方法论。

混乱的根源在于人们错误的营销认知，或者更准确地说，对营销的狭隘认知造成了判断营销的标准或方法出现了错乱，许多人把能否将更多的产品卖给消费者作为衡量营销成功与否的唯一标准。

随着科技的进步，人们悄然走进了移动互联网时代。微信、淘宝、QQ、支付宝……如一张巨型天网覆盖人们生活的方方面面，无情地把人们的时间撕得支离破碎。互联网在为人们带来极大便利的同时，也颠覆了固有思维，从根本上改变了人们的消费习惯，促使营销领域发生新一轮变革。

　　万变不离其宗。从古至今，营销永远不变的不仅是产品，还有消费者的信任。要取得消费者的信任，最好的方式莫过于通过线上线下的连接，构建一个真实的生活场景，让消费者在场景中增强消费体验，与营销者即时互动，在场景中被触发和感动，提升消费欲望，在毫无压力的情况下欣然接受信息完成消费，也就是在对的时间、对的地点为消费者推送对的信息。

　　成熟的室内场景定位技术、蓬勃兴起的线下网络建设，以及O2O和互联网的快速发展，基于大数据分析和移动互联网传输技术，可以实现对消费场景更加准确的识别，真正找到消费者痛点和需求点，随时随地做到互动交流，让场景式营销成为移动互联网时代的营销主流。

　　其实，每个人都生活在场景之中，其消费行为无论在情感上还是在理智上，都受控于自我意识里某个心智共鸣，本身带有一定的场景暗示。如果按传统的品牌营销理论推导，场景就是一种心智影响力，营销者通过构建消费场景推广自身的"价值"，吸引人们的关注，从而实现消费的持续性。从这个意义上说，定位技术将移动互联网种种资源整合，形成持续的传播和一致的消费者体验，重塑了商业价值逻辑、市场营销与消费者的新型关系。

　　互联网争夺的是流量和入口，而移动互联网抢占的是场景，以场景触发人们消费行为的时代正在撬动市场营销格局，未来的竞争核心是场景，谁能抢得场景式营销先机，谁就站在了互联网风口上，赢得未来。目前，在国内移动互联网领域占据领先地位的企业，无一不是构建场景式营销的高手。"腾讯"在全国掀起了红包热，"陌陌"在微信包围下杀入华尔街，"小米"在建立硬件帝国的同时不忘打造各种手机应用场景，阿里则通过完善自身的服务生态构建支付宝的支付场景，"驴妈妈"从游客和景点角度出发，通过景区场景塑造和创造更好的服务，为旅游景点带来更多游客……

　　被誉为现代营销学之父的菲利普·科特勒曾说过，市场营销学是一门艺术和科学的学科。场景式营销也是如此，既有惯例的模式，又需要创造

性灵感。本书既将现有的惯例模式以读者喜闻乐见的方式呈现，同时还引入新理论，哪怕是尚未发展成熟但能激发、启迪读者灵感、开拓视野、迸发思想火花的理论。本书作者吸收了最新的营销理论，结合前沿的科技发展成果，力争内容丰富翔实，体系完整新颖，突出现实性、可操作性和应用性。理论与实践结合，兼顾知识系统性、前瞻性和实用性，这是作者始终不懈追求的目标，以及期望达到的境界。

目　录

PART 1

悄然来临的场景时代

1.1
春晚微信"红包"，宣告中国互联网进入场景时代

　　互联网金融火爆中国，"三马"互掐"火光四溅"，这成了人们关注的一大焦点。

　　阿里巴巴的马云拥有全球最大的电子商务平台"淘宝"；腾讯的马化腾则拥有全球最大的社交平台——QQ与微信；中国平安的掌门人马明哲与他俩相比毫不逊色，中国平安位列世界100强，不仅拥有国内最齐全的金融牌照，而且以保险为核心，集证券、信托、银行、资产管理等传统金融业务为一体，近年又跨界进入互联网金融，形成多元的综合金融服务集团。

　　"三马"现象，空前绝后。台面上有合作，共同出资组建了中国第一家互联网保险公司"众安财产在线"；但在私下里，为了争夺互联网金融这片蓝海，明争暗斗，互不相让。尤其在第三方支付领域，"支付宝"与"微信财付通"的较量更是你死我活。

　　1998年11月11日，程序员出身的马化腾靠5万元起家，推出即时通讯软件QQ，而后迅速发展壮大，于2004年6月上市，其身价立即飙升到8.98亿港元。1999年9月9日，马云创立阿里巴巴。2004年1月推出与QQ功能相似的"阿里旺旺"，"二马"在即时通讯软件上的正面交锋就此

开始，但"阿里旺旺"始终没能撼动 QQ 的统治地位。

马云创立阿里巴巴的初衷是："让天下没有难做的生意"。讽刺的是，淘宝网店的生意并不好做，问题出在信用瓶颈上。买家不愿意先付款，害怕付款后收不到商品或收到的商品质量不合格，"付款容易，退款难"；卖家也不愿意先发货，理由比买家更充分：商品发出后，买家不给钱，天下这么大，找谁去要钱。买家与卖家双方博弈的结果：买卖难以成交，双方僵持，互不信任。直到 2003 年 10 月，马云推出支付宝。支付宝的功能类似于传统信用体系中"中间担保人"的角色。买家选中商品把钱汇入支付宝，支付宝收到款后通知卖家发货，买家收到商品确认无误后，支付宝再把货款付给卖家。"一招鲜，吃遍天"，马云凭此一招，打开了生意闸门。截至 2016 年 6 月底，淘宝累计注册会员近 2 亿，日活跃用户超过 2000 万，在线商品数量超过 10 亿，2016 年"双 11"日交易额达 1207 亿元。2013 年 6 月，支付宝携手天弘基金公司联合推出货币理财产品"余额宝"。用户只要把钱转入余额宝，就可以享受年化收益率 6% 左右的"利息"，转入赎回不需要任何手续费。用户存留在余额宝账户的资金，不仅能像活期存款一样随时支取、方便购物，还能享受 10 倍活期存款收益。一时间，余额宝红遍大江南北，唤醒了全民理财意识。余额宝推出半年，用户数量就达 4303 万户，资金规模达 1853 亿元，一跃成为国内最大的基金公司，把腾讯等众多市场竞争对手远远抛在身后。

支付宝、余额宝的巨大成功，让马云风光无限，也让腾讯的马化腾如坐针毡。2013 年 9 月，马化腾的微信版"余额宝"，在微信安卓版 5.0.1 上正式亮相，并陆续加入财付通、滴滴打车、微信零钱及信用卡还款等多项功能，用户只需要在微信中关联一张银行卡，完成身份认证，手机随即变成一个全能钱包，可以购买腾讯合作商户的任何商品和服务，用户支付时，在手机微信内、公众号内输入支付密码，无须经过刷卡步骤即可完成线上

支付，过程简便流畅，既而成为余额宝最有力的挑战者。

从理论上说，第三方支付的竞争核心在于争夺用户，争夺用户的关键则在于培养用户使用习惯。也就是说，谁培养了用户支付习惯，谁就拥有这些用户，谁就是笑到最后的胜利者。从用户群体上看，腾讯拥有庞大的社交 QQ 用户群和微信用户群，两者合并注册用户超过 15 亿，微信支付用户数早已突破 4 亿，远远超过阿里的支付宝用户。腾讯尽管拥有移动支付领域的绝对优势，却没能转化成胜势的一个根本原因，是腾讯的客户群体多是中小学生消费群体。腾讯多年来在电商网购市场与淘宝竞争，采用的策略是先跟随、后斩杀，但很遗憾，不论是推出"拍拍网"包抄淘宝，还是"微信财付通"对抗支付宝，规模和交易额始终都在支付宝的压制之下。淘宝在电商领域和支付宝在互联网金融第三方支付平台领域的"江湖老大"地位稳如泰山。特别在 2015 年"双 11"购物节，淘宝销售额记录不断被刷新，更是让腾讯灰头土脸，一次次铩羽而归。腾讯如芒刺在背，感到特别"窝火"。

腾讯实现战略翻盘的历史机遇，出现在"移动支付"出现以后的场景化营销模式上，也就是 2015 羊年春节晚会上的摇一摇"微信红包"上。

其实，早在春节之前，腾讯"滴滴打车"与阿里"快的打车"之间的竞争已如火如荼，难分伯仲。临近羊年春节，"发红包"争夺客户资源的角力也在悄然进行，包括众多电商企业也都瞄准了这个节点，希望利用传统佳节，依托互联网平台，花小钱，以发红包或代金券的方式来争取更多客户资源。

腾讯推出摇一摇"微信红包"，将社交、游戏、传播、习俗有机融为一体，与中央电视台羊年春晚深度绑定。手机摇一摇，不仅能抢红包，还能摇出更多惊喜：包括春晚节目单和演员信息，同时还能与好友分享及互送贺卡。另外，"红包"与"拜年红包"做出细分，提升了用户体验，更是将场景

式营销推到新的高度。

羊年春晚那天，凭借中央电视台这个大舞台，腾讯公司创造了独特的应用场景，提高了移动支付的便捷性，把场景式营销演绎到极致，微信红包成了 2015 年夜饭的主菜单，从红包金额、产品体验、口碑与社会影响力等各方面看，腾讯完胜阿里。如果说阿里抢占了"双 11"，那么春晚场景则属于腾讯。

数据显示：羊年央视春晚微信摇一摇互动总量达到 110 亿次，微信红包收发达 10.1 亿次，祝福在 185 个国家传递 3 万亿公里。从初一到初八，全国共有 800 万用户参与抢红包。微信红包抢了春节晚会的风头，许多人春节过后，已经忘了春晚节目，却仍对微信红包摇到多少钱记忆犹新。有媒体甚至惊叹道："腾讯微信一夜之间完成了支付宝花费 8 年都做不到的事情。"连马云也不得不承认，腾讯完成了一场特别漂亮的"珍珠港偷袭"。

腾讯微信摇一摇抢红包盛况空前，激发了全国民众的积极参与。用户发红包需要提取现金，领了红包需要存款，两者都需要绑定个人银行卡。这样一来，用户自娱自乐，几乎在没有任何心理负担的情况下，绑定了自己的银行卡。据统计，通过发放红包，腾讯新增绑定银行卡高达上亿张。红包大热，引发市场期待，2014 年微信红包推动腾讯股价连续 3 天攀升11.05％，市值突破 1 万亿港元，腾讯成为全球第七大科技公司。

腾讯微信红包之所以取得巨大成功，创造独特场景和彰显人文情怀是关键。这个场景就是一年中最有价值的时机：中国人不远千里、万里返乡回家团圆的春节。在摇出"红包雨"的同时，还能摇出对远方亲人的祝福，摇出上传到春晚的全家福，摇出贺年卡为好友新春祝福……腾讯微信场景化营销，不仅完胜阿里，还引起强烈反响，甚至有媒体公开声称：最大赢家是腾讯，最大输家是央视春晚，最大妒忌者是马云……

从诚信通的线下销售到线上的淘宝网店、天猫的网络地产，马云的成

功更多是基于商业营销思维；而 BP 机寻呼 + 互联网 =QQ、互联网通讯 + 移动互联网，马化腾走的是创造产品思维之路，两人各有千秋不分伯仲，羊年春晚的摇一摇"微信红包"大获成功，赢在移动互联网的应用场景。

▷ 1. 应用场景简约

"微信红包"只需简单三个步骤就能玩转：确定红包发送对象、填写红包信息、微信支付。当对方收到红包后，只需要关联银行卡，领到的红包就可以在一个工作日之后提现。

▷ 2. 基于人性的驱动价值

派红包不是腾讯的发明，但腾讯把红包做活了，做到让红包超出红包的概念，变成了一场亿万人参加的社交游戏。每次抢红包之后，有炫耀、有懊恼、有话题，才会激发用户的分享和传播。

▷ 3. 巧妙构建场景

交互的核心是体验，体验的基础是场景。场景是驱动用户或者用户主导的关键，微信红包实现虚拟体验和现实体验的结合，拜年给压岁钱，这是典型传统场景，而摇一摇设计了红包场景，通过春晚拜年和跨屏互动，在传统行为习惯的基础上实现全民抢红包。钱多少并不重要，关键在于"抢红包"的应用场景。同时加上明星拜年、上传全家福、好友红包拜年等，这些互动方式丰富了春晚虚拟场景。

羊年春晚的微信摇"红包"，标志着中国互联网正式进入场景时代。

1.2

支付宝打响金融场景营销第一枪

　　2015年6月下旬，阿里集团与旗下蚂蚁金融服务公司共同出资60亿元成立本地生活服务平台"口碑"。"口碑"成立后的第一个大动作就是与肯德基深度合作，肯德基首度接入移动支付，宣布在上海市和浙江省的4700多家餐厅接入支付宝支付；支付宝则借助接入肯德基撬开了线下的移动支付大门，在新上线的"商家"一栏，提供了8.8折优惠。数据显示：不到一周时间，入驻支付宝的"商家"，即线下餐饮门店已超过7万多家，肯德基的优惠券领取量达到527万张，平均每天发放100多万张。支付宝后台显示：肯德基每天使用支付宝打折消费达到几十万笔。2015年9月14日，支付宝再次将应用场景拓展到普通市民的"菜篮子"上，浙江温州出现了首家"支付宝智慧菜场"。农贸市场摊主使用智能秤，蔬菜称重后，需要支付的钱款会自动生成二维码，用户买完菜，只要扫一下智能秤上的二维码，付款便告完成，不需要用户再输入金额。菜场作为线下场景的一部分，够传统、够简单，用户人群年龄相对来说偏成熟，却是特别适合移动支付的场所。原因在于菜市场一般消费金额较小、消费频次高，现金交易需要频繁找零，十分麻烦。支付宝运用移动支付非常精准地解决了这一

难题，门槛低、不涉及附加费用。

▷ 1. 支付宝从第三方支付到场景应用平台

支付宝与肯德基的深度合作，包括之前升级的支付宝 9.0 版本，无不显示其"12 年来最大的革命性变化"。增加了"商家"和"朋友"两个新的入口，分别替代"服务商"和"探索"。加入"朋友"功能在于导入沟通场景，并不是把重心放在社交上，做聊天工具。关系链不一定是聊天、社交，但基于聊天、社交的支付关系更为强大而牢固，还能激活用户的潜在需求。人们生活的每个场景本身就交织着人与人、人与商家、人与产品和服务等各种各样的关系。支付宝在打造以人为中心的场景平台的同时，也为支付宝用户打造全新的场景关系链，帮助解决场景中人与人之间的各种复杂关系，如支付宝在页面上增加了亲情、借条、群账户、群付款等一系列沟通功能。从这一点看，支付宝花 8 年时间把支付宝从支付工具变成应用工具，又用两年时间从应用工具升级转化为场景支付平台。

随着移动互联网时代的到来，通过移动智能终端，互联网服务与场景的连接更为紧密。场景的丰富度、操作的便利性、用户习惯的养成，将决定一个互联网产品的成败。新版支付宝借助移动互联网、大数据、云计算的优势，将关注点聚焦到每一个用户，已经成为贯穿于每个用户真实生活场景的应用平台，包括消费场景、城市生活、金融理财和互动交流等各个生活场景，让每一个用户都能充分体验个性化、人性化的优质服务。

以移动支付与场景结合为特征的金融服务场景化，是互联网金融未来的发展趋势。在移动互联网时代，用户的所作所为，包括支付在内的金融服务与社交沟通，都会融入到一个具体的场景之中。正如人们在某一个具体的消费场景里购物，自然而然地需要使用支付工具，人们通过互联网金

融平台进行理财，赚钱可能不是唯一的需求，最终都是为了满足生活场景中的多个精神与物质目标。

接入和搭建用户日常生活所需要的真实场景，是现阶段支付宝要做的具体工作。而在互联网金融应用中，具备支付宝普及深度和广度的应用平台屈指可数，目前支付宝拥有实名认证用户超过 4.5 亿，针对人们的生活越来越碎片化，除了满足大部分用户首选网上消费支付以外，支付宝还在超过 100 万家餐饮、超市、便利店，700 多家大型医院、数百万辆网约车等众多线下场景实现了全方位覆盖，用户可以便捷地通过手机用支付宝付款。

除了餐饮、超市等消费场景，支付宝还把服务触角向城市服务、水电煤气缴费、交通出行等生活场景延伸，为用户提供便捷的一体化服务。用户足不出户，便能完成水电煤气缴费、交通违章罚款等生活中必不可少的事情。

在理财投资方面，继余额宝、招财宝之后，支付宝又引进了股票购买功能。用户在绑定券商账号之后，可以通过券商买卖股票。特别是卖出股票之后，资金会当天回到用户的余额宝账户里，继续享受理财收益。

▷ 2. 引入朋友，构建基于场景的关系链

用户与消费场景的连接通过支付完成，分享与沟通是人们生活中必不可少的场景之一。人们在日常生活中发现一家好吃的餐厅、一款时尚的商品、一款有价值的金融理财产品，都会产生与朋友共同分享的欲望和需求。因此，新版支付宝增加了"朋友"作为一级入口，支持一对一沟通与群组功能。在消费、金融理财投资、生活等各种场景之外，添加了"朋友"功能，支持用户把好东西分享给朋友，为用户交互沟通提供场景支持。如经常在一块吃饭的"饭搭子"，可以在支付宝里建一个群，生成一个群付款码，每

次吃饭结账，出示群付款码，就可以扫描进行 AA 制付款。就餐之前，还可以将餐厅的相关信息分享在群里，让所有人参与讨论并选择大家都认可的餐厅等。这改变了以往先在手机上挑选餐馆、购买优惠券，然后到餐厅消费，再向店家核销优惠券、用现金补交差额的做法。支付宝的场景化，让一切变得更加简单。

在家庭、朋友等场景里，新版支付宝增加了金融理财等相关功能，支持用户为家庭成员开通亲情账户，帮助家人理财。如父母和子女没有支付宝或余额宝账户，用户可以通过亲情账户为他们开通"亲情账户"（类似于银行卡的副卡），进行理财或保管资金，压岁钱"爸妈帮你存起来"已经成为现实。针对朋友之间借钱经常出现尴尬的场景，支付宝添加"借条"功能。向朋友借钱时，可以打一张电子借条，约定金额、期限与利息，借款到期后，系统会自动提醒还款，免去朋友间"催还钱"的尴尬。为保证"借条"规范，"借条"还有借款流程、计息等功能。

在本地生活服务场景的开拓上，新版支付宝不但保留了用于线下支付的"扫一扫"和"付款"（即原来的付款码），还加入了"附近"。用户点击进入后，会显示附近优惠商家，并提供领取优惠的途径。在旧版支付宝"钱包"时代，用户如何找到支持使用支付宝的商家，始终是个难题。当时，支付宝采用的办法较为传统，即在实物商店放置宣传广告，如收银台贴纸等。这种做法对于用户来说是一个被动"接受"信息的过程。而增加"商家"和"附近"以后，这个难题迎刃而解，用户能够主动获取商家的场景信息。

线下消费场景中，商家与消费者可以直接发生联系。消费者可以选择关注商家，享受商家的会员权益，第一时间了解商家的服务动态。商家可以根据消费者的不同喜好，推出更加精准、个性化的服务，消费者与商家的所有互动，都可以在"服务窗"页面内进行。

▷ 3. 金融场景化的有益探索

在互联网金融风暴席卷大江南北并获得人们极大关注之时，一个不可否认的事实是，互联网金融在这个阶段的特征更多地体现在"金融"上：一是其主要服务对象是传统金融服务无法覆盖的草根群体；二是其一直在寻找传统金融与互联网渠道融合的"节点"；三是传统金融与互联网互为开放和包容，传统金融与互联网渠道实现了稳定对接。互联网金融未来的发展趋势，就是在进一步强化互联网金融的金融属性，做好自身金融风险防范的前提下，根据互联网用户群体使用习惯，提供全方位、无缝隙、高质量的优质服务。做到这一步的关键，则是采用金融场景化思路，将纷繁复杂、彼此关联的产品和服务，用互联网思维简单表现出来，将互联网金融便捷、安全、高收益的投资优势，用合适的途径传播给广大用户，融入人们的日常生活。从这个意义上来说，金融应用场景化是互联网金融发展的必然趋势，而对中国互联网金融的开创者支付宝而言，凭借其完善的账户体系、庞大的用户群体、第三方支付和移动支付领域的霸主地位，率先进行有益尝试，无疑让金融应用场景化变得更为系统化、生态化，支付宝创造的基于用户生活与消费相互融合的金融关系链，其实是未来整个互联网金融场景化的雏形。

1.3

O2O 定位商业场景模式

　　O2O 不是新名词，意思是"在线"到"离线"或"线上"到"线下"，Online To Offline 的英文缩写。一般指将线下的商务机会与互联网结合，让互联网成为线上交易平台，这个概念最早来源于美国。O2O 概念十分广泛，既涉及线上，又涉及线下，是线上与线下的无缝连接，通称 O2O 模式。

　　O2O 商业模式早在团购网站兴起之时就已出现，泛指通过互联网或移动互联网提供商家打折销售信息，聚集有效的购买群体并在线支付相关费用，再凭此去线下实体商店完成消费。在此模式下，互联网成为线下交易的前台，线下服务通过线上招揽客户，消费者则通过线上筛选商品或服务，O2O 模式特别适合必须到实体店消费的商品或服务。2006 年沃尔玛推出 B2C（商对客）战略，通过线上完成订单的汇总和收款，再让顾客到 4000 多家连锁店取货，就是典型的 O2O 商业模式。日常生活中的 O2O 商业模式，最具代表的是许多人通过线上购物并完成货款支付，商家通过物流把商品送达消费者。

　　O2O 商业模式的核心是在网上寻找消费者，然后将消费者带到现实的商店中消费。它是支付模式和商家引流模式的一种完美结合，对于众多消费者

来说，也是一种"发现"机制，实现了线上购买、线下享受服务。因为每一笔交易（或者预约）都发生在互联网上，O2O 商业模式可以计量，更有利于商业管理，模式兼具线下场景，体验性更佳，让消费者感觉比较踏实和优惠。

O2O 商业模式运作得好，能达到"三赢"效果：对于消费者来说，O2O 提供丰富、全面、及时的商家折扣信息，能够更加方便地进行线上咨询，快捷筛选并订购商品或服务，获得比线下直接消费更为优惠的价格；对于本地商家来说，O2O 商业模式要求消费者在网站完成货款支付，支付信息会成为商家了解消费者购物习惯的渠道，方便商家搜集消费者购买数据，进而达成精准营销目的，更好地维护并拓展客户。同时，线上获取客户成本更低、市场覆盖面更广，在一定程度上降低了实体商家对店铺地理位置的依赖，大大减少了运营支出；对于服务提供商来说，O2O 模式可以带来大规模高黏度的消费者，对线下实体商家有强大的推广及可以衡量的推广效果，利用手中掌握的消费者数据资源，进而可以争取更多商家加入，然后为商家提供推广等增值服务，形成广告收入及规模经营的盈利模式。

O2O 商业模式是线上虚拟经济与线下实体商店经营的完美融合，实现了信息与实物、线上与线下、互联网虚拟空间与现实中实体商业的无缝衔接，是一种共赢的新型商业模式，符合现代人的生活品位和生活方式。O2O 商业模式不仅是消费和服务模式的改变，还正在超越传统电子商务，改变着人们的生活习惯，具有广阔的发展空间和巨大的发展潜力。

在许多人看来，交易和购物环节是 O2O 商业模式的核心。这种看法固然没错，因为 O2O 商业模式顺畅运行的前提条件是，用户需要第三方支付和银行卡的支持，同时需要用户能熟练使用手机支付，并且有这种使用习惯。随着 O2O 商业模式的快速发展，智能手机的迅速普及，从桌面互联到移动社交的变化，"人手一机"现象随处可见。据统计，中国互联网用户多达 7.1 亿，其中通过移动端上网的用户就有 6.56 亿。手机成了移动互联网连接每个人的"管道"，个性独特的数字世界逐步形成。用户不在"静态"而是在时刻"移

动"之中，其行为特征表现为"社交互动、参与体验"，移动互联网让消费者线上线下互动变得简单、方便，人们的社交圈子逐渐由线下转移到线上，在个性独特的基础上形成"文化适应"。在此背景下，碎片化渠道结合精准互动式新型社会化营销的O2O商业模式应运而生。O2O商业模式的出现，简化了传统商业冗长的渠道链，实现商品信息价值最大化，借助互联网或移动互联网快速、低价、范围广等特点，把线上的技术性优势与线下的人性化服务完美结合起来，最大程度地提升消费体验，将产品或服务精准推销给目标客户，缩短商品流通周期和提高购买率。

从表象上看，O2O商业模式通过"渠道"和"平台"实现了线上与线下的无缝连接，但实质上，互联网与消费者的渠道入口已经被碎片化的场景所占据，真正连接的核心并发挥巨大作用的是"场景"，也就是人们所称的"场景式O2O商业模式"。"场景式营销"绝不是电视广告"今年过节不收礼，收礼就收脑白金"式的叫喊，也不是益达小清新式的微电影，更不是在电视剧中植入广告，而是充分运用精彩生动的场景感知周围的用户，把产品或服务更精准地推送给潜在客户。

O2O商业模式概念从2011年提出到现在，虽然只有短短几年，但已经历了一个从概念到完整落地的过程。从某种程度上说，O2O商业模式等于把商品或服务的"超市"无限拓展放大。O2O商业模式的核心就是场景化，场景式O2O商业模式运用移动互联网和大数据技术，建立所有消费者个性化的消费行为模式，进行个性化的商品或服务推介。无论消费者身在任何场景中，都能通过移动智能手机与周边各种各样的商品和服务资源产生直接的交互和连接，在产生交互和连接之后，再叠加分类信息、搜索比价、查找点评和对照，并在丰富的场景中感受消费体验，用最简单的方法和最短的时间轻松买到自己想要的商品和服务。

事实上，我们一直生活在各种场景之中，工作学习、休闲度假、吃喝玩乐、交通奔波等，每一个人的"生活圈"本质上就是一个"场景圈"。

在移动互联网时代，谁能精准找到"场景图"入口，掌握众多消费者生活场景的大数据，并将大数据与消费场景有机结合，完成场景化商业模式构建，谁就能在未来商业竞争中成为领先者，立于不败之地。

场景式 O2O 商业销售模式涵盖的服务品类，几乎包括了消费者所有的消费需求，加速电子商务进入新的发展阶段，线上虚拟经济与线下实体经济的紧密结合孕育了一个更大的市场。场景式 O2O 商业模式在发展中逐渐形成五种独特的商业场景。

▷ 1. 最理想的场景式 O2O 商业模式

这种模式简单快捷，一学就会，也是最理想的模式。用户直接用智能手机扫描二维码，完成支付和交易。虚拟超市（商家）按照用户输入的地址发货，通过物流把商品发送给消费者。

▷ 2. 最简单的场景式 O2O 商业模式

消费者从自己手机上获取一个二维码，这个二维码可能是朋友发过来的，可能是一个 APP 链接，也可能是消费者和商家互动时得到的，或者是消费者在浏览一个商家网站时发现的。这个二维码链接了一个微商店，于是客户在线上取得了该商店的代金券、优惠券或者购买商品的电子凭证，然后拿着存有电子凭证的智能手机到这家商店体验或者消费。

▷ 3. 碎片化特征的场景式 O2O 商业模式

移动互联网时代带给消费者的最大变化是碎片化，不仅人们的活动内

容碎片化、时间碎片化，甚至沟通渠道或方式也呈现出碎片化特征。碎片化的概念体现在场景式 O2O 商业模式中，一般有如下特点。

第一，商家对所有商品或服务内容进行碎片化。重点是将商品或服务内容电子化和结构化。因为只有通过数字化后的产品才能更好地进行碎片化，将产品或服务信息转化为图片、文字、声音、视频，甚至二维码。

第二，将碎片化后的商品或服务内容，通过互联网渠道向市场传播，也就是线上电商通过营销渠道（如社会化营销渠道、传统媒体渠道、线下渠道、电商渠道、大企业营销渠道），吸引消费者加入。

第三，消费者通过 PC 或手机及其他碎片化渠道，如报纸、杂志等获取商家的二维码，通过二维码完成交易，并得到电子凭证，在线下实体门店验证凭证，享受商品或服务。

▷ 4. 基于社交网络平台的场景化 O2O 商业模式

社交网络不仅可以作为传递商品信息和服务内容的碎片化渠道，还加入了互动分享的功能，通过有创意的内容和奇妙的互动来激发消费者在社会化网络平台微信、微博、人人网、天涯网、论坛中与他人分享。

▷ 5. 成熟的场景化 O2O 商业模式

消费者在线下扫描商家的二维码，获取了商品的相关信息，既特别喜欢又迫切需要，但囊中羞涩一时无法满足消费意愿，便与商家协商，商家同意采取延期付款方式达成消费者消费意愿。这种模式从线下到线上，再从线上到线下，最终顺利完成商品消费。

1.4

政府推广场景式服务

　　政府作为国家管理机关，依法对国家政治、经济和大量社会公共事务进行必要的管理，其中一项重要职能是在处理事务的同时为所有社会群体和阶层提供普遍的、公平的、高质量的公共服务。由于公共服务所独具的非竞争性和非排他性特征（所谓非竞争性，指消费者对公共产品的消费和使用不影响其他消费者对该产品的消费和使用；所谓非排他性，指任何公众都对该产品进行消费，都有充分的权利享受这种产品的服务）。公共产品往往依靠政府出面组织供应，这种属性决定了其供给的稀缺，再加之服务具有无形性特点及政府机构设置重叠、激励机制缺失、行政管理缺乏有效的监督等原因，直接导致了行政服务效率低下，公众普遍感到一些机构互相推诿、拖而不办，办事不便。

　　随着"以人为本"的理念深入人心及建设服务型政府的需要，自2005年开始，一些政府管理部门进行场景式服务探索，许多政府门户网站纷纷开通部分特定主题的场景式服务，如"婚育收养""我要落户""我要创业"等服务窗口。"首都之窗"也尝试性地创设了"我办户籍""我办出入境""驾

驶员办事"等场景式服务窗口。2008 年政府门户网站的场景式服务推广到100 多家地方政府和多个部委的门户网站。2009 年，政府及部委门户网站整合之后又有了进一步发展，60% 以上的地方政府门户网站已初步应用场景式服务，虽然水平参差不齐，但按公众用户和办事流程设计导航的场景式服务，正成为公共事务服务的新趋势。如今，各级政府门户网站紧紧围绕着"为谁服务""服务什么"和"谁来服务"三个中心议题，基本上形成了一切为用户服务、服务用户所需、政府和社会共同为公众服务的"一站式"服务格局，更好地展现了场景式服务个性化、人性化、专业化、在线化的强大功能，提高了公众用户的满意度。

某县计生委门户网站场景服务大厅示意表如下。

表 1-1　某县计生委门户网站场景服务示意表

场景服务大厅	
1. 办理《一孩生育服务证》	2. 办理《二孩子生育服务证》
3. 申请病残儿医学鉴定	4. 申领《独生子女父母光荣证》
5. 换领《独生子女父母光荣证》	6. 补领《独生子女父母光荣证》
7. 办理《流动人口婚育证明》	8. 申领独生子女父母奖励费额
9. 查询计划生育免费技术服务	10. 查询计划生育相关假期
11. 申领计生家庭特别扶助金	12. 申领农村部分计生家庭奖扶金

场景式服务针对特定的公众服务主题，为前来办事的用户创建了一个模仿实际办事流程的虚拟环境，按照办事逻辑引导客户找到解决问题的途径，主动为用户提供服务。它就像一个智能机器人，为来服务大厅的用户提供多样化场景选择，为用户界定需求、提供服务通道。场景式服务强化了"在线服务"的易用性、实时性及公众交互体验，其服务主题有：公众

用户经常使用的服务事项，如户籍办理、医疗保险、婚姻生育等；办事流程较为复杂的服务事项，如出入境、交通出行、企业年检等；涉及多个行政部门的服务事项，如行政项目审批、职称申报等。不同类型和不同需求的用户，可根据自己的实际情况选择进入相应的场景栏目，享受政府网站提供的具有高度针对性的服务。通过模拟真实办事场景，使用户可以像在现实中办事一样，快速并有条不紊地找到途径，办成自己要办的事，同时获取自己需要的相关信息。

场景式服务是一种引导性、资源节约型、跨部门资源整合、在线交互性、高效率和符合用户需求习惯的服务方式，是人性化服务的典型代表，它按照服务对象、办事流程、办事依据、业务主题等多个维度来重新组织信息，然后提供不同的分类导航方式，以保证提供的服务资源能够符合用户的使用习惯，为用户提供具有高度针对性的"傻瓜式"便捷服务。

场景式服务为了实现政府信息资源与场景服务环境、办事流程与服务系统的完美结合，其服务资源围绕办事流程或服务事项处理流程，组织相关场景、导航、流程和服务。具体资源组织按公众用户办事全过程分为事前、事中和事后三个阶段进行。事前阶段：利用场景式服务为用户提供办事前所需要的办事指南、相关法律法规、相关问题解答等资源，包括许可事项及类型、法律依据、收费标准、办事程序、办理时限、业务处理流程、办理与咨询部门、申报材料下载等要件。事中阶段：提供场景式的办事流程导航和交互式处理环境，为公众用户提供办事过程中需要填写表格的提示或范本，帮助公众用户了解当前所处的位置及提示下一步要去的地方；同时根据实际需要，提供办事过程所需的其他服务资源，如在线查询、在线申报业务处理过程的状态跟踪，方便用户随时查看问题的处理进度和结果。事后阶段：为公众用户提供相关办事结果的查询功能，同时为用户办事结果提供相关的解释说明文档或帮助文档。

政府场景式服务是一种新理念、新方式，具有以下显著特点。

▷ 1. 突出了场景式服务的服务理念

虽然公共服务具有无形、无法量化的特点，但公众用户可以通过服务的有形线索感知，评价无形服务质量高低或优劣，政府职能部门可以通过有形线索提高服务效率和服务质量，让用户满意。因此，服务的环境、文化氛围等有形线索作为一种重要的服务手段得到各级政府的日益重视。实质上，基于这种视觉的服务营销，就是场景式服务。

场景式服务通过视觉、听觉、嗅觉、触觉氛围影响用户。与视觉有关的有形环境包括色彩、照明、形态等；与听觉有关的有形环境包括声音高低、声音速度、声音频率等；与嗅觉有关的有形环境包括气味、鲜度等；与触觉相关的有形环境包括软硬度、柔顺度和温度变化等。场景式服务正是在综合上述多种环境因素，进而影响用户的情感、行为，提升用户的体验。各级政府部门正是基于公众的切身需要，准确定位政府形象，在有形和内涵上赋予场景式服务程序化、差异化、特色化，减少公众办事等候时间、体力、精力等非货币成本因素，方便办事，提高公共服务效率。

▷ 2. 点面结合，强化对常用行业的服务

目前，各级政府网站的场景式服务具有多种服务功能，但并不是所有服务项目都需要以场景式服务来设计和建设。如北京市政府门户网站推出的"我要创业"场景式服务版，首先分为"我要开公司"和"我要当个体户"两个子场景，从整体角度提供创业服务；同时还提供四个具体行业的选择，从"我要开餐馆""我要开食品零售店""我要开音像店"和"我要开理发店"

等四个子场景为用户提供创业服务，由此形成了鲜明的点面结合、重点突出的服务特征。

▷ 3. 服务流程跨部门重组

政府门户网站场景式服务，全方位整合政府信息资源，围绕某一办事事项，将办事指南、表格下载、政策解读、在线申报等一系列服务有机结合在一起，提供与服务主题相关的办事、查询或咨询服务，让公众用户可以清楚地了解自己所办之事的相关政策法规、时事新闻等，知晓该事项的办事流程，实现部分或全部在线传输，提高办事效率。

▷ 4. 模拟办事场景，注重用户体验

各级政府的门户网站所提供的场景式服务，应根据服务主题和群众办理事务的特点，在分析访问用户需求的基础上，依据网上服务大厅的业务流程和相关信息资源，通过模拟真实的办事场景，制作一些直观的 Flash 动画，让办理事务的公众都可以在视觉上更直观、更方便地查找所要办理事务的服务窗口，快速进入目标页面，处理好办事程序。

事实上，政府网站的场景式服务，仍处于初步发展阶段，并没有彻底实现信息资源与服务的高度统一，未来的政府场景式服务会提供更优质的多元化公共服务，实现企业和个人之间的互动式沟通，更好地服务于民。

1.5

智能终端率先进入场景时代

智能终端设备不仅包括智能手机、移动平板电脑，那些具有多媒体功能、支持音频、视频、数据等方面的功能，如可视电话、会议终端、内置多媒体功能的 PC 和 PDA 等都属于智能终端设备。智能终端发展以智能手机的出现为重要里程碑，与传统的功能手机相比，智能手机不仅有短信、通讯功能，更重要的是还可以满足用户随时随地上网需求，实现更多智能化的应用。世界上第一部智能手机 IBM SIMON（西蒙个人通信设备）诞生于1993 年，由 IBM 与 Bensouth 合作制造。随着智能手机的发展，以智能电视为代表的家庭智能终端发展也迅速成为市场热点。特别是显示技术的快速发展和普及，以高清大屏显示为核心、家庭内部多屏显示结合其他电子产品易操作的特点，智能家庭终端系统基本形成。智能家庭终端包括三个层面：一是智能平台，具备多元化、开放式操作系统，可以实现良好的人机交互；二是智能应用，软硬件都可以随时升级，实现新功能或用户增值服务；三是智能操控，能提供良好的用户操作体验。智能电视已不再是单一媒体终端，而是多媒体有机融合，包括视频、音频、图片、数据等内容。

目前，智能手机和智能电视已稳稳占据主流市场。

智能手机和智能家庭终端代表了人类文明的发展，没有人能准确预测将来的智能手机和家庭智能终端发展成什么样，但智能手机和家庭智能终端的发展必将改善人们的生活，推动人类文明的进步。

随着智能终端技术的快速发展和普及，带来电子商务和信息技术的进一步融合。特别是智能手机的普及，不仅是通信终端，而且还包含了许多生活、工作中必备的功能。人们通过智能手机，可以在任何时间、任何地点获取无处不在的全媒体信息服务，人们对手机的依赖度不断提升。智能终端技术的普及，降低了技术准入门槛，当技术不再成为生产障碍时，智能终端有效促进整个社会分工，提高社会生产和转化效率，进而成为推动社会政治经济协调发展的推进器，这也是必然的结果。

智能终端技术和设备的蓬勃发展和普及，对我们意味着什么呢？

▷ 1. 智能终端化发展是大趋势

安装开放式操作系统，使用无线或有线网络技术接入互联网，通过下载安装应用软件和数字内容为用户提供服务的终端设备，与传统功能终端相比，在硬件方面，采用高度集成、低功耗的应用处理器，支持计算、信息采集及多媒体人机交互、网络通信功能；在软件方面，安装独立的终端操作系统，可以由用户自行下载或者服务商指定下载安装第三方服务商提供的应用程序，通过下载安装新的操作程序扩充功能；智能终端设备通过有线或无线网络接口实现互联网接入，通过网络下载或更新操作程序，实现基于互联网的各种业务和服务。

智能手机是最早得到普及和广泛应用的智能终端设备。智能手机让人们感受到终端智能化的良好体验，也带动了智能终端在其他领域的普及。

在智能手机之后，智能电视成为另一个热点。在互联网技术冲击下，电视终端也逐步由单一视频广播信号的传统电视，演变为具备综合信息服务功能、交互功能的家庭综合智能终端。可穿戴设备也正在成为继智能终端设备后的又一新的热点，如三星集团推出一款搭载安卓系统的新型 Galaxy 智能手表。作为智能手表的延伸产品，它是一种带有触摸屏的计时器，可以播放音乐、安装应用程序、拨打电话，也可对运动和健身目标进行跟踪。又如谷歌开发的智能眼镜吸引了全球消费者的目光，通过与智能手机连接，它可以让眼睛前方的镜片显示信息，眼镜里还内置了 GPS 导航仪、照相机和摄像机功能，通过语音进行控制是这款智能产品的最大亮点。

▷ 2. 智能终端融合化和云化趋势明显

智能终端的融合主要表现为：移动、固定智能终端设备的融合，多模技术的融合，智能终端应用的融合，数字家庭、物联网融合，用户体验的融合等。用户对移动智能终端的消费需求，加速了互联网、计算机技术和手机的融合，智能手机集上网、互联网学习、社交、娱乐、办公等功能于一身，满足用户的生活和工作需要。同时，智能终端业务不断云化。云终端具有特点和优势是：易接入、易管理、费用低，绿色节能和速度更快。云终端技术集客户端与远程桌面融合的趋势也日趋明显，不同的客户终端同时登录到同一服务器上，模拟出相互独立的工作环境，云终端与服务器之间通过互联网传输通信数据也即将成为现实。同时，智能终端设备的平台化、模块化、共板化、简洁化的设计技术日渐成熟，使智能终端具备了快速定制、快速交付的能力。

▷ 3. 可"穿戴"智能终端之战已经拉开帷幕

随着 5G 时代的到来，我们使用的智能终端设备的大小、形状和功能都将发生翻天覆地的变化，特别是可"穿戴"智能终端设备的出现让移动技术进入一个崭新的发展阶段。从谷歌眼镜到小米手环，可"穿戴"智能终端设备市场争夺战已经打响。所谓可"穿戴"智能终端是指将各类传感、识别、连接和云服务等技术综合嵌入到人们日常穿戴进行智能化配置的设备中，如眼镜、戒指、手表、服饰及鞋袜，来实现用户五感能力拓展，包括生活管家、社交娱乐、健康监测等功能，设备一般外形较为美观时尚且易于佩戴，具备一些计算、通信和定位能力，以及拥有专用的应用程序和功能。得益于 4G 移动互联网的发展和普及，以及传感器等相关技术的日趋成熟，可穿戴智能设备已经由概念走入人们的日常生活。2013 年是可穿戴智能设备的起始年，从上游元器件供应到下游终端产品推出，受到市场的极大关注和热议。当年全球可穿戴智能设备医疗保健类出货量达 1300 万，智能服装出货量 3 万件，智能眼镜 1 万部。随着可穿戴智能设备生产技术的提高，促使成本下降和功能完善，可以满足不同层次的消费需求，未来行业发展潜力巨大。

2016 年，智能眼镜、智能珠宝、智能监测腕表等可穿戴智能设备已经无处不在，而且设计款式也变得越来越时尚、价格越来越便宜、精准度越来越高。不管你是支持还是怀疑，可穿戴设备的大发展、大普及已经成为必然的趋势，将会像智能手机一样无处不在，时尚、精致，且实用性极强。

▷ 4. 大数据为场景时代奠定基础

大数据应用越来越广泛，行业门槛越来越低。人们从大数据应用中获

得了许多真正有价值的信息，越来越多的人受到大数据的影响。

　　大数据的应用主要集中在以下几方面：（1）理解客户，满足用户服务需求。大数据应用的重点之一是建立数据模型进行预测，更好且更准确地了解客户的需求和偏好。（2）业务流程优化。大数据通过社交媒体及网络搜索等挖掘有价值的数据，实现业务流程优化，如供应链及配送线路的优化等。（3）改善人们的生活。大数据不仅广泛应用于企业和政府，还应用于人们的日常工作和生活，人们利用可"穿戴"智能设备生成新的数据，推动智能终端设备的研发，进而丰富人们的生活方式。如今，大数据在制造、医疗、体育、城市建设和管理及金融产品交易等各个行业领域已得到广泛的普及和应用。

▷ 5. 智能终端的发展可替代人的感官

　　目前，高端智能终端设备已经初步具备了人体感觉器官所拥有的部分功能，如智能手机已经具有非常先进的"人机界面"，包括输入、输出及学习交互功能。输入主要用触摸屏或声控，通过手指划动或声音传输完成控制。随着科学技术的发展，智能终端设备会取得突破性进展，在不久的将来，智能终端设备完全替代人的感官，直接用人的大脑所产生的思维脑波控制智能终端设备并非不可想象。从发展趋势上看，智能终端必将成为人类器官不可或缺的有效补充，成为人们感知外界事物的"第六感官"。

▷ 6. 智能终端已经进入全场景体验时代

　　伴随着大数据和云时代的到来，智能终端设备的发展，紧紧围绕个人的工作、生活的全场景展开，消费者充分享受着"人、车、家"智能终端

连接后实体场景的便利。虽然各智能终端设备之间还没有实现全连接，但消费者已经感知场景时代带来的方便体验。目前，智能手机和智能平板电脑技术已趋于成熟，可穿戴智能设备和车载智能设备已进入增长期，智能家居已处于培育期，可以预见的是：汽车通过互联网实现安全服务和自动驾驶，用户通过可穿戴智能设备实现个人之间的连接，智能家居成为媒体娱乐中心。而智能手机则将成为连接中心，展开工作和生活的全场景连接。

1.6

移动互联网助推场景时代

移动互联网一般指移动通信与互联网二者相结合，互联网技术、平台、商业模式和应用与移动通信技术结合并融为一体。4G 时代的开启及智能终端设备的普及，为移动互联网的飞速发展注入了巨大能量和动力。目前，移动互联网已经成为当今世界发展最快、市场潜力最大、普及面最广、发展前景最诱人的行业，移动互联网创造的经济神话，远远超出所有人预期，也让其他行业望尘莫及。截至 2016 年 8 月底，中国网民数量达到 7.1 亿，其中智能手机网民达到 6.56 亿，占网民总数的 92.4%。随着智能手机的大屏化和用户体验的提升，智能手机网民人数仍将攀升。

"移动互联网才是真正的互联网"，几乎得到业界的一致赞同。现在不管互联网企业或是传统企业，都在主动或被动地接受移动互联网的冲击和改造，这是谁也不能否认的事实。很明显，移动互联网具有互联网无可比拟的优势。

▷ 1. 便捷性

在移动互联网时代，移动互联网的基本载体是移动终端，顾名思义，不仅包括智能手机、平板电脑，也包括智能眼镜等可穿戴智能设备等。用户最看重的是上网的便捷性，智能手机随时随地都能接入互联网，不受空间和时间限制。多媒体技术的应用，增加了用户体验，帮助用户更便捷地使用移动互联网，通过模式识别、语义理解等技术，用户可以通过声音、手势等方式完成信息的输入或输出。目前，用户通过智能手机上网时间是PC 电脑的 4 倍，智能手机取代 PC 电脑，很快将成为现实。

▷ 2. 个体性

由于移动智能终端设备一般体积较小，具有随身携带的特点，用户可以独享。同时，移动智能终端设备可以辨识用户，用户可以充分利用碎片化时间选择适合自己的个性化服务，通过互联网接收和处理信息事务，而且使用的内容和服务更加私密化，有效保护个人隐私。

▷ 3. 定向性

移动智能终端设备一般具有位置（LBS）服务，包括两层含义：首先是确定移动智能终端设备或用户的地理位置；其次是提供与位置相关的各类信息服务，意指与定位相关的各类服务系统，简称"定位服务"。随着产业链的延展，可以根据移动智能终端的趋向性，确定用户可能要去的地方，使得相关的服务具有可靠的定位性和定向性。

▷ 4. 体验性

移动智能终端的体验性主要涉及产品的功能、多变的实用场景、产品推广渠道等方面。随着移动智能终端设备功能的完善，移动智能终端的体验功能不仅体现在多媒体技术的广泛使用，还体现在照相、摄影、二维码扫描及重力感应、磁场感应等触感功能上。用户的体验决定着移动互联网的发展方向，当用户体验良好，用户规模、流量就会增加，更多的流量又会吸引更多产业链合作伙伴的加入，提供更多的创新产品和服务，进一步提高用户的体验。更多的选择、更方便的产品和服务、更好的用户体验，对移动用户就有更大的吸引力，从而形成移动互联网业务的良性循环。移动互联网用户体验的最大特点，是突出了"简单即是美"和"大道至简"。更多地关注用户的想法和需求，提供定制化的产品或服务，简单易用，让复杂问题简单化，既精致时尚又有价值。

▷ 5. 实用性

实用性始终是移动互联网获得持久生命力的根本。移动互联网的实用性正如比尔·盖茨所说的那样，"互联网只存在两种人：一是通过互联网消费的人；二是通过互联网赚钱的人"。移动互联网带有无数的"触点"，与空间场景进行关联，实现周边商家与移动智能终端的链接。触点可以诱发消费行为。触发适时消费，让生活社交圈成为一个新的消费场所，推动所见即所得的消费顺利完成。移动互联网带给人们的实惠摸得着、看得见：集娱乐和实用于一身，既让人们休闲娱乐，又能便捷地帮助人们办公、处理事务。特别是应用服务与电子商务、事务处理的有机结合，给人们工作生活带来极大便利，如提供安全的购物、支付和理财功能，随时随地的通讯、办公功能及各种信息的发布功能等。

▷ 6. 链接性

移动互联网的本质是链接，链接人和人、链接人和服务以及链接万物。在链接人和人层面上，典型表现就是移动的社交应用，在移动互联网的世界里，"生命不息、社交不止"，社交应用层出不穷，除微信、移动QQ这样的超级媒体之外，其他垂直的社交网站更是多不胜数。从这个角度而言，移动互联网是基于关系链接的营销，而不是简单的信息推动营销。在人和服务层面上，滴滴出行、大众点评、有道词典、航班管家等基于人的工作和生活服务类的移动互联网应用，都是通过移动互联网在链接人和服务。百度在2014年推出"直达号"，就是让用户直接一步直达商家，缩短路径，提高购物效率。在链接万物层面，随着移动互联网的发展，物联网时代随之到来。物联的本质是基于移动互联网的链接，移动中心人与物的链接交互、物与物之间的链接交互。

一场史无前例的"移民"大迁徙，似乎在一夜之间发生：电视收视率大幅度下降、都市街头报刊亭歇业、报纸杂志订户锐减、传统媒体广告业务收入一落千丈……人们不禁纳闷儿，为什么会出现这种状况？这些受众都去了哪里？答案只有一个：智能手机。移动互联网智能终端的强大吸引力和号召力，以前所未有之势冲击传统大众传媒，移动互联网核心场景应用的出现，正以排山倒海之势涤荡传统行业，传统行业面临的已不是如何生存，而是会不会被移动互联网淘汰出局的严峻形势。

人们的眼球和企业的营销管理，正在和移动互联网的应用场景连接，传统媒体的吸引力正在下降，被动式的广告宣传逐步淡出人们的视野。谁不能洞察移动互联网发展大势，谁就会被时代抛弃，这是不可阻挡的趋势。

移动互联网的创新之处或者说最成功之处就在于：既释放了每一个人的力量，同时又迅速凝聚了每一个人的力量，让每一件产品或服务都集聚在特定的应用场景内，每一个人可以随时随地享用，同时每一个人又是创造者，根据自己的特长秀出自己"得意之作"，上传分享给更多人。移动互联网的技术架构，已经从 PC 电脑时代"以物为中心"的人机交互走向了"以人为中心"的移动互联网时代，实现人与人、人与产品或服务、人与万物的互联互动，人们的需要是基于应用场景下及时、精准的交互、分享。

"场景"无处不在，人们生活、工作始终在一定的场景下进行，特定的时间、地点、人物存在特定的场景关系，延伸至不同的行业领域便会引发不同的消费市场。移动互联网应用场景正是针对用户持续在线、碎片化时间、彰显个性、社群化和去中心化，以及在不同场景关注不同内容、产生不同兴趣、行为取向各有差异的特点，运用大数据和云计算技术，对用户进行归纳、关联、挖掘，对用户相关数据包括用户基本信息、消费习惯及偏好、社会群体特征等，从不同角度标注个性化的数据标识，进而为用户提供个性化、差异化的信息，最终形成精细化服务。

移动互联网场景应用"以人为本"，把人的存在提高到空前高度。这也就是"场景式思维"：注重用户体验，一切产品或服务的设计更多地围绕用户的实际需要和消费习惯展开；通过行业间跨界融合和由此衍生的社群效应，对消费品市场进行更新换代，实现生产者与消费者之间的黏性互动，彻底改变了以往商品一旦进入流通领域后，生产者的商业行为即告结束的历史。生产者在快节奏的生产中，不仅要让消费者保持对生产企业产品或服务的记忆，还要在面对不同细分市场和同行业激烈竞争时，保持企业长久不衰的竞争力。

个性化体验在场景应用中居于重要地位。体验始终是人们极为关心的问题，令人心旷神怡的体验会让用户难舍难离、流连忘返，而差劲的体验

可能会让用户永不再来。市场永远追随时代的变化，商品生产者及商品销售者都要以体验为中心，创造不同的应用场景，不断提升消费者体验感，以用户的需求和消费者意向定制产品或服务、开发新市场。从某种程度上来说，用户的消费意愿多是由消费场景体验决定，而不是由价格决定的。

PART 2

此场景非彼"场景"

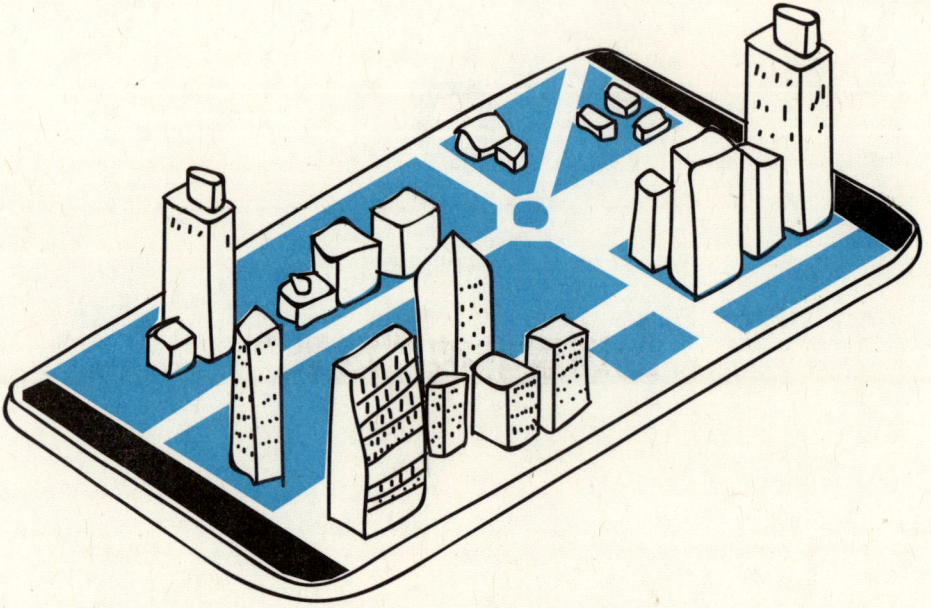

2.1
场景的本质与特征

　　我们平时理解的"场景",泛指小说或影视剧中在一定的时间、空间内发生的一定人物行动,或因人物关系所构成的具体生活情景画面。相对而言,场景是人物的行动和事件表现剧情内容发展过程中阶段性的立体展示。这里的"场景",是场合(社会环境)与风景(自然环境)的叠加,相当于场面。

　　本书中所说的"场景",不是小说或影视剧中所设定的场景,此场景非彼"场景"。这里的场景特指能激发人们的生产方式、日常习惯、惯性思维,以景观为背景的生活空间。其内涵近似景观建设中的"场景"。如人们所知景观建设中的场景经历了三个阶段:园林时期、景观时期和场景时期。园林是在一定的地段,通过工程技术和艺术手段改造地形、种植花草、营造建筑和布景园路等途径,创作而成的自然环境和游憩的情景场面。园林时期的景观建设以小面积功能建设为主,几乎没有美学诉求;景观时期建设是以美学为基础的功能性建筑为主,对美学的诉求有所提高;场景时期是将"生活"和景观有效融合为一体的时期,是景观设计由静态画面

变为动态情景的重要时期。

在移动互联网时代，"场景"一词的含义已完全超越影视剧或园林建设中"场景"的概念。场景是建立在移动智能设备、社交媒体、大数据、传感器、定位系统之上的整合式体验。它重构了人与人、人与市场、人与世间万物的联系方式。场景可以是一个产品，可以是一种服务，也可以是无处不在、无时不在的身临其境的体验。伴随新"场景"创造，新的链接、新的体验、新的时尚、新的流行……层出不穷。随着人们认知水平的提升，给人们带来新的生活方式，即新场景的流行时代。

移动互联网推动信息科技的发展速度令人猝不及防，只要稍不注意就会被这个时代所遗弃。当你还在超市购物并热衷于使用信用卡时，有人已经在餐前饭后的碎片时间里，轻点手机，选中的商品迅速通过快递抵达用户的手里，而且价格优惠、款式时尚。数据信息化让人们的生活变得十分便利，当人们还在享受大数据时代的便捷之时，一个全新的"场景时代"已经到来。无处不在的场景，让人们以"看得见""记得住""可体验"的方式工作、学习和生活。举一个简单的例子，一个人穿着"可穿戴智能终端设备"，当他需要购买衣服时，传感器就会根据用户喜欢的颜色、质地、款式、价位等信息，结合平时网络记录的用户行为轨迹、消费偏好及消费习惯，将符合需求的服装快速呈现在屏幕上，任由挑选。

美国科技领域知名记者罗伯特·期考伯在其新作《即将到来的场景时代》一书中，将移动智能设备、社交媒体、大数据、传感器和定位系统称为构成场景的五种技术力量（原力），场景时代的发展依赖"场景五力"科技力量共同发挥作用。今天，"场景五力"的技术力量无处不在，已通过智能移动终端被整合在一起，成为每个人的贴身"助理"。当一个人手持智能手机，他就身在特定的场景之中，"指尖划动"就可以随时随地处理事务、了解和传递信息，场景的显著特点之一是"更加符合每个人的即

时需要"。

　　场景时代是现代科技的复合体，是人类存在的生命状态，也是社会发展进步的重要标志之一。虽然是一个全新的概念，但在现实生活中，以移动互联网等为基础的智能终端设备与电子商务、文化娱乐、金融保险、信息通信等传统行业的连接和融合，已经悄悄地改变了人们的生活方式，将人们的生活植入一个特定的场景之中。

　　事实上，随着移动智能终端设备大放异彩，创新无处不在，应用"场景"也无处不在。我们信步走进一家超市，随处可见商品宣传语、整齐有序陈列的商品、小巧精致的标价牌、商品促销的文艺演出、通过支付宝结算货款等，舒适优美、快捷方便的购物环境，就是一个场景；我们观看一部电影（电视），曲折的剧情和成功的人物塑造，观众心灵震撼、感同身受，为主人公命运多舛惋惜、为主人公的成功喜悦，引起所有观众的强烈共鸣，这部电影（或电视）本身也就成了一个"场景"。

　　"百度"连接人和信息，"微信"连接人和人，"淘宝"和"京东"连接人和商品，"P2P 借贷平台"连接人和资金，众筹网连接人、信息和资金等，从某种意义上说，都是在营造共享共赢的经济生态场景。

　　移动互联网及智能终端设备的普及，推动人类进入场景时代，人们有了更多选择。产品或服务生产逻辑越来越接近于人的需要，一切围绕着人性展开。如今，人们已不需要为购买一件商品而发愁，因为线上线下同类商品多如牛毛，随处可见；但人们却会为如何筛选一件适合自己的商品而苦恼。供大于求的市场环境让人们的消费欲望或刚性需求升级，谁的产品或服务打造的场景更接近于人们需要的真实场景，谁就可以黏住人们的"心智"，成为占据市场的胜利者。

　　那么，场景具有哪些特点呢？

▷ 1. 场景式推荐的个性化

个性化推荐是根据用户的兴趣特点和购买行为，有针对性地向用户推荐需要的信息和商品。由于实现技术不同，场景个性化推荐分为基于规则、基于内容、基于协同等几种不同形式，但无论采取何种推荐方式，前提是系统必须"知道"每个用户的个性化需求，这就需要获取、分析用户的需求信息，建立合适的用户模型。建立基于移动场景的用户模型，是个性化推荐的基础。场景式个性化推荐主要运用设定的特定场景，根据用户的兴趣特点和购买行为，通过多维度用户群组进行分析，向用户推荐感兴趣的信息和商品，为不同用户提供个性化服务，满足不同用户不同需求，从而实现主动推荐目的。

场景式个性推荐经历了三个发展阶段：

（1）快速实现信息推荐阶段。这个阶段的特点有：信息即时到达，提高用户活跃度；多种信息合并通道，省时省流量；应用进程相互保护，活跃有技术保障；精准数据传输，数据信息及时反馈。

（2）信息精准推荐阶段。这个阶段主要特征是：智能标签，建立精准的用户信息系统；避免无效推荐，实行精准化运营；分组对比测试，优化数据模型的推荐决策；完善数据信息库，形成清晰的行业报告。

（3）场景式营销阶段。这个阶段特点是：精准捕捉或构建场景，适合准确触发信息；进入、停留、离开，情景化推荐；性别、年龄、爱好智能标签分类；学校、商场、火车站等"地理围栏"的合理运用。

▷ 2. 场景的智能生活化

2014 年 1 月，谷歌以 33 亿美元价格收购智能家居设备制造商——

Nest。这是谷歌收购史上少有的大手笔，仅次于125亿美元收购摩托罗拉移动。谷歌的用意很明显：智能生活是未来生活主旋律。何谓智能生活？顾名思义，智能生活是基于移动互联网打造的一种全新智能化生活方式，其依托云计算技术、以云分发服务为基础，融合家庭场景功能、构建享受智能家居控制系统带来的新生活方式，从多方面、多角度呈现家庭生活中更方便、更舒适、更安全和更健康的具体场景，进而创造出具备智能化的生活社区。

　　智能化生活可以为人们带来这样的生活场景：家庭娱乐、亲情关爱、家庭服务、家居环境、身体保健、家庭安全、能源管理等。

▷ 3. 场景的虚拟化

　　随着移动智能终端实现随时随地无缝接入，满足任何时候、任何设备、任何网络访问应用的需求，把现实中客观存在的场景制作成三维数据模型，然后模拟人的视角在屏幕上展示成为可能。场景的虚拟化，实质上就是连接线上线下，现实中客观场景网络化、线上化、虚拟化。

　　通过场景虚拟化，可以真实地模拟现实世界和环境，使虚拟的场景更逼真、更活泼、更具有吸引力，让用户自觉进入场景之中，犹如"身临其境"，增加代入感。当现实生活中一些难题无法用现实生活的办法解决时，就可以通过场景来解决，如一些城市的"打车难"，针对这个问题打造一个可以解决问题的场景，"滴滴出行"等软件的场景营造，把现实世界的这一难题解决了。其实，打车软件打造的场景，解决的仅是出租车的物联网问题，通过可视化的数据有效进行出租车调配，解决了每家公司信息不通、出租车司机无法获取用户需求信息的问题。

▷ 4. 场景的娱乐化

全民娱乐时代的到来，场景时代必然不能缺少娱乐因素，否则也吸引不了用户的参与和关注。场景的娱乐化，不限于网络游戏或视频全面娱乐化，也不满足于《十万个冷笑话》一亿元的票房价值，而是向更深层次的娱乐化演进，人们更多的是利用微信、微博等社交媒体分享并邀请好友一同参与，不仅获得自己心仪的产品或服务，而且还能与朋友进行高质量的互动沟通。

2.2

构成场景的基本要素

　　随着大数据、传感设备、视频监控和定位系统的普及，一个基于移动互联网的场景时代已经到来。场景将迅速而又深刻地改变我们的生活方式和观念。纷繁而又复杂的工作，将会变得有条不紊和异常简单，苦苦思索的问题在几分钟内就能找到答案，让别人更了解你、让厂商的产品或服务更具人性化、让消费更为便利快捷等，这些可能是场景带给我们的初步感受。

　　事实上，移动互联网是移动通信与互联网二者结合为一体的产物，其本质仍然是互联网的补充和延伸，包含内容、社交、服务三大领域。在移动互联网时代，移动互联网在体验、连接、社群三个层次上赋予了场景新的内容，实现了对"场景"的重构。移动智能终端设备的推广运用，使每一个人时时处在各种特定的场景之中，场景成为一个重要的入口，并且能够以指数级的速度传播，这在 PC 电脑时代几乎是难以想象的。场景不断颠覆传统的市场观念和传统行业，构筑起全新的场景思维。

　　在文学语境中，不论是室内场景还是户外场景，必须要同时具备三个基本要素：时间、空间、人物。也就是在一定时间、空间（主要指环境）

内发生的事或与人物构成的画面。基于移动互联网下的场景包含四大要素，如图 2-1。

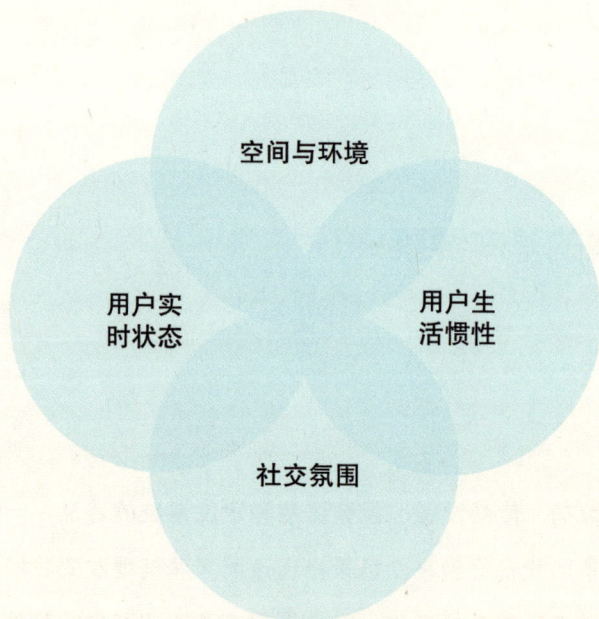

图 2-1　场景构成要素示意图

▷ 1."空间与环境"要素

场景不仅是一种空间位置指向，也包含与特定空间或行为相关的环境特征，以及在此环境中人的行为模式和互动模式。空间与环境并不等同，但又不可分割，所以需要把空间与环境当作要素来看待。空间与环境和人们的生活密切相关，也和时间关联。空间与环境和人都是变量，存在固定和移动两种场景。固定场景是人们在相对静止的状态下所处的空间环境，与人们日常活动相关联，此时与人们的关系相对稳定，可视作"常量"。在以 PC 电脑终端上网的时代，人们使用互联网的场景相对较为固定，仅仅

局限于家庭、办公室和网吧等场所，与外界的联系时断时续。移动场景指的是通过移动智能终端设备登录互联网，人们的活动场景不断变换，不受环境和时间的限制，上网时间无限期拉长，并保持时时永续在线。对于用户来说，移动场景永远是一个"变量"，意味着时空和环境的场景快速切换，而每一种场景都会给用户带来不同的感受和不同的需求。移动互联网不仅打破了人们习惯的"封闭性"和"专注性"，使得人们工作、生活与休闲、娱乐之间的界限变得模糊，体现出"碎片化"特征，而且影响和改变了人际关系，人与人的互动交流更加频繁，但同时各种"干扰"随之增多。特别是时间碎片化，对人们的生活影响更大。智能手机转移注意力的成本很低，既击碎了人们的完整时间，又填补了人们的零碎时间，同时增加了人与人的互动交流。

▷ 2. "实时状态"要素

用户的实时状态，包括用户此时此刻、此地此景的身体、各种行为和需求等相关信息数据，既有可能基于过往的生活习惯，也有可能因为环境因素影响产生偶然性、突发性。无论是在固定场景还是移动场景中，人们的实时状态都会受到周边环境或多或少的影响，产生喜欢或厌烦的心理反应。周围环境的场景往往是丰富多彩的，但任何人只会对那些自己喜欢的场景感兴趣，捕捉那些对自己有用的"信息"为己所用。用户关注哪些场景或捕捉哪些信息，这是了解用户下一步行为的关键。对用户实时状态的信息进行采集和分析，在互联网时代是难以实现的。而今天可穿戴智能设备的出现，使得个人信息数据的实时采集和分析成为可能。

2014 年百度推出可穿戴智能设备"百度眼"，正是试图通过在某些特定场景中个人用户的信息采集，如车站、商场、博物馆等，以便提供针对

性的个性化服务。如某一用户身在商场时，他对感兴趣的商品与其视线移动密切相关，"百度眼"了解用户感兴趣的商品后，可以自动获取这些商品生产厂商的信息，并通过相关方式告知用户和生产厂商。获取用户的实时状态信息并加以分析反馈，可以通过用户的可穿戴智能终端设备进行，依赖固定智能终端设备如定点监控、立体传感器也能顺利完成，甚至能清楚掌握用户浏览了哪些商品、在哪些商品柜前停留了多长时间、整个购物过程所花费的时间等。对于场景中用户状态的分析，极为重要，不仅可以了解此时此地个别用户的消费行为，还可以分析研究群体用户的消费特征。把所有用户的移动路线、视线移动等数据结合起来分析，能帮助商家了解用户在超市的活动规律，准确掌握哪些商品受到用户关注，也可将这些观察聚焦于某特定区域，分析特定品牌受关注的程度。

▷ 3."用户惯性"要素

人们在不同场景中的需求与行为模式，常常会受以往生活经验的影响，打上生活"惯性"的烙印，惯性是理解用户行为走向的基本依据。如用户不受或很少受外界因素影响，理性支配、重复以前产品或服务的惯性消费行为，如请客吃饭一般都是习惯到某家饭店、购物习惯到某家超市和某家网店、买衣服习惯选择某品牌和颜色、修车习惯到某家汽车修理厂等。

事实上，在许多生活场景中，人们往往遵循惯性而生存。人们的思维会针对一些高重复性的信息和行为固化为固定的模型，在日常生活中体现为惯性或是思维定式。因此，移动互联网时代的场景分析，必须要结合用户的以往习惯。通过智能移动或固定智能终端设备，对人们的生活习惯以数据方式适时收集，运用数据库方式加以存储。场景分析的目标，是将每一个对象识别出来，并与数据库存储的相关信息进行匹配，以此分析用户

的生活、消费习惯，预测用户即将进行的行为。

▷ 4. "社会氛围"要素

在《即将到来的场景时代》一书中，作者将"社交媒体"作为场景时代的重要元素，并指出人们正是通过"在线交谈"，明确了自己的喜好、所处的位置及所要寻找的目标。可见，作者眼中的"场景"并不只是与空间环境有关，还包括社交氛围。自互联网出现就有社交媒体，人际互动、共享氛围随之形成。社交氛围对参与用户的活动（包括空间的变化）影响很大，而且越来越明显。用户参与社交媒体通常具有较大的群体规模和更多的横向互动对话，因此，对社交媒体中的用户及其相关的数据信息的收集和分析，可以为场景分析提供另一个维度的支持。

"搭一程"是一款提供社交顺风车服务的出行平台，用户既可以在线搭车、找到同路人员便捷出行，还可以通过交谈聊天，与同路伙伴愉快沟通，并将人际"半熟圈"的关系扩展到线下的真实社交。由于"搭一程"具有出色的交互设计，用户可以通过点赞、私信、语音聊天等方式增进彼此间的感情交流，同时还可以通过参与平台组织的各种活动，让用户的生活更加丰富多彩，该软件受到用户的广泛欢迎，其实质也是打造和谐的社交氛围。

构建场景的"四个要素"中，始终围绕着"用户"展开，这正是场景的精妙之处。移动互联网大大释放了个人的禀赋，用户重新回到市场的中心，成为一切事物的核心，构成场景中最核心的部分。严格地说，场景是基于人的关系形成的一种交互信任的链条。过去人们大多通过门户网站获取信息资讯，现在则更多通过社交媒体的朋友圈获取信息资讯，因为相信真正有价值的信息资讯一定会出现在朋友圈内，这种判断是基于人际关系的延伸和信任，口碑成了有效的信息分发渠道。

在以人为核心的市场格局下，产品的意义相应发生了变化。在工业时代，产品代表一种完成形态，一经离开工厂进入市场，就被严格确定下来，不会再有变化。但在场景应用中，产品仅是一个开始，其功能的完善和迭代需要用户的参与，能不能定义场景，成为衡量厂商能否获得市场红利的重要尺度。场景不再是一个抽象概念，而是围绕用户的一种深层次体验。

2.3

流量入口已时过境迁

大数据、传感设备、视频监控和定位系统，加上线上数据、线下定位和身份识别等智能终端与移动互联网的融合，我们已经置身于一个处处是场景的时代。以往在互联网领域的争夺，正逐步过渡到移动智能终端设备上。移动智能终端作为移动互联网的主要载体，成为各大电商和企业短兵相接的"战场"。产品或服务的使用频次是衡量移动应用活跃度的重要标志性数据，正因为如此，有远见的电商企业和众多商家，目光已经盯上移动互联网，不遗余力地构建"应用使用场景"。

如果说我们在互联网 Web2.0 时代，通过门户网站、QQ、博客、微信等社交媒体完成了海量图文信息的生成和创造，实现了"人机交互"、视频分享及数字化、互联网化；那么，如今在基于移动互联应用的场景时代，这一切都显得微不足道，传感器、定位系统、大数据、视频监控等多种移动智能终端的兼容运用，人与人、物与物、人与物之间的连接更加紧密，特别是人与人、人与物的交互信息，更加智能化、海量化和在线化。

从 PC 互联网向移动互联网转型中，原有的"流量"经济模式逐渐失去效力，随之而来的是围绕构建场景打造新的商业模式。

▷ 1. 流量入口模式为什么失灵

所谓流量，在互联网上是指，在一定时间内打开网站地址的人气访问量，是用来描述访问一个网站的用户数量及用户所浏览页面数量的功能性指标。流量决定一个网站的存在价值，假如一个网站流量很少或没有流量，意味着很少用户登录或没有用户，这个网站就没有存在的意义。而用户登录网站总需要经过一个路径和落脚的地方，即互联网的入口。

流量入口决定了用户的需求及满足需求的消费场所，记录了用户的上网习惯和消费行为模式。因此，占领了互联网流量入口，从某种程度上说，无疑就相当于拥有了大量潜在用户群，这也是企业抢占争夺互联网流量入口的原始动机，抢占流量入口的本质是抓住"注意力经济"。

事实上，互联网诞生伊始，争夺"流量入口之战"就已打响，交战双方是微软和网景，抢占的阵地是"浏览器"。最终，微软的 IE 浏览器与视窗绑定，击垮网景赢得胜利。互联网在中国兴起，"注意力经济"随之落地中国，抢占流量入口之争从未停止。最大赢家要数百度、阿里巴巴、腾讯和 360，分别占据了互联网流量的搜索引擎、电商、社交和安全的入口。

场景与流量的不同在于：流量入口是从"注意力"角度出发，更注重门户网站资源对用户的吸引力。从本质上说，这有悖于互联网精神。因为互联网倡导自由、平等。而争夺流量入口，不是真正意义上的平等，而是由一种主导（抑或误导）走向另外一种主导，一种主权转移到另外一种主权。流量入口之争成就了一批"互联网品牌"，如仗仗淘宝商城聚拢来的超级流量，使服装界"韩都衣舍""七格格""欧莎"等成为时尚品牌。随后2011 年就出现中小卖家组成反淘联盟，在淘宝总部集结静坐示威的"暴动

事件",而 2012 年中小品牌集体"出淘"事件背后也都有流量争夺因素。

▷ 2. 流量入口的争夺进入白热化

　　互联网流量入口的争夺战从未停歇,行业之间好勇斗狠之风不断被"发扬光大",战火也是不断升级。如在搜索引擎的争夺上,由于搜索引擎可以引导用户快速准确找到目标信息,从而有效促进产品或服务销售,因此搜索引擎的竞争更为激烈。在谷歌撤出中国市场后,百度一家独大,成为霸主,占据国内 85% 以上的市场份额。360 凭借免费杀毒软件积攒的客户群资源挟"雷电搜索"、阿里巴巴和 UC 联手推出"神马搜索",搜狗、雅虎、搜搜、迅雷、有道等对百度形成围剿之势,但百度的王者地位仍不容撼动。截至 2015 年年底,搜索引擎市场份额并没出现大变化,百度占 63.3%,360 占 22.09%,搜狗占 13.2%,这三家搜索引擎占据国内市场份额达98%,其他则不值一谈。百度的市场份额一直在缓慢下降,而 360 搜索则是直线上升。由于桌面操作系统微软视窗独家垄断,要想在桌面上争夺客户资源已不可能。但除了桌面操作系统以外,浏览器也是抢占用户的手段。为争夺流量入口,浏览器成为必争之地。浏览器作为用户浏览网页的重要工具,用户只有通过浏览器才能更直观地进入互联网世界。2014 年 7 月,谷歌浏览器市场份额首次超过微软的 IE 浏览器成为全球第一浏览器,其他如火狐、欧朋、苹果的 Safari 等,国内的猎豹、遨游、360 等,纷纷抢滩占地。

▷ 3. 平台刷单的背后隐情

　　所谓刷单,指平台或店家提供费用、雇佣人假扮用户登录网站留言、

进店购物，提高平台或店家的流量排名或商品销量排名，增加好评，借以吸引用户和顾客。刷单最多的是淘宝商家，"十个淘宝九个刷，还有一个搞批发"虽是戏言，但刷单已成为人尽皆知的潜规则。刷单模拟商品销售过程，店家获得较好排名。用户在"按销量"搜索时，该店家因销量大（即便是虚假的）更容易被买家找到。对于店家来说，刷单是网店快速成长的捷径，形成"刷单等于找死、不刷单只能等死"的怪圈。

令人忧虑的是，淘宝刷单已经催生了注册小号刷单产业链，围绕刷单展开了各种各样生意圈，招聘专职和兼职刷单人的小广告充斥在微信、QQ群、博客等社交平台上，如何正确、安全刷单而又不被系统发现的培训班异常红火。店家花了大价钱刷单，却没有换回高回报的例子比比皆是。

刷单是抢夺流量入口的"孽种"，本质是用数据假象欺骗淘宝，淘宝再用不真实的排名误导消费者，最终受害者是那些不了解实情的用户。

▷ 4. 企业家患上"互联网焦虑症"

争夺"流量"、抢滩"入口"，这种竞争导向像"温水煮青蛙"，让一些看似牢不可破的传统企业，普遍感受到了来自互联网的前所未有的冲击。互联网技术的发展，让消费者的话语权提高，旧有的商业模式被颠覆，企业与消费者间的触点大大增加。互联网颠覆了一些传统行业，对一些行业也造成了前所未有的冲击。在旧的体系和机制已经失效，新的体系和机制还没有发挥作用之前，很多人原先把互联网当作工具，但如今，互联网已经渗透到各行各业的骨髓里，深刻地影响着社会经济的转型，潮流不可逆转。因此，许多原先经营很成功的企业就在如何不被"互联网颠覆"、如何不被"客户遗弃"上打转转，抢占互联网入口，争夺客户资源。"总有一天被超越、总有一天被用户抛弃""要么触网、要么死亡"的焦虑，

让一些企业冒险进入不熟悉的行业或领域，在陌生行业搏杀，以获得更多、更广的客户资源。然而，焦虑随之在企业掌门人心内滋生，不知不觉间患上"互联网焦虑症"，甚至是"互联网恐慌症"。

▷ 5. 流量入口不能成就转化率

抢夺互联网的流量和入口的背后逻辑，是视觉的争夺、是注意力的争夺。其目的是最大限度吸引用户或消费者的注意力，通过培养潜在的消费群体，以期获得未来商业最大收益。平台或商家正是利用一般用户的"从众"心理——受众在获取某个商品信息后，可以互相交流、互相传递、互相影响的特点，让更多潜在的消费者变成现实的消费者。抢夺的焦点，既不是传统意义上的货币资本或商品本身，也不是信息本身，而是用户的"眼球"。

许多平台或商家抢夺流量入口的前提是：只要商品能够被用户关注，商品就能卖出去，而不管商品质量、款式如何，是否适用。在信息以海量计、人的注意力又十分有限的条件下，势必造成注意力相对短缺，这种供不应求的状况，就使"眼球"本身成为价值不菲的"商品"，让平台或商家乐此不疲地抢夺。注意力经济能为经济生活带来新的变化，也能成为价值分配的重要砝码，增加潜在消费者选择机会，最终实现用户转化的作用不可低估，与改革开放初期"狂轰滥炸"式的广播电视广告有异曲同工之妙。但在消费主导市场发展、消费者权益得到空前保障的年代，抢夺互联网流量、入口，到底能让多少潜在消费者转换成现实的消费者，又为实体经济发展挖了多大的陷阱，这笔糊涂账已不属于本书的清算范围。

2.4
感知场景时代

    大数据时代互联网争夺的是流量和入口，所以说谁掌握或控制了流量和入口，谁就可以称霸互联网。如今随着移动互联网、移动社交媒体、可穿戴移动智能终端设备及自媒体的迅速崛起，流量入口模式已时过境迁，在移动互联网时代争夺更多的是场景。尽管流量和入口所产生的眼球经济仍然重要，但与互联网流量和入口不同，场景只要生动形象、有足够感染力，消费者可以不受任何限制地将不同商品置于特定场景内进行比较、体验，争取到最大价格实惠，流量和入口所起的作用就会大大降低。

    在电脑屏幕的虚拟空间实现人与人、人与物的连接，重建现实世界真实的三维场景，长期以来是计算机技术的发展方向。近年来，随着移动互联网及智能终端设备的飞速发展，让这成为可能。无处不在的场景，如同水与空气一样存在于人们的生活中，让人们的生活既五彩缤纷，又便捷实惠。

    如互联网争夺流量和入口一样，争夺场景之战也悄然打响。

▷ 1. 腾讯与阿里的"打车"之争

长期以来，出租车行业铁板一块，收份子钱、拒载习以为常，高峰期繁华地段打不到车更是司空见惯。2012 年 6 月滴滴打车软件上线，相隔 2 个月之后，快的打车软件也推出。用户下载打车软件后，打车时输入起点和目的地，自愿选择"是否支付小费"。出租车司机可以根据路线、是否有小费接受订单。这种方式实际上是移动互联网对传统服务行业和消费行为的改造，大大提高了用户的打车效率。但最初推广效果并不好，甚至在深圳等地被叫停。直到阿里巴巴和腾讯投资滴滴和快的，引发"烧钱大战"，才逐渐引起人们的关注。2014 年 2 月 17 日，腾讯规定：乘客只要使用滴滴打车叫车并使用微信支付结账，车费立减 10 元，同时司机也能获得相应补贴。阿里也不示弱，规定乘客只要使用快的打车叫车并使用支付宝结算，车费立减 11 元，同时司机也能得到补贴，阿里还公开承诺："永远比同行多 1 元。"至此，如火如荼的价格大战拉开帷幕，越烧越旺。截至 2014 年 5 月 17 日，短短 3 个月时间，滴滴打车发放补贴 14 亿元，快的打车发放补贴超过 10 亿元。

滴滴和快的，虽然使用不同的打车软件，且分属两家公司，但经营方法和盈利模式并没有任何差别。疯狂的烧钱补贴大战，以及其他对手崛起的竞争压力，让两家公司最终冰释前嫌，走在了一起。2015 年 2 月 14 日，滴滴、快的正式合并。合并前，二者的竞争，本质上仍然是阿里巴巴和腾讯之间在营造支付场景上的角力。腾讯正处于"微信颠覆一切"的神话顶峰，亟须打破阿里对移动支付的垄断，实现微信连接线上线下的梦想，为线下支付提供更多场景；阿里为了吸引用户眼球，不惜烧钱以达到黏住用户的目的。

▷ 2. "陌陌"构造场景，突出重围

国内社交媒体由 QQ、微信、微博等"巨无霸"三分天下，巨头们能够在狭窄的社交圈里共存，本身就是一个奇迹；能够杀出重围、走向华尔街纳斯达克股票交易所上市，更是奇迹中的"奇迹"，"陌陌"成功地做到了。

"陌陌"是一款基于地理位置特性的移动社交工具。用户可以通过陌陌认识附近的人，建立线上与线下的连接，通过社交兴趣图谱引擎和用户行为数据分析技术，免费发送文字、消息、语音图片及精准的地理位置，根据用户的社交偏好和需求提供个性化的社交体验；用户可以创建和加入附近的陌陌兴趣小组，留言及参加附近陌陌吧的活动。

或许每个人都有这样的感受：来到陌生城市，面对陌生的世界、陌生的环境、陌生的人群，一股股莫名的凄凉与感慨、无形的压抑侵袭着城市的外来人群。每天回家的路上，不乏怦然心动的偶遇，只是没有人愿意与你搭讪而只好释怀。这个世界缺乏一种信任，与陌生人搭讪容易被人怀疑用心不良或耍流氓。正是出于这些考虑，2011 年 3 月，网易前总编辑唐岩和他的团队创立"陌陌"。旨在让距离不再成为陌生人交流的障碍，外来人口在陌生城市中不再忧伤、不再孤独，让迷失的人不再迷失，让相逢的人再相逢。

"陌陌"发展神速，2016 年 9 月 30 日，注册用户突破 2 亿，月度活跃用户超过 7240 万，付费用户已经达到 260 万，成为国内最为活跃的社交媒体之一。2014 年 11 月 8 日，陌陌公开向美国证券交易委提交公开募股申请，股票代码 MOMO。华尔街证券分析师将陌陌的平均目标价调至 16.27 美元，同年 12 月 11 日，陌陌公开改造价定为 13.5 美元，发行 1600 万股，融资 2.16 亿美元。

创立三年，便成功在纳斯达克挂牌交易，市值超过 20 亿美元。基于移

动互联网让人们重新建立社交关系的市场定位，创业团队持续保持创业初心的勤奋固然重要，但构造基于地理位置的群组应用场景也是一个不可或缺的因素。用户都有"喜新厌旧"心理，单一不变的程式难以持久吸引用户。陌陌在产品迭代中不失时机创造新场景，保持用户数量增长和用户活跃度。陌陌应用场景主要体现在五方面：

（1）**业主联络**。通过陌陌，小区里互不相识的邻居可以方便地聚焦在一起，聊聊小区物业管理、子女教育或者其他生活琐事，为组织线下聚会提供方便。

（2）**兴趣小组**。有些人平时宅居家中，没有亲友相伴，难免寂寞无聊。在陌陌上，可以根据自己的兴趣爱好建立游戏群、运动群、雀友群等，附近感兴趣的人都可以看到并选择加入，既可以在线上进行交流，也可以在线下一块相约去活动。

（3）**同事聊天**。公司内部员工可以在陌陌上创建属于自己公司的内部员工群。这种群组本质上与微信群、QQ群并无差别，但有管理员概念，特别是可以即时查看彼此之间的距离，更方便同事之间的沟通和互动。

（4）**同行交流**。在同一个写字楼里工作的白领们，来自五湖四海，工作性质可能没有太大差别。虽然天天相见，但由于分别属于不同的公司而互不认识，更没有机会在一块沟通交流。可以在陌陌上建立个群组，彼此认识、增进了解、互通有无，扩大人脉关系，甚至可以通过群主招聘挖掘人才。

（5）**商户信息**。一些商家、饭馆、酒吧业主等也可在陌陌建立群组，聚集起自己的用户或潜在用户，发布一些商品打折、优惠促销等信息，用户可以在群组里提出建议、预约聚会场所等，提供了线上预约召集、线下聚会的便利。

陌陌的成功是打破社交壁垒、完善社交场景、丰富社交体验的结果。

▷ 3. 智能家居中场景的打造

　　未来引领时尚生活的智能家居是个什么样的场景？按照一般人理解，大概就是用一个遥控器，通过遥控各种智能家电设备，实现影视或音乐的自动播放、自动除尘、自动调温、自动启动厨房智能设备等，提升家居的安全性、便利性和舒适性。智能生活中的场景分为两大类：一是以家庭为中心的应用场景，家居中的各种智能终端设备实现无缝连接，为人们完成特定的任务，家庭与外界的交互与反馈，用户便捷地加以控制；二是户外的场景，用户通过智能终端设备（可穿戴设备）采集个人或环境信息，并以此与各类场景进行交互，提升移动生活的便利性、舒适性和娱乐性。智能家居是移动互联网普及后物联化的体现，通过物联网技术将家中各种智能终端设备连接在一起，实现对各种家电的控制。与普通家居相比，不仅具有传统的居住功能，同时兼备网络通信、设备自动化等全方位的信息交互功能。智能家居作为一个新兴行业，目前正处于成熟期与增长期的临界点。虽然市场消费观念尚未形成，但随着移动智能终端设备的推广普及，人们的消费习惯逐步形成，市场发展空间极为广阔。国内智能家居行业进行了有益尝试，以小米智能家居为例，"小米"智能家居不仅性价比高，而且通过"小米"路由器高度整合，完美诠释了舒适与便捷。

　　现阶段的"小米智能家具"包括灯光和家电控制、背景音乐系统、燃气泄露报警、电动窗帘、室温及空气净化自动控制等。主要透过移动互联网和路由器来遥控家中所有智能设备。小米路由器具有超强的智能场景功能，覆盖整个住宅，让全部智能家具进入到智能模式，不需要用人工遥控，一切触发全部通过侦测器或人体感应器自动启发，这些无线感应器都用小米手机来遥控，智能连接每个角落，既简单、方便，又时尚、实惠。

　　通过智能手机多功能控制屏，实现家庭影院系统等相关智能家具的综合控制，实现一键场景式控制电器组合，无论住宅面积多大，尽在掌握之中。

2.5
移动时代场景"为王"

"移动互联网才是真正的互联网",本身就是一个伪命题。"网"还是那个网,不同的是移动智能终端设备的发展和普及,已经替代了原来的终端 PC,人们获取信息和与外界的交互方式,大多在移动互联网智能终端设备上完成而已,互联网发展到一个更高级阶段。但现实的世界已经被无处不在的移动互联网所占据,这却是有目共睹的事实。如果硬要分出 PC 互联网与移动互联网,大约以 2010 年为分界点。移动互联网与 PC 互联网相比,有三个优势:一是移动互联网的实时性,用户使用移动智能终端设备可以做到时时在线,与外界交互基本上可以做到不间断;二是移动智能终端设备不论在何时何地何种情况下,都能保持在线,不受外界因素限制;三是移动互联网对信息数据的整合能力更便捷、更强大。

移动互联网生态进化的动力源是创造价值,为生产者创造价值,同时为广大用户创造价值。如果忽视用户的实惠,仅为生产者创造价值,这个生态进化链就会断裂,这也是场景取代"流量、入口"的主要动力之一。

在移动互联网时代,人们的行为方式发生重大变化,用户获取信息及

与外界交互的接触点，不再是通过 PC 电脑以鼠标点击进入互联网，而是经过语音、二维码及移动智能终端设备的识别系统，方便地通过"具体的环境场景"进行，这是数字虚拟世界与真实现实世界高度融合的必然结果。用户的行为方式从虚拟世界重新回到真实的现实世界。移动互联网时代的消费倾向，也从过去眼球经济的价格导向变成了场景导向。

▷ 1. 生活场景化的发展趋势

不论移动互联网是否出现，人们的物质需求和精神需求总是客观存在的，特别是在物质生活充裕后，对精神的需求愈加强烈，而内容丰富、多彩多姿、能让用户主动参与交互的应用场景，在很大程度上能满足人们精神层面的需求。特别是在移动互联网广为普及后，移动智能终端设备的屏幕要比电脑屏幕小得多，用户要为需要的信息付出更多的时间和流量成本，内容的筛选成本大幅度增加。因此，场景显得更为重要。这也正是众多企业巨头们不惜砸重金营造场景、抢占用户的主要动因之一，"微信红包""滴滴出行"无不如此。2014 年 5 月，阿里对支付宝软件升级，支付宝钱包的线下"全民免费 WiFi 计划"同时铺开，在多场景为用户免费提供移动上网服务。根据规划，装有支付宝钱包的用户进入 WiFi 覆盖区域后，即会收到提醒消息，点击即可联网。这是继打车软件大战之后，又一个移动支付和生活场景紧密结合计划，阿里始终不愿放弃移动支付入口的争夺。

任何企业包括互联网企业，都必须充分尊重用户的利益，否则必将被用户遗弃，注定失败。例如，柯达尽管是第一个发明数码相机的厂商，而且是标准色彩的制定者，但由于选择维护胶片相机的高额利润，柯达在数码相机的竞争中一败涂地，最终也难逃申请"破产保护"的厄运。

▷ 2. 以用户为中心的运营模式

当人们还沉浸在微信、微博等社交媒体的狂欢之时，社交与购物消费两个风马牛不相及的场景已经亲密接触，互联网上购物消费呈现出明显的时代特征。2013 年 4 月，阿里巴巴入股新浪微博，开始探索社交媒体与电商的合作之路。如果说新浪微博还不是典型的移动智能终端产品的话，那么 2014 年 5 月，京东相继开通微信和移动 QQ 入口，则标志着移动社交购物消费时代的来临。

移动购物消费的一个鲜明特征就是碎片化场景。现在人们的生活节奏越来越快、压力越来越大，很少有人能抽出大把的时间在社交媒体上闲聊，更多人利用碎片化时间上网，即便是购物消费也是如此：在尽可能短的时间内，以最快的速度完成购物消费。能在网上耐心地浏览网页，仔细认真地"货比三家"的用户已经少之又少，大多都是直奔店铺，选中商品下单购买。如果说以前用户更多地关注价格，现在则正相反，用户的价格敏感度下降，更多地关注购物消费流程的简便快捷，一切以"快"为最佳。

"快"是一个动态概念，也是全方位的需求。不仅要求快速找到中意的商品、快速结算，而且希望快速收到商品。这种"快"的需求与碎片化时间紧密相关，因为时间紧，所以才要求"快"。甚至许多人的购物场景是在等公交车、等就餐位子或在通勤路上极短时间之内完成，这与安稳坐在电脑前，轻松敲击键盘的购物有天壤之别。正因为购物场景不同，人们的理性购物下降，变成了一种随性而为，就如同转发一条微博、回复一条微信、阅读一条 QQ 留言一样简单。购物消费变成生活场景中一个随时遇到的小事，简单、快速成为一种趋势。面对用户这种变化大趋势，实体零售店家如果不采取积极应对措施，围绕用户需求切实改变不便利性、体验不佳的弊端，等待你的必然是自生自灭。

▷ 3. 基于应用场景的服务

传统的广告推介是天上放热气球，地上刷标语，铺天盖地，针对性不强且费用高昂；将产品或服务信息植入影视作品也随着影视收视率的逐步下降，广告效力减弱。时间碎片化，用户兴趣及需求随环境的改变而发生重大变化和转移。用户需要的是一个体验极致、生动鲜活、愉悦人心，同时又可以分享的场景应用，而不是被动地接受"说教"。谁能在第一时间接触用户、吸引用户、黏住用户，谁就可能是最终赢家。如果不能在短时间内融入应用场景，创造出直击用户需求的消费体验，就失去极速连接用户的最佳机会，也意味着失去商机，成为商战的失败者。

随着大批用户向移动端迁移，应用场景不断普及，社交、商业、消费的边界日渐模糊，单一的返利优惠、降价促销等手段收效甚微。企业和商家的产品或服务必须与具体的应用场景直接连接、无缝融合，融入人们生活场景多种环节，更具生活内涵，才有可能了解用户需求、黏住用户。

▷ 4. "渠道为王、终端制胜"

一段时间内，营销界有一种说法甚嚣尘上，"渠道为王、终端制胜，得渠道者得天下"。道理并不复杂，如果没有终端，销售就是无本之木，无论什么样的产品或服务都不能实现再循环；如果没有渠道，再好的产品或服务也难以进入消费环节，形成消费。在漫长的农业和工业社会里，的确有"渠道为王"的特定历史条件，产品或服务没有进入消费的渠道，企业难以获得生存和发展的空间。互联网进入中国后，行业间竞争仍围绕着产品、市场、价格和渠道展开，"渠道"的巨大作用谁也不能低估，仍然是兵家必争之地，谁也不愿舍弃这块大蛋糕。以"小米手机"为例，小米

手机形式上是一个手机硬件生产厂商，但同时又是一个强大的"渠道"。2013 年小米手机产量是 1870 万部，2014 年达到了 4000 万部，2015 年超过了 7000 万部。以此推算，小米手机的终端用户超过 1 亿，小米的用户保守计算也在 1 亿之上，这个"渠道"足够庞大！即便小米生产的手机等硬件不赚钱，随便推出一款应用程序，凭借 1 亿以上用户，其产生的市值都将是天文数字。

通过"小米"我们不难发现：当厂商的产品或服务尚不够强大，还不足以影响更多用户，同时又没有其他途径接触用户时，"渠道"的威力绝不能小觑。但随着移动智能终端设备的普及，人们获取信息渠道呈现多元化，渠道扁平化的发展趋势使智能终端在产业链中的地位日渐突出，厂商产品或服务分销渠道发生变迁，被无处不在的移动端应用场景占据。此时，数据营销不是提供渠道把用户推荐到某家品牌网站或平台，而是根据用户需要直接提供他们需要的产品或服务。渠道统治厂商产品或服务的"王者"地位受到应用场景的严峻挑战。也正因为如此，"小米"确定的核心战略是"连接一切"，全面构建独特的互联网场景应用生态体系。不仅布局移动智能终端设备等硬件产品的研发，包括智能手机、手环、智能家居，在上游与芯片厂商合作，用嵌入式完成对全部电器产品"硬件预装"，在成本没有大幅度增加的情况下，将现有硬件升级改造为智能硬件等；而且组建"发现旅游"团队进军旅游业，主打少数几条精品线路，让每一次旅行都能给用户留下深刻而又专属的"小米"场景体验。

2.6
场景应用引领社会前进

移动互联网与互联网相比，最大突破之处就在于：移动智能终端无处、无时不在的连接，将人与互联网的连接更紧密，原本静态的物理空间重构为一种多元化的碎片场景。而场景的力量则是以人的参与为前提、以时时在线连接为基础、以社群为平台、以体验为核心，使相同兴趣、相似特征的用户聚集于互联网，催生社会新形态和商业新模式。

连接意味着跨界。连接，是互联网、移动互联网的本质。人、产品或服务、智能终端设备，通过移动互联网彼此连接在一起，微信连接人与物、百度连接人与信息等都是连接。场景本身就是创造最多变、最快速、最直接、最灵活的强势连接，其核心是完成更深层次的连接，为用户提供更高效的体验。连接可以穿越时空限制、突破生态环境隔绝，重构新场景，形成新跨界组合。

体验为什么如此重要？生活处处是场景，用户的体验就是生活。人生活在场景之中，每天都使用产品或服务，时刻处于"体验"之中。好的产品或服务必须超出用户预期、给用户带来意外惊喜、被用户所认知并产生

共鸣，打心底喜欢并接受它。精美包装、小巧款式仅仅是"体验"的一部分，不是全部。对于广大用户来说，"体验"是感知和接受产品或服务的过程，有助于提高生活质量和工作效率；对于厂商来说，体验就是商机，好的、积极的体验，用户自然会接受你的产品、继续使用你的产品。

场景应用之所以重要，是因为场景抢占了移动互联网的"先机"，站在了时代发展的"风口"上，借互联网和智能终端普及可以"飞"起来，会引起社会结构和人际关系发生深刻的变化，当然包括商业结构和模式的变体。

▷ 1. "场景"成为移动互联网新的主入口

2015 年"双 11"刚落下帷幕，在一片"剁手"声中，淘宝的交易额又刷新纪录飙升至 912 亿元，再一次创造了网上购物神话。数据显示：2015 年"双 11"活动期间，消费者通过移动端访问"双 11"淘宝商城的流量几乎达到 PC 电脑端的 2 倍之多，而 2014 年这一数字只占到 20% 左右。场景应用作为一种基于移动互联网的信息连接方式，成为电商布局移动智能终端的重要环节，其高效、精准的传播方式令人惊叹不已。

基于移动社交媒体的场景应用是一个轻量级的信息传播形式，不需要下载，不占用内存，只需要扫描二维码或点击朋友分享的链接，就可以直接进入页面使用应用内容。在移动社交场景应用方面取得成功的还有奥克斯空调，奥克斯空调设计的应用场景，场面宏大、画面火辣，极具视觉冲击力，通过微信公众账号的传播，3 天时间浏览量达到 50 万人次，带来大批客户。在碎片化的信息时代，"小而美"的场景，更容易被客户记住，更富有人情味和吸引力。

以前，轻量级信息传播一般都是通过简单的图文，而场景应用在轻量

的基础上，实现了多种互动形式。2014年为配合"双11"活动，苏宁易购发布4款场景应用："邀请好友""亲情不冷清""美图控"和"高端手机大揭秘"。特别是在"邀请好友"的页面中，苏宁易购更是将火爆互联网的"指纹识别系统"首次引入电商行业。通过指纹识别邀请好友参与抽奖。"好玩、好看、好用"成为苏宁易购娱乐场景营销成功的关键因素。

当越来越多的信息与服务依赖场景这个变量时，场景本身就是信息组织、关系组织和服务组织的核心逻辑，成为信息、关系、服务三者连接的纽带，并逐渐演变为移动智能终端的新入口。

▷ 2. 场景成为移动媒体新要素

2014年10月，人民大学新媒体研究院联合腾讯对移动媒体用户进行了一次问卷调查，考查移动媒体的重点使用人群（新闻资讯消费者）在移动端的行为，以揭示新闻资讯消费及其相关的社交、娱乐和其他服务的使用偏好。近11万用户参与的这项调查结果显示：

（1）从新闻阅读、社交、娱乐三个方面来看，除了"休息或闲暇"这个重要场景外，"卫生间"和"床上"成为移动传播尤为重要的场景。过去只属于报纸、杂志等传统媒体的"卫生间"和"床上"这样的空间，已经被移动终端所占据。

（2）"伴随"是移动智能终端使用场景的另一个典型特征。移动智能终端往往伴随着用户吃饭、乘车、等车，甚至伴随着用户的工作和学习。2014年8月发布的《2013～2014年中国移动互联网调查研究报告》数据也显示，即便在工作、学习这样的场景中，用户使用移动智能设备的比例也从2013年6月的31.2%上升到49.7%。这在一定程度上印证了近年来用户的普遍感受：移动终端设备把人们的碎片时间都利用了起来，同时移

动智能终端也把人们完整的时间碎片化。

（3）对于移动购物而言，电商强力推销"移动智能端购物优惠"，成为许多用户选择移动智能终端购物的重要场景。但更多的用户常常不假思索地选用移动智能终端购物，这已经成为用户的普遍行为。

▷ 3. 移动互联网时代"场景为王"

智能终端的发展，让互联网的发展迈出一大步。谁能成为这个时代的行业领跑者？归根结底，还是"适者生存"的自然法则发挥作用，占尽"天时、地利、人和"的企业，只要顺时应势、锐意进取，抓住移动互联网普及的历史性机遇，便可以实现"后来居上"，而那些已处于国内领先的企业，同样也不会被取代。只有那些故步自封、不思进取、不合时宜的企业，才会被击败、分解，最终成为领先企业的养料。

与之相对应，"入口第一"已经让位于"体验为上"，"流量优先"也难以抵御"场景为王"。"用户体验"概念出现在 20 世纪 90 年代中期，早期主要应用于程序界面设计，后逐渐延伸到网站设计。由于互联网技术的发展及人文关怀的声张，才开始被其他行业接受和推广，在喜闻乐见的感官体验和互动中，用户有精神享受和物质实惠，成为众多厂商推广产品或服务，及彰显自身形象屡试不爽的奇招。由于用户体验"没有最好、只有更好"，所以众多厂商"以消费者为中心"不遗余力地改进和完善用户体验，提升用户体验价值。而在移动智能终端布局渐成主流，传统广告宣传效应急骤下降的大背景下，场景应用成为营销的"主旋律"，面向移动智能端的布局变得比任何时候都要重要，不再局限于为厂商设立响应式的移动应用，而更注重面向移动智能端优化及社交媒体与场景应用结合的营销模式。通过以社交媒体和场景应用为传播途径，增强用户的体验效果，重构与用

户的新型商业关系，将成为未来企业发展的重中之重。

▷ 4."场景思维"改变传统经济业态

互联网时代，出现了"平等、互联、开放"的互联网思维。场景时代到来，产生"场景式思维"也在情理之中。需要说明的是，场景式思维是真正意义上的"平等、开放、互动"，而不是由一种主导思维走向另一种主导思维，由这部分用户的主权转换成另外一部分用户的主权。

互联网时期的商业模式是把消费者放在核心地位，以"眼球经济"为主，即依赖端口通过生动活泼的内容和有效的信息获取用户"流量"，从而通过流量变现的形式吸引投资商和供应商，最终形成完整的产业链条。在眼球经济竞争导向下，厂商展开"流量"争夺，谁掌握流量、入口，谁就可以称霸互联网。随着移动互联网、社交媒体及自媒体的出现，"眼球经济"影响力下降。只要有好的创意、富有吸引力的场景，流量和入口已不是问题，"场景为王"成为不争事实，"场景思维"大行其道。

"场景思维"实质就是移动互联网思维：

（1）**专注与简单思维**。场景应用专注于移动互联网、专注社交媒体、专注于用户的需求；专注才有力量，只有专注才能做到极致。其实简单比复杂更难，把复杂事情简单化处理，必须净化思想、提高技艺。

（2）**快一步思维**。快，主要表现在决策要快、产品推出要快、产品迭代要快、创新速度要快、变革要快及市场反应要快。应用场景不断出新，节奏按周按天甚至按小时计算。

（3）**"粉丝"思维**。物以类聚、人以群分，每一项产品或服务都应该找到一大批忠实铁杆粉丝。粉丝不仅认同品牌价值观，是品牌的疯狂爱好者、传播者和捍卫者，也是最专业、最热心、最挑剔的用户和潜在的购买者。

（4）**碎片化思维**。场景应用专注于利用人们生活中的碎片化时间做好体验，为了让生活匆忙的人在有限的时间内体验到无限精彩，通过场景体验做出交易决策。

PART 3

场景思维催生场景
式营销

3.1

场景式营销的本质

　　人们已经进入一个全新的商业购物时代——场景式营销时代。

　　"场景"不是新名词，"场景式营销"也不是一个新话题。甚至从某种程度上说，"场景式营销"，即针对目标消费者所处时间、地点展开的营销活动。作为特定的营销方式，早已存在于我们日常生活中，只不过没有引起我们足够的注意罢了。如房地产开发公司为出售楼房所设计出的"样板房"展示，不但直观地向消费者展示楼盘户型结构和使用面积，而且构筑了一个美好居家环境，从不同层面带给即将入住的楼房主人极大满足感和归属感，在观摩中迅速产生"这就是我家"的购买冲动。再比如春节来临之际的商场或超市，通过橱窗、展台的布置营造节日气氛，每一种商品也都配有不同场景，与周围事物和购物环境有着千丝万缕的联系。商品与商品、商品与消费者彼此间的映衬、烘托，形成一个和谐喜庆的购物场景。这样的场景帮助消费者寻求完整的内心世界，感受节日欢乐氛围，激发消费者对商品的兴趣并产生购买冲动。这是传统的场景式营销中两个典型案例，属于现实生活场景中的场景式营销范畴。

　　现实生活中的场景式营销，与消费者的日常生活息息相关，能触发消费者切身体验，基本上可以算作"情景营销"的延伸或深化。在情景营销中，厂商运用生动形象的语言描绘或构建一幅真实的生活场景，让消费者在真实的场景氛围内，亲身感受使用产品后带来的美好情景，激起消费者对这种情景的向往，调动和刺激消费者的购买欲望。情景营销的基本假设前提是：消费者日常生活中的某个"相似的瞬间"，更容易接受相同情景的宣传，不会受到个人或其他因素的影响而发生任何改变，也包括消费者的年龄、性别、收入等具体差别。现实生活中的场景营销更注重由现实生活里的实体商品展示或消费者实际体验激发，产生消费欲望。

　　现实生活中的场景式营销并不具有普遍的推广意义，主要受到来自两方面的限制：一是人们需要的产品或服务多不胜数，并不是每一种产品或服务都能像"样板房"或商品那样实地陈列展示；二是受时间、空间及各自消费能力等多种因素限制，消费者不可能在购物消费时都能现身于真实的销售场景，同时厂商也没有足够的精力和财力将所有产品或服务都放置在实地场景中，让消费者观赏和充分体验。现实生活中的场景式营销只是场景式营销不可分割的组成部分，不能代表场景式营销的全部。

　　在使用 PC 电脑端连接互联网时期，消费者通过浏览器、搜索引擎登录电商的门户网站，实现浏览信息、搜集资料、网络娱乐、网上购物等多项功能。针对消费者的这些行为，厂商和互联网公司围绕"输入信息、搜索信息、获取信息"的路径和习惯，构建了以"兴趣引导＋海量曝光＋入口营销"引导用户进入特定场景的营销模式，取得一定成效，这属于互联网阶段的场景式营销。同样，这个阶段的场景式营销模式也具有很大的局限性：消费者消费或购物的前提是必须进入厂商门户网站或指定的网页，才有可能接触、认识产品或服务，继而进入体验环节，触发消费者产生消费的欲望。消费者有没有进入到门户网站或指定网页，是营销成功与否的关键，因此

就有了"流量为王"和"入口为王"的共识，在争夺流量、入口上展开激烈竞争。

随着移动智能终端技术的发展与普及，消费者通过移动智能终端保持时时在线，商家构建不同产品或服务的各种"真实"场景，让消费者置身于特定的应用场景之中，充分体验产品或服务的美妙，提高购买消费欲望，不仅成为可能，还逐渐变成了现实。

那么，基于移动智能终端的场景式营销到底是什么样子呢？

基于移动智能终端的场景式营销，就是围绕消费者的碎片时间整合产品或服务，根据不同目标群体特性进行分类管理，对产品或服务进行有针对性的场景设定，在此基础上广泛推广精准营销。场景式营销把看似无关的场景与消费者所处的实际情境相连接，以此提供贴合用户体验的场景应用，在潜移默化中影响和引导消费者完成购买行为。

更通俗地说，场景式营销就是借助消费者所处的场景及特定的时间和空间，营造特定的场景，与消费者形成互动体验、完成消费行为的过程。

应该说，场景式营销不是热点炒作，更不是贪图好玩。而是随着移动智能终端技术的快速普及，消费者时间被移动互联网割裂得支离破碎，人们生活习惯和购买行为发生重大变化而兴起的，是市场营销的一种必然选择。

移动互联时代，标志着新购物时代的来临，便捷的购买场景、高效的购物环节、碎片化的购物时间……随时随地购物消费成为人们高频的行为。其主要特征是：越来越多的购物场景正在影响和改变消费者的消费决策。

场景式营销的实质，是通过提供给消费者丰富的购物场景和便捷的购物体验，让消费者在包罗万象、浩如烟海的信息中，找到自己所喜爱的产品或服务，提高潜在消费者成为现实消费者、再成为忠诚消费者的"转化率"，同时"黏住"消费者，最终成为某项产品或服务的"粉丝"。

▷ 1. 场景式营销靠的是"心智影响力"

人们的购买消费行为基本上都是以个人或家庭为基本单位，均要受到诸多内在或外在因素的相互促进、相互影响。由于受到消费人数、需求量、购买力、储藏地点、产品保鲜期及消费者生活习惯、消费观念、消费心理等多种因素制约，从而导致消费者的消费表现出差异性大、复杂多变和习惯性等显著特点。在消费的复杂性上，如果某一部分消费者属于高度参与者，十分了解现有产品的品牌、品种、规格和价格之间的差异，这部分消费者产生的购买行为属于理智性消费。同样，也有一些消费者并不注意广泛收集产品或服务信息，也不精心挑选品牌，购买决策过程快速而简单，具有很大随意性。只是在产品或服务购买后，经过对产品或服务的使用，才对产品或服务加以评估，产生满意或不满意感。如果满意，继续使用；如果不满意，下次购买时换成其他品牌。还有一些消费者只是习惯于购买自己熟悉的品牌，购买后并不计较产品优劣。还有许多消费者并不注重品牌，但对产品价格的变动特别敏感。不论是选择高档商品，还是选择低档商品，首先关注的就是价格，他们对"大甩卖""清仓"等低价位促销最感兴趣。厂商或互联网公司正是采取如抢占入口流量、广告、公关等不同的渠道和方式，针对不同群体的消费者推广其产品"价值"，从而吸引人们关注，进而促使消费者产生购买行为并保持购买行为的持久性。

从营销角度上分析，场景式营销与广告、公关、网络等营销并没有本质区别。所不同的是，场景式营销是依据移动互联网不断刷新，改变人们的认知思维，不论是情感型消费者，还是理智型消费者，甚至是热衷于低价格的消费者，都因为时间的碎片化，其认知思维包括对产品的感觉、知觉、记忆、思维、决策过程已经发生了明显的变化。具体表现在购买行为上，消费者或多或少受到来自特定场景（所处的环境因素）的暗示或诱导

进行购买决策。比如，一个热恋中的年轻消费者，想送给女朋友一份特别有新意和纪念意义的礼物。正在为购买何种礼品苦苦思索时，这时有一个特定的应用场景提醒并告知这位消费者，消费者按照场景的引导，在特定场景的"购物店"挑选并购买了一件十分中意的产品作为礼品送给女朋友，极好地向女朋友表达了爱意。这个简单事例说明，人们的购买行为，无论是从情感上或理智上都受控于自我意识里的"心智"。随着消费者时间碎片化，可能让众多的消费者不再按照固有的生活习惯选择购物方式，情感上还是理智上都受控于自我意识里的"心智"驱使。如同上例中的消费者，在特定应用场景的引领下，即便他是一个对价格特别敏感的消费者，在这种场合下，也不会过多计较礼品价格的高低。

场景式营销正是依靠"场景"影响心智而展开营销攻势。

▷ 2. 场景式营销固化消费者购买习惯

许多消费者已经习惯在网店搜索产品，选择后下订单付款，然后等着快递送货上门。商家更关心的是消费者再一次购物时，能否按照已经养成的消费习惯，再次到本网店消费。"一锤子买卖"是所有商家最不愿意看到或接受的结果，因为花费了大量精力甚至财力招揽来客户很不容易。所以长期以来，让消费者真正"黏在"自己的品牌和产品的"固化率"问题，一直困扰无数商家。事实上，同档价位同类型产品，其差异性已经变得微乎其微。如方便面"康师傅"比"今麦郎"好在哪？"康师傅"比"统一"又好在哪？不仅经常食用方便面的消费者说不清楚，就连大多从事这三种方便面品牌营销的专业人员，也很难用三言两语给出一个令人信服的答案。但更多的消费者往往在购买方便面时，选择"康师傅"而舍弃其他品牌。这说明许多消费者在多数情况下，不一定是理性决定消费行为，更多的是"从

众"和"习惯"决定消费行为，因此培养消费者消费习惯异常重要。场景式营销的优势在于，不断通过网店、微信公众号或朋友圈，向特定场景下的消费者推送所需产品或服务信息，让消费者在没有任何精神负担或心理压力下，强化对产品或服务的认识，不知不觉中固化消费习惯，加深对品牌的认知。

▷ 3. 场景式营销提升消费者体验

商家的产品或服务能否得到消费者认可，很大程度上取决于消费者在使用产品或服务的过程中所获得的体验。只有当消费者获得了高质量、与往常不一样的体验，消费者才会对产品或服务留下深刻印象，不自觉地与其他同质产品或服务加以区别，形成消费习惯。场景式营销正是基于移动互联、仿真、传感、定位等智能终端技术建立的新型营销模式，通过场景持续地影响和感染消费者，将品牌宣传隐含于服务之中，更具人性化，与消费者互动性更高、体验效果更好，最终占据了用户体验的制高点。

3.2

场景式营销产生效用的支点

事实上，生活处处是场景，生活即场景。每一个人都生活在场景之中！

全国火锅连锁店"海底捞"，在十分有限的店面内安排大量面积去做美甲和水果。让营销专家们大惑不解，口诛笔伐海底捞"不务正业、本末倒置"、不"专注"等。但海底捞的经营业绩直线上升，规模快速扩张，让专家们意想不到的是：不追求高度的管控，不追求整齐划一，在服务各环节备足接口，给来店客户提供极致的场景式体验，付出微小的经营成本却得到了百倍甚至千倍的口碑传播红利，这是海底捞成功的秘诀之一。

极致的场景体验产生的巨大效用还表现在人际关系上，一对在许多人看来门不当、户不对的男女，几乎没有可能结为"连理枝"，但一个极致浪漫的场景和一个一见钟情的体验，就能创造出男女走进婚姻殿堂的可能。

正是基于这些事实和现象的判断，场景式营销根据消费者所处的不同时间、地点和环境场景，进行营销信息的推送。与其他营销方式不同，场景式营销是把消费置身于真实或虚拟的场景之中，通过亲身体验，加深对产品或服务的感知，产生消费意向，在没有压力负担下完成消费行为。

菲律宾宿务太平洋航空公司不仅以"低价、超值"的经营策略被人们熟知，其在香港"雨代码"的营销推广更让人们津津乐道。香港是全球高度繁荣的国际大都会，但临海多雨，特别是在每年5～9月间更是极少见到晴天，阴雨天居多。宿务航空利用香港的气候特点，直接在最繁华街道的路面上喷洒二维码。晴天时，二维码隐形不见。每当下雨之时，街道路面上立即显现"阳光普照"的菲律宾旅游的二维码。"雨天太烦人？快扫二维码，来菲律宾跟阳光玩游戏！"一到下雨天"雨代码"就会立即出现，简洁的文字似乎在告诉消费者：菲律宾现在阳光灿烂！大家只要拿出手机扫描"雨代码"，就能马上进入宿务太平洋航空公司的官方网站，即时买票，就能到菲律宾充分享受阳光。"雨代码"收到了出人意料的成效，推出的当月，宿务太平洋航空公司的官网订票量增长了37%。"雨代码"创意并不复杂，但因时因地制宜，巧妙设计了一个恶劣天气与烦闷感受结合的特定场景，激发消费者对"阳光普照"的向往以及去菲律宾旅游的强烈欲望，这种"接地气"的场景式营销收到特别好的营销效果，也在情理之中。

不论何种形式的营销活动，衡量其效果的具体标准只有一个：激发消费者的消费需求。如果没有引起消费者的关注，消费者的消费需求没有被激发，甚至让消费者产生反感或厌恶，这样的营销活动只会白费功夫、适得其反。场景式营销之所以能激发消费者的消费需求，与其强大的"支点"密不可分。

▷ 1. 场景式营销技术支点

移动智能设备、社交媒体、大数据、传感器和定位系统，被称为是构成场景的五种技术力量（原力）。五种原力无处不在，无时无刻不在影响和改变着人们的生活和大大小小的企业。五种原力目前处于良性循环之中：

快速普及降低了价格，低廉的价格反过来又促进了更高的普及率，进而又一步地降低了价格。越来越多的人使用或掌握"五力"，同时广大厂商也逐渐把构建"场景"调整纳入企业发展战略。有远见的商业领袖已经利用"五力"助力企业发展，不断推出价格更低廉、使用更方便的"场景工具"。移动智能设备是"五力"中的关键一环，目前经过现代科技的整合，实现了云存储的数据大转移，解决了手机存储容量有限的瓶颈，移动智能手机聚合了其他"四力"的一些基本功能如传感、定位及指纹识别等技术。智能手机完全兼容场景应用程序，成为体验场景的最重要载体。

对于大多数人来说，与外界保持连接的仍然是移动智能手机。截至2016年8月底，我国有6.56亿用户通过智能手机上网，占上网用户的92.4%。智能手机的大普及，为用户连接场景、增强购物体验提供了前提条件，也为各个企业有针对性地开展场景式营销扫除了障碍。

▷ 2. 场景式营销的基础支点

场景式营销与其他营销方式最大的区别在于：场景式营销可以依据消费者所处的时间、地点、场合，即时提供产品或服务信息，满足不同场景下不同消费者不同的即时消费需求。基本上做到了与消费者无时无刻、无处不在的无缝连接。无疑，场景式营销将革新或重塑其他营销方式，其不可取代之处在于，场景式营销与消费者的连接是一个扩展"弱连接"、轻松完成"强连接"的过程。在"弱连接"阶段，消费者通过一些场景的沟通联系，让产品或服务在用户心目中留下印象，下次消费时可能会偶然想起这个产品或服务，传统的营销都能通过各自不同的方式基本上达到"弱连接"目的。由于消费者注意力转移成本大幅度降低和可供选择的信息无限度扩张，许多信息基本上过目就忘，不会留下深刻记忆。此时"弱连接"

实际意义不大，消费者根本不会因为一个初始印象就成为某个产品或服务的"忠实粉丝"。因此，把潜在消费者转换为现实消费者，还必须要把"弱连接"转变成"强连接"。但如何把"弱连接"转化为"强连接"，传统营销很难完成，因为传统营销面对和覆盖的是整个消费群体，对于每个消费者个体却显得无能为力。场景式营销的实质就是与消费者的连接，营销方式既是"弱连接"，同时也是"强连接"。场景的分享功能，是延续了传统营销的思路，其效率比传统营销覆盖面积大得多。当产品或服务与消费者建立"弱连接"后，朋友圈、微信公众账号等功能，就能轻而易举地将其转化为"强连接"；再加上构建特定的场景，针对消费者不同时间和不同环境的消费需求，顺利促成消费者的消费行为。

▷ 3. 场景式营销的着力支点

说一千道一万，营销的本质就是要把产品或服务"卖"出去。产品或服务"卖"不出去，不论营销的形式如何丰富、名称多么好听，也都是伪营销。场景式营销之所以能"黏住"消费者，是因为场景式营销为消费者提供了全方位、深度的"体验"，让消费者在特定的场景内，体验到愉悦和快乐。

"消费者体验"是消费者在使用产品或服务过程中建立起来的一种真实感受。体验并不复杂。对于消费者来说，体验就是生活；对于厂商来说，体验就是商机；消费者获得了高效、积极的体验，就会选择持久地使用这个产品或服务。场景式营销通过移动智能、图形制作等技术实现了与消费者无缝连接，"人机交互"变得更为简单、方便，几乎渗透并占据了人们的所有空间。一般而言，影响消费者体验的因素有三大类：即消费者的使用状态、产品或服务的性能及环境因素。

场景式营销从五个层面为所有消费者提供"体验"：

（1）**表现层，主要是感官体验**。感官体验是消费者在体验中最直接的感受，给消费者呈现视听上的体验，也就是人们常说的"第一印象"。取得消费者第一好印象的关键是"舒适性"，消费者第一眼看到的产品或网页是否让消费者感到"顺眼"，基本上决定了消费者是否会继续浏览网页并选用这个产品。

（2）**框架层**。表现层之下便是框架层。主要包括场景的一些具体景观和产品或服务的主要标识等。给消费者的体验较表现层要更深入一些，包括场景的设计风格、色彩的搭配、场景面积大小、场景氛围的营造等，提升消费者的兴致。

（3）**结构层**。与框架层相比，结构更加抽象。从场景应用的层面分析，在结构层，场景提供给消费的体验不能抽象，反而要更加具体。要让消费者通过结构层的体验，清楚地认识到产品或服务的价值所在。因此，场景的设计要通俗、流畅、明快，以贴切的场景突出产品或服务的可操作性和易用性。

（4）**范围层**。表现层、框架层及结构层的共同组合，确定了场景构造的特色和产品或服务功能的组合，这些特色和功能决定了消费者的体验效果。在这个层面，场景的作用是突出消费者心理上的体验，增加亲近感，缩短与消费者之间距离，提升消费者心理认可度。

（5）**战略层**。场景的营销效果基本上由战略层决定，这些战略不仅包括场景设计者通过场景式营销想要达到的目标，还包括与消费者交互的方式和具体采用的方法。让消费者用感性带动心理顺利进入情感体验，是场景式营销所追求的重要目标之一。

3.3
场景式营销模式的特点

完成任何一件产品或服务的营销，都必须找到营销入口。这要求营销团队必须站在用户（消费者）角度思考问题、发现问题，更多时候，营销策略的制定和营销手段的设计，甚至要跳出"营销"，对产品或服务及用户进行细分，找准用户对产品或服务的"兴趣点"，然后改进和完善产品或服务，放大用户对产品或服务感兴趣的"点"，缩小直至舍弃用户不感兴趣的"点"。在"正确的时间、正确的地点、正确的场景下，为用户（消费者）提供正确的消费信息"，进而完成产品或服务的销售工作。

从这一点上看，产品或服务似乎并不是场景式营销的主角，"人"才是整个过程中的主角。人可以发挥各自的品位个性，增加产品或服务的舒适性和适用性，将功能做到极致；人同样可以设定特定的生活场景，感染或影响用户，提升用户的体验效果，增加产品或服务的品牌价值。如同房地产公司展示的所有"样板房"都采用场景化后的"精装房"一样，其目的是给消费者以新鲜、清爽的体验，提高浏览者的购买欲望。"好的产品或服务会说话"，背后隐藏的深意是，好的产品或服务需要生产者和消费

者的高度参与，需要营销传媒人的注入，需要时尚潮流的推波助澜。凭着大喇叭吊着嗓子高喊两声，铺天盖地的条幅广告及漫街飘舞的传单吸引消费者，从而让消费者打开钱包掏钱埋单的时代已经过去了。在场景时代，卖出去的不仅是产品或服务，还包括一个个鲜活的人、一个个嵌入真情的场景。

　　依托户外巨幅广告、广播音频和电视屏幕大把赚银子的年头渐行渐远。因此有了 2013 年北京电视台联手高德地图共同打造《美食地图》；北京文艺广播电台携手高德地图联合推出《吃喝玩乐大搜索》；《钱江晚报》利用微信平台实现粉丝互动，并利用沉淀的数据挖掘用户需求等。2014 年豆果网与央视纪录片《舌尖上的中国》达成协议，为该节目提供整合传播体验社区。用户可以通过移动端拍照并上传复制的《舌尖上的中国》中的菜谱作品，也可以通过《舌尖上的中国》中的食材找到其他菜谱。《舌尖上的中国》通过与豆果网的合作，充分利用其优质的用户资源，在美食场景中进行纵深挖掘，使之在移动端的传播效应最大化。豆果网也带来许多独家信息资源，在原本内容同质化严重的美食市场中增加了竞争力，为网站自身的存在背书，提升品牌形象，凸显了商业价值和行业地位，为移动端带来变现的渠道和空间，使之在市场中有更多机会谋求多元化的发展。这次合作，可以说是相得益彰的"双赢"。传统媒体通过与移动互联网深度合作的方式，不断尝试和探索场景式营销生态的构建。不得不说的是，这些传统媒体与移动互联网合作共同营造场景式营销的案例，从一个侧面表现了场景式营销的巨大优势，但仅仅是场景式营销的浅层次尝试，难以让场景式营销在更高层面上更大地发挥效力。

　　全球知名研究公司弗雷斯特在一份研究报告中曾断言：传统营销已经越来越难以触动消费者，而基于场景为消费者带来实际价值的移动营销才是未来！人们有理由相信，随着移动智能终端设备技术的进一步革新和普

及，未来的世界必将是：无处无场景，无处不营销！

从这个意义上说，我们需要从时间、空间和消费者心理三个维度充分认识和了解基于移动互联网的场景式营销模式的特征。

▷ 1. 构建特定场景，实行精准营销

所谓精准营销，就是在精准定位基础上，运用信息技术手段建立个性化的消费者沟通体系，把产品或服务信息准确地推送给需要该产品或服务的消费者，既节省营销成本，又能收到最大化的营销效果，实现企业可度量的低成本扩张之路，是有态度的营销理念中的核心观点之一。

实现精准营销需要做好两项工作，一是找到消费者，二是推送产品或服务的消费信息。精准营销难在"精准"，大型商场门前发传单、繁华街市悬横幅、电视银屏反复播送产品或服务的广告等，包括互联网出现以后厂商抢夺"流量、入口"，形成"渠道为王、流量称霸"的局面。虽然目标都是消费者，但不属于精准营销范畴，基本上还是"姜太公钓鱼——愿者上钩"的撒网式营销。精准营销存在着"理论上可行、实践中难以操作"的弊端，在茫茫人海中找到需要自己产品或服务的消费者并不容易，实在是"难于上青天"。

大数据、搜索引擎、关键字匹配技术的出现，对于互联网来说前进了一小步，但对于精准营销来说，却是前进一大步。根据用户数据分析和搜索"关键词"等行为，"关键字匹配推介广告"应运而生，这种"精准广告"并不依附媒体而是直接挂靠在具体的文章内容上。比如某个用户关注体育赛事，在阅读体育新闻或评论时，就会弹出相关体育用品的"匹配广告"。在阅读描述笔记本电脑维护方面的文章时，就会弹出笔记本电脑的品牌推介广告。

"精准广告"并不精准。道理特别简单，如很难判断阅读体育新闻的用户就一定会对体育用品感兴趣；或许阅读笔记本电脑维护常识的用户仅是为了寻找资料进行写作。用户的关注点是文章内容而不是广告，频频出现的广告甚至因为干扰了注意力，而让用户对弹窗广告产生反感或厌恶情绪。但相比较"漫无目标"的广告而言，弹窗广告精确许多。毕竟弹窗广告内容已经在"精确度"上做到了接近用户"兴趣"，不同程度上赢得一部分用户的回应。这种回应可能是购买行为，可能是购买意愿，也可能是用户的熟视无睹。对于厂商成本支出来说，弹窗广告，是一个巨大的进步，点击率提高，广告成本下降。但计算机系统再先进，也无法判断用户浏览网页的真实动机，更无法掌握用户使用媒体时的场景和需求。

随着移动智能终端设备的普及，用户时时在线，场景式营销不仅能准确判断用户当下所处的场景及需求，还可以运用大数据分析技术，根据用户过往的消费习惯及偏好，准确预测用户的消费意向，主动为用户推送需求信息，做到"想用户之所想"，进而顺利促成用户的购买行为。

▷ 2. 虚拟现实渗透，媒介融合互动

智能手机的普及，彻底改变了人们的生活。最明显的变化莫过于让时间碎片化，同时又高度整合了碎片时间。"刷手机"成了人们一种自然的习惯。据《2016 微信数据报告》，微信平均日登录用户大 7.68 亿，50% 的用户每天使用微信时长达 90 分钟，国人平均每天打开微信 14.5 次。而同时，坐公交、朋友聚餐、上厕所、睡觉前，甚至工作间隙，网民也利用一切碎片时间争分夺秒地登录互联网。

碎片化时间无处不在，移动互联网又高度整合了碎片化时间，让人们充分加以利用，形成虚拟的互联网与真实的生活相互渗透、融合互动的场

景，虚拟与现实的间隔越来越小。网络向生活渗透、虚拟与现实互动、人与网络媒体之间的交流互动、人与人之间沟通分享，成了人们日常生活不能分割的一部分。现实生活中，一些面临就业压力或竞争挑战的用户，为放松身心、缓解压力上网游戏，游戏中或轻松愉悦或对抗激烈，或需要勇气或需要计谋，或孤军奋战或团队协作，从中体会到愉快、刺激和协作精神，找到归属感和竞争感，已经让人很难分清虚拟与现实的距离。随着仿真技术的突飞猛进，虚拟现实技术成为一门独具特色的产业，模拟环境、感知、自然技能，甚至包括嗅觉、味觉等已经达到以假乱真的程度。

这些都成为场景式营销的强大技术支撑，并得到广泛应用。2014 年10 月，阿里与优酷土豆网合作推出"边看边买"的视频购物活动，活动的目标是构建"屏幕即店铺、内容即营销、广告即销售"的模式。这是一次成功的场景式营销：用户在观看电视剧时，点击视频中出现的商品即可收藏或购买。借助影视资源改造购物场景，与感兴趣用户实现互动，有效利用了用户的注意力资源，同时又让用户在兴趣盎然中掏钱消费，不露营销痕迹。

▷ 3. 线上线下联动，提高心智影响力

说到底，场景式营销的核心特点是：互动性强、应时、应景，不论是营销信息的推介，还是引导用户的场景体验，都是为了影响用户消费决策、促成产品或服务的销售。因此，重新整合线上线下资源，引领消费者实现社交媒体和现实生活的完美结合，达到无缝切换，将线下的场景转化为线上的购买行为，是场景式营销效果最大化的关键。

3.4

场景式营销不是场景 + 营销的叠加

　　根据人们生活场景的不同，场景式营销可以分为两大类：现实生活场景里的场景式营销和基于互联网里的场景式营销。按使用互联网的不同方式，又分为基于 PC 电脑的场景式营销和基于移动互联网的场景式营销。

　　现实生活里的场景式营销基于真实生活场景，结合人们生活习俗展开。如超市每件商品都配置各种不同场景，节假日还营造喜庆气氛。场景起到帮助消费者丰富视觉感官的作用，激发对商品的兴趣并产生购买欲望。

　　基于 PC 电脑互联网的场景式营销指，厂商或互联网公司针对使用 PC 电脑的用户，在搜集资料、获取信息、网络游戏及网上购物时的特定场景，围绕用户输入信息、搜索信息、获取信息的路径，构建了以"兴趣引导 +海量曝光 + 入口营销"为模式的场景式营销。

　　基于移动互联网的场景式营销，是场景式营销的主流，也是未来发展的大趋势。随着移动智能终端设备技术的普及和云存储技术的提高，移动互联网时代随之到来。PC 电脑互联网局限于浏览网页和门户网站的场景式

营销，而基于移动互联网下的场景式营销，在时空和内容有了进一步的拓展和深化，不仅不受时空的限制，可以根据用户不同的时间、地点、状态进行产品或服务信息的精准推送，同时还可以根据用户不同场景下对不同产品或服务的兴趣差异，及时提供用户需要的产品或服务；既可以凭借现实生活中自然的场景，也可以运用虚拟现实技术等搭建应用场景，并通过强化用户体验和互动交流，从而取得良好的营销效果。

需要特别注意的是：场景式营销并不是简单地定位用户地理位置来时时匹配产品或服务信息，也不是刻意营造一个用户特别感兴趣或特别喜欢的场景，在用户兴致特别高时购买某项产品或服务。尽管"场景"是场景式营销的核心要素，但也不能把场景式营销粗浅地理解为"场景＋营销"的叠加，就如同不能将移动互联网简单地理解为"互联网＋智能手机"。

说到底，消费者的消费需求始于产品或服务之前，市场营销始于产品或服务之后。消费者需求决定产品或服务需求，而不是产品或服务需求决定消费者需求。任何形式的市场营销都需要解决三个基本问题：如何寻找并发现消费者；如何吸引并拥有消费者；如何长期、大量持续拥有消费者。其核心本质是"以消费者为中心实现双方利益上的共赢"，即满足消费者需求，同时实现厂商的利益诉求，顺利完成产品或服务从生产者转移到消费者手中的一个过程。不同时期的营销手段如广告营销、品牌营销、关系营销、社会营销、网络营销等，包括场景式营销无不如此。

所不同的是，场景式营销以移动互联网普及和移动智能终端设备技术提高为前提，以大数据及传感等技术预测消费者即时需求为基础，以通过社交媒体增强消费者产品或服务的体验和互动为手段，利用现实生活中的真实场景或采用虚拟现实技术和定位系统构建特定的应用场景，感染和影响消费者，实现从营销到消费的转化。说穿了，场景式营销是通过营造应用场景，在特定的时空环境中，感知并满足消费者需求的营销活动。

那么，场景式营销是如何通过"场景"感知并影响消费者的？消费者在特定场景中，又是如何在没有任何心理负担的情况下，自觉自愿掏钱埋单的呢？

▷ 1. "购买决策"是复杂的动态过程

个人消费与家庭消费同属一个概念，指消费者为获得产品或服务的购买行为，以及对于产品或服务的实际消费。个人消费是人们维持自身生存和发展的必要条件，也是人类社会最大量、最普遍的经济现象和日常经济活动。

个人消费行为是一个变量，受到消费者个人所处的环境及消费者个人心理差异等因素的影响。从大的影响因素上来说，有社会政治制度、国家宏观经济政策、社会生产力发展水平及消费者个人的文化背景、宗教信仰和所处的社会经济地位等。从小的影响因素上说，有消费者年龄、所处的生命周期阶段、收入水平、生活方式、生活习惯及个人消费决策等。

一般情况下，在影响消费者消费行为的各种因素没有出现大的变化情况下，消费者"购买决策"在人们消费过程中将发挥关键性作用。

消费者决定购买某个产品或服务，是由一定目的驱使，满足某方面所需决定的。"购买决策"是一个动态过程，同样会受到自身和来自外部多种因素的影响、刺激，产生需求欲望、形成购买动机，最后抉择和实施购买行为，购买后经过切身体验再反馈影响下一次购买决策，从而形成一个完整的循环过程。这个过程比想象还要复杂得多，购买决策是人的大脑经过复杂思维活动的产物，即便那些拍脑袋冲动性的购买行为，在做决策时，也会开展感觉、知觉、注意、记忆等一系列心理活动，并进行分析、推理、判断等一系列思维活动，同时计算、比较支出与可能带来的各种利益。购

买决策复杂性还表现在决策内容上，消费者在反复比较、经过仔细分析后，确定在何时、何地、以何种形式、何种价格购买何种品牌的产品或服务等内容。同时影响购买决策因素也是错综复杂的，不仅有个人性格、气质、兴趣、习惯和经济能力等主体因素，而且与消费者所处的空间环境、社会文化和经济环境等场景因素，以及产品或服务的功能属性和品牌效应、价格等息息相关。这些因素交互作用，决策结果常常有不确定性。

▷ 2. 怎样影响消费者购物决策

围绕着消费者购买决策不同程度地受到外界因素影响的现象，厂商制定了一些针对性的促销措施，久而久之形成了固有的"刺激—反应—再刺激"模式。这种模式分为三个阶段：

（1）**刺激引起需求。**消费者的不同需求产生不同的购买动机，需求强度决定购买的实现程度。在消费者购买欲望并不强烈的时候，运用电视广告、海报、在线广告、促销活动等多种形式驱动，激发消费者购买欲望。

（2）**打开"黑箱"阶段。**由于消费者处于不同的社会阶层、家庭环境，以及不同的经济能力，不同的处境具有不同决策。由于内心活动不易被人了解，因此购买决策过程被称为消费者的"黑箱"。在消费者稍有反应后，立即引导消费者进入体验环节，强化消费者的购买意愿。

（3）**激发新的需求。**消费者在经过一系列的心理活动，出现人们看到的结果：拒绝或者购买。如果消费者一旦决定购买，在选择上包括产品或服务、品牌、购物场所、数量。在此基础上继续寻找和发现消费者新的需求，再实施新的营销刺激，诱发消费者产生新的购买行为。

随着移动智能终端设备特别是智能手机的普及，消费者时间呈碎片化特征，随时随地获取信息成为现实，消费者购买决策出现了巨大变化。

▷ 3. 场景影响消费者购买决策

人们的消费购买决策一定会受到时间、空间和周围环境的影响。消费者的购买会因为特定的场景有所不同，而且在某一特定场景中的感受会影响消费者想要购买的产品或服务，这种影响可能是行为上的，也可能是感觉上的，它可能是刺激消费者做出购买决策的主导因素。正是基于这样的前提，场景式营销才可以大行其道，达到经营效益最大化。

（1）**购物场景无处不在，触发购买欲望**。优雅的购物环境和优质的服务已不足以令消费者为之埋单，因为抽出半天时间专程去逛商场，对于众多消费者来说已显得太奢侈。在碎片时间里上网浏览资讯、查阅信息时，需要购买的产品，就会出现手机屏上，顺手下单、付款，不久快递就会送到指定地点，加上极为便捷的购买场景，极短的购物时间，随时随地都可以进行，购买欲望瞬间激发，场景消费已经成了人们的一个高频习惯。

（2）**线上线下无缝体验，购买更为便捷**。消费者的购买习惯已经从实体商店转移至移动互联网上的电子商务，发现了满意的产品，扫描二维码再通过移动支付结账，即可完成购买行为，或许人还没有到家，产品已经快递上门。即便是购买汽车这样大宗商品，也可以在网络平台上选车、看车，平台直接为消费者匹配最近的店家取车试驾，试驾满意付款便完成购买。

（3）**场景式营销切中消费者欲望和需求**。消费者的欲望和需求，往往表现出一些"人性弱点"。比如一些消费者存在"获利""虚荣"等不良心理。因此，许多门户网站特地推出"便利店""打折柜"等，在特定的场景下提供"抵现券""红包"等，进一步激发消费者的购买欲望。

3.5
场景式营销不是颠覆，是更高层级的整合

场景式营销以用户为中心，从用户在不同场景下关注不同内容、萌发不同消费需求的特点出发，通过重构全新、适当的场景，以氛围烘托购物环境，不断地"暗示"、感染影响用户，打动用户的内心情感，诱发用户产生"共鸣"，进而产生购买欲望。加上移动支付、物联的便捷性，用户在没有任何思想负担、经济压力之下，顺利实现购买行为。

按照传统营销学理论推导，场景式营销是心智影响力。

与依托 PC 电脑端互联网的各种营销方式相比，基于移动智能终端设备普及之上的场景式营销呈现出一些新特点。具体表现在：

随时性。微信、微博等社交媒体的盛行，让无数用户迷恋，深陷其中。用户平均每天多达 30 次以上无意刷朋友圈，你晒的照片，如穿的某件衣服、戴的某款手表、用的某个手袋等，都会在朋友圈内高频次地传播，引起圈内朋友争相传看。朋友圈内互相推介、互相影响、互相交流，很容易勾起购买欲，同时线上线下随处可见的购物场景，购买行为省时、省事，随时随地都可方便进行。微信不仅仅是聊天工具，实质上是帮着商家扩大了营

销广告的覆盖半径，场景式营销表现出随时性。

多样性。微信、QQ、微博等多种社交媒体在亿万用户中的广泛推广，"物以类聚、人以群分"的群体性特征表现得更加突出，相同的兴趣爱好和相同的志向追求把天南海北的人聚在一起。针对这些特定的群体进行的场景设计，变得更加容易、更有针对性，场景式营销也逐渐变得更多样化和立体化。

不相关性。朋友之间的闲聊，一般都有"天上地下、谈古说今"的特点。比如朋友聊天过程中，会不知不觉中聊到某企业的产品。因为朋友的大力推荐，会激发购买欲望。因为是朋友，就把生活与产品两个本无任何关系的事情串联起来，推动了购买行为的出现。再比如朋友间聊天话题是今天的雾霾天气，话题就会自然转向相关治理雾霾的产品，进而产生购买欲望。从天气到产品，两者之间似乎没有多大关联，纯粹因为聊天引起关注，产生购买欲望，这就是场景式营销的不相关性。

很多时候，在朋友圈这个特定场景内，聊生活谈兴趣时延伸至与话题相关产品或服务，极易诱发购买欲望。以"景"入题、从"心"出发，人们喜欢的并不是产品本身，而是人所处的场景，以及场景中自己浸润的情感。

场景式营销撬动了移动智能的营销大局，销售的不仅仅是冰冷毫无生气的产品或服务，更像是在兜售一种新的现代生活方式，传播一种新时代的消费理念，塑造一种新时代的消费态度。通过与消费者在更深层次上的沟通交互，重新构建人与人、消费者与厂商之间相互信任、相互依存的关系，买与卖的消费关系也随之变得更加和睦、更加灵活。

营销即场景，场景即生活。从这一点上看，如果说场景式营销颠覆了人们的一些传统观念和生活方式，并不为过。盱眙仅是苏北平原上一个很不起眼的小县城，位于淮安市西南部，淮河下游、洪泽湖南岸，在大中华版图上毫不起眼。从2001年开始，盱眙与"龙虾"结合，精心打造基于龙

虾场景的"第一届盱眙国际龙虾节"。"盱眙龙虾"通过产品品牌形象呈现在亿万消费者面前，让人们一下子记住了"盱眙龙虾"。"产品品牌＋品类品牌＋城市品牌"把盱眙小县城的城市品牌塑造成了知名品牌，围绕龙虾产业链，盱眙的城市品牌名扬世界，被天下喜欢吃龙虾的消费者所熟知。一场龙虾饮食场景的构造，带动了盱眙当地的经济发展，更将盱眙的城市品牌越叫越响，城市的凝聚力、吸引力和辐射力大大提高。

在电子商务和互联网还没有普及的年代，消费者购买图书基本上都是去新华书店。后来大众书局因为设计新颖、文化氛围浓、服务态度好吸引了大批购书者。但是随着互联网的普及，人们购书又纷纷转向"当当""京东"或"亚马逊"，线下书店的经营业绩惨不忍睹，大众书局也难逃厄运。如何破局？成为包括大众书局在内的线下实体书店最为头痛的问题。平常人们来书店都是为了购书，如何将消费者购物时间拉长，变成一种既能阅读又能购书的"超级书市"，那么消费者停留书店的时间增加，自然就多了销售机会，而销售的商品也不能仅限于图书。按照这个思路，大众书局在调研中发现，人们平时阅读时，总是习惯"一桌一椅一壶茶（或咖啡）"。于是按照这样的阅读场景，重构大众书局的布局结构，除了原先的书架、各类堆头外，增加座位吧台，通过这样的场景打造，果然吸引了大批读者。大众书局的改变，可以说是线下传统实体书店绝佳的破局方式，大众书局的图书销售额直线上升。在香港、台湾，场景化书店早已不是新鲜话题，如"诚品书店"提供多元化经营的成功范例，在书店内有餐饮供应，还引进"电影视听院""展览馆""书院"等场景辅助设施，经营定位早已不局限在"图书"上。与其说书店里开始卖咖啡，倒不如说咖啡厅里卖图书更为贴切，场景式营销已经让传统的营销模式发生了根本性变革。

基于"散客时代"的国内旅游业不温不火。其主要原因之一是许多旅游公司把注意力集中在游客"行"的问题上，而忽略了解决"游"的核心

问题。根据此状况，"驴妈妈"针对国内消费者喜欢结伴出游，从"旅"开始到"游"结束的特点，以各旅游景点"景区门票"，这一游客出行中极为敏感的问题为切入点，融合各景点"精准营销"和"网络分销"，使景点以"零投入"方式拥有了自己的门票网上预订平台；根据大批"自由行"游客行为特征，通过电子商务"便捷、优惠及个性化"的定制服务，满足了"自由行"游客的需求，最终搭建成国内最好的景点票务电子商务门户和景点整合的营销平台。"驴妈妈"从游客和景点的角度出发，通过网站上景区场景的塑造，为景点带来更多游客，也为游客创造了更多实惠。这种经营模式有别于国内主要以酒店、机票预订为核心的旅游电子商务模式，表明"驴妈妈"对国内旅游公司核心竞争力的深刻领悟。

"洁丽雅"前身是浙江诸暨毛巾厂，以"品牌发展战略"为核心，从毛巾切入用户，为用户构建"毛巾就用洁丽雅"的生活场景，获得巨大成功。中国有上万家毛巾生产厂，产品虽然有高中低档之分，但都体现在价格上。"洁丽雅"通过不同年龄段、不同季节、不同场合毛巾使用的场景，告知消费者毛巾使用的技巧，塑造毛巾使用的场景。"洁丽雅"毛巾使用场景的塑造也经历了一个过程：2011 年前，"洁丽雅"建立品牌与消费者之间的沟通桥梁分为两个部分：媒介桥梁和线下实体接触桥梁。媒介桥梁，主要是在央视和地方卫视黄金时段大量播放广告；线下实体接触桥梁，又分为三种类型：即在一线城市一类市场开形象店、二线城市二类市场做专柜、三线城市三类市场进超市。以品牌形象卖场为主导，带领洁丽雅系列产品全线占据各类市场，巩固和发展洁丽雅市场的优势。2011 年后，企业经营环境发生了巨大变化：就国内经济形势而言，宏观经济环境萎靡、经济复苏乏力，产品外销不畅，内贸内销由于品牌、渠道尚未完善，形成内销受挫。同时，媒介桥梁的生态环境也出现根本改变，电视仍旧是广告主导力量，但增速明显放缓，受众规模缩小，报刊、户外、电台的广告出现颓势，"广

而告之"已难以达到预期效益；互联网媒介特别是移动互联网引领广告市场持续快速增长，越来越多的消费者通过智能手机上网，成为休闲娱乐活动的首选。面对市场环境和媒介语境的变化，洁丽雅顺势而变，由浅入深推行场景式营销，重构场景营销模式。首先，精准化定位品牌形象，从"大而全"向"小而专"转变；其次，更精准的"软性"广告投入，增加冠名、特约、互动等方面的资金投入；再次，对刚开发面世的新产品，通过线上线下展示、与用户互动等形式了解潜在的消费者的需求和真实体验感；最后，通过多种手段营造"毛巾就用洁丽雅"的生活场景。在得到用户的认可和信任后，适时将战略转移到"生活就要洁丽雅"，这是一个小场景转换为大场景的过程，也让洁丽雅从一个几千万的小公司变成拥有 30 多亿元资产的大品牌公司。

做好"营销"前提是忘掉"营销"。只有忘掉营销，才能以用户为中心设计场景，让用户站在场景入口，在场景内完美体验产品或服务，进而产生购买行为。因此，场景就是营销。从上面"吃、喝、玩、用"实例中也能证明：场景式营销是传统营销方式的高度整合，而不是颠覆。

PART 4

场景式营销与传统营销比较

4.1
传统营销解不开的"死结"

　　传统营销是一种交易营销，强调的是将尽可能多的产品或服务提供给尽可能多的消费者。经过长期发展，传统营销已经形成比较成熟的理论体系和扎实的实践基础，广大消费者也基本上习惯和认可这种固定模式。在消费产品或服务过程中，彼此之间具有很强的交流和互动，可以享受到现实的产品或服务，并能体验到购物的休闲乐趣，受到广大消费者的充分信赖。这也正是无数男女在炎炎夏日或寒冬腊月不辞辛苦、不畏酷暑严寒结伴逛商场、遛超市，乐此不疲的一个重要原因。

　　传统营销理论体系形成于 20 世纪 60 年代的美国，1953 年博登创造了"市场营销组合"理论，其要点是市场需求在某种程度上受到"营销变量"或"营销要素"的影响，为寻求市场做出积极的反应，生产厂商对这些要素需要进行必要的有效整合，从而满足需求，创造最大利润。1960 年麦卡锡在其《基础营销》一书中第一次将企业的营销要素归结为四个基本策略组合，即著名的"产品、价格、渠道、宣传"概念。由于这四个词的第一个英文字母都是 P，所以被称为"4P"。1967 年科特勒在其《营销管理：

分析、规划与控制》一书中进一步确认以 4P 为核心的营销组合方法。

产品：注重产品的开发功能，要求产品必须有独特的卖点，把产品的功能诉求放在第一位。

价格：根据不同的市场定位，制定不同的价格策略。产品的定价依据是企业的品牌战略，注重品牌的含金量。它指的是消费者购买产品时的价格包括折扣、付款期限等。价格或价格决策，关系到企业的利润、成本补偿，以及是否有利于产品销售、促销等问题。影响定价的主要因素有三个：即需求、成本、竞争。最高价格取决于市场需求，最低价格则取决于该产品的成本费用。在最高价格和最低价格的幅度内，企业能把这种产品价格定多高取决于市场同种产品的价格。

渠道：即销售渠道，指产品从生产厂家流转到消费者手中所经历的各个环节。生产厂家并不直接面对消费者，所以更要注重经销商的培育和销售网络的建立，与消费者建立顺畅的联系通道。

宣传：包括品牌宣传、公关、促销等一系列营销行为。如促销，以短期销售红利刺激消费者，包括降价、让利、营造氛围等促进消费增长，吸引消费者或引导消费者消费，促进产品销售大幅度增长。

市场营销组合 4P 理论奠定了现代营销学的基本框架，成为企业针对目标市场，综合运用各种市场营销策略和手段，达成企业经营目标，取得经济效益屡试不爽的武器，但传统营销模式存在着难以解开的"死结"。

▷ 1. 服务思想和体系存在固有缺陷

企业生产产品的过程，本质上是为社会、为消费者履行一份责任和义务，服务社会、服务消费者是责任和义务的重要组成部分。服务本身就是一种思想意识、是一种责任，更是一种情感。产品通常只具有使用价值和流通

价值，但在产品的设计、制造过程中，渗透了生产者的意识、责任和情感，产品变得生动和富有服务精神。但服务精神很难贯彻到一线销售人员。生产与销售分属不同的行业或部门，两者并无直接隶属关系，经销或代销商甚至会有"谁的商品好销我就卖谁的产品"的想法。

▷ 2. 服务流程战线长、效果差

传统营销的服务体系一般包括生产企业提供的服务和经销商配合提供的各种服务，两种服务结合最终转化为消费者可以亲身感受到的服务。经销商所处的位置十分特别而又极其重要。由于经销商往往是多层级，谋求的利益点和利益回馈机制与生产企业大不一样，造成了服务理念和服务手段、方法上的差异，经销商关注的只是如何让消费者"买"产品，着力点放在"卖"上，消费者利益可以全然不顾。再加上多层级流通环节，流通环节的服务效果不一样，最终导致产品的服务质量参差不齐。

▷ 3. 服务缺乏力度，产销脱节

在传统营销形态中，由于服务思想和体系得不到全面贯彻落实，服务缺乏特色、缺乏力度，有时甚至是敷衍了事，产与销严重脱节。为了提高营销效果、抢夺市场份额，可供选择途径不多，唯一方法就是打"价格战"。一家企业降价，其他众多家企业跟进，"价格战"愈演愈烈。一方面价格战在短时间内扩大了市场需求，直接促成企业间的优胜劣汰，增强了行业竞争力；另一方面，"价格战"也产生巨大负面作用，企业的经营目标是追求利润的最大化，"价格战"恰恰相反，使企业的经营利润下滑。一些规模大、市场占有率高、资本雄厚、居于领先地位的企业，因拥有较多市

场资源从而获得更大的市场权力，甚至可以左右其他行业如上游供应商的产品价格，而一些市场占有率低的企业在价格战中夭折。道理很简单：在价格战正面战场上，企业之间较量，实力虽然不是决定胜负的唯一因素，但实力是竞争的基础。在实力量级不相等情况下，弱势企业不论策略和战术多么"高明"，都难以取得价格战胜利。虽然中外历史上有许多以少胜多战例，但那是在天时、地利、人和中找到某种平衡实力的因素。

▷ 4. 产品进入消费环节多、速度慢

传统营销是以"市场为导向"。企业对市场的判断依赖市场调查，也就是消费者调查，借此确定企业目标市场和营销策略组合。然后集中企业可利用资源组织生产，尽可能满足市场需要。这种营销模式存在两个难以逾越的障碍：一是满足市场需求的时间长、速度慢。在确定顾客的基本需求后，企业要先开发出概念产品，然后制造样品，投入市场进行一些必要"测试"，得到消费者认可，再进行批量生产，最后才是组织产品营销。二是满足消费者个性需求成本过高。传统营销强调选准目标市场，在营销实践中受到极大挑战。因为市场调查、市场被调查者和产品决策多是由"人"来执行，人的主观愿望和人的主观意志起着很大作用，对产品的需求存在着浓重"个性化"色彩，产品往往满足的仅是少数群体消费者的需求。由于受到地理位置和信息流通不畅的限制，极有可能造成产品"货不对路"。

▷ 5. 传统营销制约了产品创新

企业正确的产品开发决策离不开大量科学可靠、准确的信息，而市场调研正是获取信息的一种极为重要的手段，没有市场调研，就不能获得足

够的信息支撑科学的决策。但在传统营销模式下，企业产品的开发及市场调研状况令人堪忧，或是不规范，或是不深入，或是由销售部门兼管敷衍了事。产品开发决策主观性明显，随意性强，普遍存在很大盲目性。带来的直接后果是企业的产品不能适销对路，市场竞争力下降，在市场竞争中处于不利地位，增加了企业经营管理的不确定性，风险系数加大，甚至使经营面临更大的困难。即便企业强化了市场调研，产品开发从用户需求出发，想方设法满足了用户需求，但千万别以为满足了用户需求就一定能做出受市场欢迎的好产品，因为消费者的需求上存在"伪需求"。汽车大王福特曾有句名言：如果最初我问消费者他们想要什么？他们会告诉我："想要一辆更快的马车！"如果福特被伪需求所诱惑，围绕着提高马车速度开发产品，或许至今汽车还不会诞生。消费者想要更快的马车，就是"伪需求"，他们的"真需求"是，以更快的速度到达目的地。

广播电视"砸广告"，消费者不感兴趣了；投巨资装饰商场、大张旗鼓办产品促销会，消费者没有闲暇时间不去了；开拓新的营销渠道，前怕狼后怕虎，再者说营销新渠道又在哪里？在移动互联网和智能终端设备普及的当下，营销商务圈也在"去中心化"。多年前去逛一天商场还不一定能买齐自己想要的商品，现在呆在卫生间马桶上拨弄手机几分钟就能搞定。传统营销呈现出前所未有的疲态，传统营销模式已经"过时"！

造成传统营销目前这一困境的原因，不是电子商务，也不是网上购物，更不是互联网思维，而是催生互联网思维的市场大环境及消费者快速变化的工作、生活习惯。那种"多打广告、多开门店、多辟渠道、多换包装"就能打开产品销路，企业就能赚大钱的时代，已经永远成为历史！

4.2

网络营销的创新与局限

传统市场营销拐进"死胡同"而难以走出困境，随着互联网技术的普及，一种基于互联网平台，以互联网为主要手段，利用数字化信息和网络媒体交互辅助的新型市场营销出现了，这就是网络营销。

网络营销利用信息技术和软件工程，通过在线产品展示、传递消费信息、对消费者进行个性化管理等技术手段，满足了厂商与消费者之间的消费信息交互，并提供购买交易全程的配套服务。对于提供产品或服务的厂商来说，网络营销为发现、满足和创造消费需求，进行针对性的市场开拓、产品维护、定价促销、品牌宣传等活动提供了大平台。对于消费者来说，商品品种、款式多样，不仅能买到当地买不到的商品，而且能货比三家，价格实惠，并且购物十分便捷、高效，节约时间和体力。

随着互联网技术的提高，网络营销工具不断增多、手段不断翻新，如搜索引擎、免费邮件、客户关系管理、网络广告、微博、微信等。按营销方式又有目标营销、直接营销、分散营销、顾客导向营销、双向互动营销及消费者参与式营销等。网络营销贯穿于企业营销全过程，涉及网络调研、

新产品开发、网络视频、网络服务、网络沟通等电子商务活动的各个环节。从这一点上来看，网络营销不仅仅是网上销售，也不等于网站推广，更不能简单地理解为电子商务。网络营销是手段而不是目的，是传统营销理论在互联网应用环境下的发展，已成为企业营销战略的组成部分。

我国网络营销起步较迟，1996 年开始涉足尝试，当时基础设施建设重视不够，总体营运水平不高，80% 以上的企业网络营销仅停留在网络广告及品牌宣传促销上，网络促销也仅是将企业名称、产品名称、企业住址、联系电话等相关信息挂在网页上，更多的企业是选择在"淘宝""京东"等平台上开"网店"。尽管如此，网络营销对企业营销仍然发挥出巨大作用。

（1）**降低了企业营销信息传播成本**。互联网具有的传播范围广、传播速度快、不受时间地域限制、信息反馈灵敏等特点，大大降低了企业营销信息传播成本，同时又减少了租用门店、仓库成本。

（2）**有利于拓展营销空间和获得相对公平的营销环境**。营销实质是卖出产品，占有市场份额，任何不以销售产品为目的的营销都是"伪营销"。互联网打破了国与国、地区与地区的封闭和隔阂，超越时间、空间的约束进行信息交流和信息分享，创建了开放、公平的营销竞争环境。特别是为中小企业提供了展示自己、参与全球化竞争的平台，获得了更好的发展机遇。

（3）**满足消费者个性需求**。信息技术的发展，人们的个性化需求越来越高。对于众多中小企业来说，产品或服务要满足大多数消费者需求，不仅受到自身规模、生产能力和资金投入的制约，同时营销过程中，也难以撬动被大企业占据的市场，站稳脚跟。因此，必须运用数据挖掘技术，强调个性化的营销，细分市场，放大"长尾效应"，实现真正的"一对一"个性化服务，才有可能在市场竞争中找到生存和发展的空间。

应该说，网络营销是对传统营销的发展与创新，具体表现在以下几个方面。

▷ 1. 营销观念上

网络营销对传统营销的发展与创新首先是在观念上。

（1）**从传统的同质化规模营销向异质化、集中性转变。** 传统营销大都借助于电视广告、购物商城、超级商场等适合大批量消费，投入大量资金营造轰轰烈烈的购物场面，扩大影响力，抢占市场份额，赢取利润。网络营销则反其道而行之，生产厂商针对消费者自主选择消费品，通过互联网寻找符合自己需要的产品或服务的特点，根据消费者的个性化需要，提供"量体裁衣"式的个性化服务。无论规模多小的企业，都能通过互联网找到自己的产品或服务的消费人群，企业规模不再是占据市场份额的唯一优势，企业成功的关键是给不同消费者提供与众不同的产品或服务。

（2）**单向市场营销转向互动的市场营销。** 传统营销中，消费者始终处于被动地位，只能被动地接受来自媒体广告、展览促销会或商场工作人员的产品或服务推介。营销的"单向性"，也让生产厂商无法获取消费者反馈信息而快速调整企业的经营战略，从而影响企业的持续盈利。互联网强化了消费者与企业的互动交流，消费者可以在网页上更直观地浏览、熟悉产品的功能，并发表意见或建议。生产厂商可以根据消费者反馈信息改进产品或服务，推出更受消费者欢迎的产品，创造新的市场需求。

（3）**从分散孤立的营销体系转向统一协同的营销管理。** 网络营销不仅让消费者与企业进行互动，也倒逼企业营销职能部门与其他部门的整合互动、分工协作和相互制约。企业营销部门可以随时通过互联网进行产品需求的市场调研，寻找能为企业带来最大收益的消费者群体；网络反馈信息通过快速决策进入制造生产程序，产品定价又能及时通过网络反馈给消费者征询，这样"市场调研、产品设计与生产、价格变动、市场销售和售后服务"融为一体，营销部门与其他职能部门分工合作、协同营销，更有利

于发挥营销整体功能，为企业抢占更大、更多的市场份额。

▷ 2. 营销组合上

传统营销组合"4P"（产品、价格、渠道、宣传）正日益受到互联网时代新的营销组合"4C"（顾客、成本、方便、沟通）的严峻挑战。互联网技术的发展和普及，使新的市场营销组合策略4C有了广阔的市场发展空间，并在网络营销实践中显示出无比巨大的优越性。

（1）**产品或服务以消费者需求为导向**。由于互联网具有极强的互动性和引导性，消费者通过互联网在企业的引导下，对产品或服务进行选择或提出具体改进建议，企业可以依据消费者的选择或改进建议，及时组织生产并提供服务，使消费者能跨越时空和地域得到满意的产品或服务。

（2）**以消费者能接受的产品或服务定价**。消费者可以通过互联网进入企业门户网站考察产品或服务，并提出所能接受的成本。企业可以根据消费者的成本要求提供弹性化的产品设计和生产方案供消费者选择，直到消费者认同确认后再组织生产和销售。所有这一切，均是在企业门户网站内完成，由程序操控，无须专门的服务人员，其成本低至可以忽略不计。

（3）**销售渠道上以方便消费者购买为主**。网络营销是"一对一"在互联网上完成，基本上不受时空和地域的限制，消费者可以随时随地登录互联网浏览产品或服务，只需在键盘上"抬手击键"便可顺利完成，整个流程简单便捷，真正实现了消费者与厂商的对接，方便了消费者购买。

（4）**方便的购销互动交流**。互联网不仅具有传统媒体如广播电视、报纸杂志等优势，而且具备这些传统媒体所没有的巨大特点：信息量超大、检索方便快捷、交流互动性强等。因此，网络广告能在极短时间迅速发展起来并超过电视，同时，厂商与消费者的交流沟通变得顺畅起来。

▷ 3. 营销手段上

互联网以其独特的优势，为企业开展市场营销提供了众多的营销工具和手段：网络广告、电子邮箱、电子网页、门户网站、搜索引擎、QQ 社交群、微博、微信等，与之配套的服务如电子支付、物流快递等也日趋完善，企业所有营销活动都可以在互联网上方便地完成。

网络营销作为一种全新的营销模式，与传统营销相比，具有无可比拟的优势，但非完美无瑕，也有先天性的不足或缺陷。主要有：

（1）**缺乏信任感**。在人们的日常生活中，由于社会信用化建设水平总体低，有些厂商信誉度不高，虽承诺很多，但如数兑现很少，常常是说一套做一套。再加上欺诈蒙骗事件时有发生，人与人之间缺乏足够的信任。许多消费者总担心从网上购回的商品与厂商的描述差距太大，仍然秉持"眼见为实"的信条，购物时总喜欢东瞧瞧西看看，货比三家，甚至亲手摸摸才放心。因此网络购物大多集中在低值低价的商品上，对高值高价商品慎之又慎。

（2）**缺乏购物情趣**。购物对于一些人来说，是一种休闲和享乐，甚至是一种享受，而网上购物面对的是冷冰冰、没有任何感情色彩的屏幕，既没有超市商场优雅的氛围，也缺乏三五人结伴成群逛街的情趣，更没有多款商品集中在一块可供欣赏，同时还存在着试用不便的弊端。实物总比屏幕上的图像或视频里的影像来得真实生动，没有那种身处现场的感受，导致网上购物缺乏吸引力。

（3）**网络广告效果差**。网络广告虽然具有多媒体效果，但由于电脑屏幕可供选择的广告位及屏幕面积的限制，其色彩影像不如杂志、电视等逼真，声音不比广播、电视悦耳，网络广告创意有很大局限性，难以引起消费者关注。

4.3

微信营销的特点与不足

　　微信，让我们的沟通方式再一次改变，且变得更加便捷、成本更低。不仅不受时间、地点的限制，私密性好，还能够传递文字、图片、语音及视频等各种信息。可以说，微信开启了我们交流互动、获取信息的新时代。

　　2011 年 1 月 21 日，腾讯推出智能终端即时通信免费应用程序"微信"。微信支持跨通信运营商、跨操作系统平台运行，除消耗少量网络流量外，其他功能全部免费。2012 年 3 月 29 日，时隔一年多，腾讯公司宣布微信用户突破 1 亿大关。微信积累 1 亿用户花了 14 个月，从 1 亿用户增长至 2 亿用户花了 6 个月时间，从 2 亿用户增长至 3 亿用户，仅仅花了 4 个月时间，"病毒式"的传播速度超过任何一款互联网产品。截至 2016 年 9 月底，微信月活跃用户达到 8.46 亿，国内 95% 以上的智能手机使用了微信，覆盖世界上 200 多个国家和地区，微信公众账号总数超过 1000 万个，微信支付用户达到 6 亿个。

　　概括微信特点，主要有 5 个：到达率高、曝光率高、接受率高、精准度高、便利性高。到达率高，微信用户时时在线，不存在离线下线，任何

时候任何地点任何情况下，只要有网络，都能收到朋友圈信息；曝光率高，所有的信息都能被用户接受、阅读；接受率高，朋友圈内的人大都志趣相同，所发布的信息不易引起对方的反感；精准度高，作为关注你的朋友，向他们推介广告信息，转化率高，因为他们就是你的目标人群；便利性高，微信中的信息群发，方便、免费。每一个社交媒体的出现，都对企业的营销环境带来巨大改变，微信当然也不例外。微信拥有 8.46 亿用户，而且设有专门的公众平台和技术开发平台，企业可以在微信上完成市场调研、客户管理、客户服务、销售支付、客户维护、新客户挖掘等所有营销工作。

微信因便捷的沟通方式为企业打开了移动互联网营销的大门。微信出现之前，人们的沟通方式主要依赖通信系统，包括电话、短信、微博、在线聊天工具、邮件等。但这些沟通各有利弊，如电话最方便，但仅限于语音交流，无法进行文字、图片信息的传送，并且要承担话费；再比如 QQ，将电脑端移植到智能手机端，功能复杂沉重，传输文字图片信息不方便，不能完全适合移动应用，使用起来也不是十分方便。

微信将这些问题创造性地全面解决，拥有比之前任何沟通交流工具都优越的功能，并在此基础上，研发出一些非常实用而又富有情趣的全新功能应用。如家中有孩子在国外留学，安装微信后，可以随时随地和远在他国的孩子联系，最大的好处是不受地理位置的限制，用智能手机便能和孩子视频聊天，不仅省下高昂的越洋电话费，只需承担流量费用，如果家中装有无线网络，甚至连流量费用也无需支付，而且具备文字、语音、图片和视频传输功能。企业公众账号功能的出现更是一项了不起的创举，用户不仅可以方便地与自己的朋友、亲人、同事交流，更能随时运用微信与自己钟爱的企业（品牌）交流，实现了企业与消费者无障碍的交流互动。

微信公众账号功能不断拓展，已经从单一的以推送信息做客服为主向自定义回复、第三方接口等功能发展。比如"订酒店"这个账号，当用户

把自己当前的地理位置发送给"订酒店"，马上就会获取信息回复，告诉用户附近有哪些酒店可以预订，并显示订房的费用和联系电话，而且可以实现订房和退房的功能，能够满足不同用户在特定情况下的个性化需求。

　　企业所有的营销服务工作都可以在微信上完成。杭州有支著名的"微信车队"，由一群出租车司机自发组成。这群人有团队精神、服务意识和增加收入的愿望，同时又对移动互联网特别敏感，他们用微信调配车辆和联系客户。通过微信，车队成员的平均收入较其他出租车司机高30%左右。再比如一个残疾按摩师，除会按摩以外别无他技。但他一样可以通过微信的朋友圈找到他的100个甚至更多的客户生存下去，也可以拥有自己的品牌。

　　那么，如何在微信上进行产品或服务营销呢？

▷ 1. 开通企业微信公众账号

　　微信公众平台致力于打造真实、合法、有效的品牌推广，企业通过微信公众账号，能够实现消费者从咨询到购买，再到反馈，进而二次购买等企业现有的一切服务。申请企业微信公众账号时要注意，中文名称要简洁易记，便于输入和搜索，同时还要便于在手机屏幕上展示。头像设置与形成二维码关系紧密，能让二维码更加漂亮、便于传播，最好用企业的标识、名称等作为头像，对于企业的品牌传播有所帮助。在企业微信公众账号首页，会显示待办事项，包括新消息和订阅人数提醒。对于用户给企业微信公众账号的留言，必须尽快回复，重要信息必须做好记录。用户达到一定数量，可以通过分组进行管理；对于企业新产品面世、商品促销等相关信息，还可以通过文字、图片、音频、视频形式"群发消息"，实现更精准的信息推送。

▷ 2. 通过朋友圈寻找目标用户

寻找目标客户，是市场营销中最关键也最令人困扰的环节，微信的朋友圈、查找附近的人等功能为寻找目标客户提供了极大便利。

（1）运用个性签名。通过微信公众账号个性签名，设置自身广告宣传，厂商可以利用这个免费广告位做宣传、打广告。个性签名中的字数不要超过30字，主要将公司近期宣传的热点、重点、亮点高度概括成一句吸引眼球的话嵌入个性签名，吸引他人注意。然后再利用"查找附近的人"定位功能，别人在查看附近人时，很容易看见你的个性签名，顺势发展成目标客户。

（2）利用朋友圈。可以利用朋友圈发一张图片，写上一段文字。最稳妥的办法是将公司宣传单拍成图片发到朋友圈内，附带一句话介绍，要图文并茂、一目了然，要有感染力，能让人产生兴趣。要让别人主动加你，而不要主动去加别人，因为你加的不一定是目标客户；主动加你的用户，极有可能是目标用户，要主动打招呼，增进互动；在朋友圈内，要尽可能少地发送产品推销信息，过于频繁会让人生厌直接删除。

（3）共同话题群。通过共同话题群寻找目标客户也是不错的选择。微信群基本上是有共同兴趣和共同话题的，如果用户讨论的话题恰巧与你的产品或服务有关，这些用户极有可能是目标客户，参与其中，与他们真心交流，这些人很快就会成为你的客户。

▷ 3. 巧用"红包思维"，精彩传播品牌

逢年过节，互致节日问候、分发红包庆贺，是中国人的优良传统。厂商也应该充分利用这一传统，传递的是温情，传播的却是品牌。在经历书信、电话、短信之后，微信风靡全国，一段语音、一段视频，简单却温暖。

腾讯正是利用春节万家团圆、举国欢庆的场景，通过摇一摇、抢红包的方式吸引了全社会民众的积极参与，推广、普及了很少人知道的"微信支付"品牌。腾讯的做法为众多厂商打开产品销路、迅速占领市场提供了有益启示：通过提供有诱惑力的红包，吸引公众的参与，找到目标客户，并实施针对性的营销。事实上，看似厂商发了红包、让了利，但实际上得到了目标客户，有力地推动了商品销售，是"吃小亏占大便宜"！

尽管微信作为一种低成本、高精准度营销的手段，成为众多企业追捧的新宠，其中不乏许多企业运用微信营销成功的经典案例。但"看上去很美"的微信，并非一剂"万能药"，微信营销同样存在一些问题：

（1）**信息转发受到排斥。**一些厂商迫切想通过嫁接进行营销，大量商品销售信息频繁地不加选择地推送给用户，希望快速博取用户的关注，但适得其反引起了用户的反感，造成负面影响。

（2）**用户体验感较差。**一些厂商做微信营销带给用户体验不多，除了商品促销广告还是促销广告，给用户带来困扰。如果厂商的服务无法满足用户服务需求时，用户就有可能关闭与厂商的互动交流，现在一些企业的"粉丝"出现负增长就是例证。

（3）**无法保证用户隐私安全。**微信是一个开放式的社交平台，朋友圈、二维码等都会面临隐私安全问题。特别二维码是移动互联网入口，如果用户稍有松懈，极有可能被不法分子"钓鱼"，造成财产损失和个人信息泄露。

微信只是一个媒体平台，不管其功能如何强大、界面如何灵活，与曾经的报纸杂志、电子邮箱并没有本质区别，其优势在于能更好地服务用户，开拓企业产品新的销售渠道。归根结底，微信只能作为一种新型营销工具，成为传统营销工具的重要补充，而不会完全颠覆、替代传统营销。

4.4

场景式营销：消费者识别

    无论是传统营销、网络营销，还是微信营销，与历史上的"开个店铺、等客上门"的销售方式相比，都具有历史性的突破和进步。但是在产品或服务营销上，如何发现、寻找目标客户，如何增加用户体验等方面依然有很多不足，存在很大局限性。在传统营销中，消费者身处购物现场，真实体验感好，但厂商满足消费者个性化需求成本过高、环节太多、时间太长，类似于"普遍撒网、重点捕鱼"，在茫茫人海中难以发现、准确定位目标客户。网络营销借助互联网技术的优势，通过大数据分析，实现商家与消费者之间的联系，实现营销信息的低成本传播。网络营销虽然给消费者提供了购物便捷，节省了大量时间和精力成本，但消费者看到的无非是通过超级链接的各种文字、图片或视频，与传统营销中的用视觉、听觉、触觉、味觉、嗅觉等感官全面接触产品实物相比，真实感全无，消费者体验感反而不如传统营销。微信营销，本质上是网络营销的升级版，虽然在产品或服务营销上有许多优势，但仍然不是一种成熟、完善的营销模式而独立存在。因为微信本身定位社交媒体，其优势或强项是资讯的获取、传播，朋

友之间的交互沟通。只是一些功能为市场营销附带提供了一些便利。虽然微信公众账号或朋友圈能够发现一些目标客户，即时互动能影响消费者并实现购买行为，但是实际操作远没有微信设计者预想得那么好。在微信公众账号或朋友圈中，拥有上万"粉丝"的并不多见，上十万级的"粉丝"更是凤毛麟角，依托成百上千"粉丝"进行的产品或服务推广效果十分有限，难以维系一个企业的生存。

出现这些尴尬情况，并不是营销模式本身存在缺陷和不足，而是特定的环境和条件使然。工业社会，信息交流技术不发达、物资供应不充裕，在较长时期内消费者是通过报纸或电视寻找产品或服务；在 PC 电脑时期，社会物质异常丰富，因为有了互联网，人们获取信息的渠道逐渐转向网络媒体，特别是电子商务的崛起，改变了原有商业生态环境。但人们的生活与网络空间仍然存在电脑屏幕这个"隔离带"，产品或服务信息必须穿透"隔离带"才能进入人们的现实生活，消费者只能被动接受营销信息，再通过网络去考察或选择，消费者"被动"地位始终没有改变。移动互联网时代，人们已经完全融入移动网络，智能手机的普及完全颠覆了人们的生活方式，资讯信息空前爆炸、媒体资源铺天盖地、工作生活时间呈碎片化特征，而移动互联网又有效地弥补了碎片化带来的时间间隙。人们用闲散的碎片时间在手机端购物、聊天、了解产品信息和新闻资讯，每个人与世界的联系从没有像今天这样紧密。在碎片时间里，消费者利用微信或陌陌交流、利用支付宝或财付通购物、利用滴滴出行等。基于移动互联网的社交、支付等应用场景无处不在，围绕着人们随时随地的衣食住行所触发的"场景式营销"已悄然出现。围绕消费者，把看似与消费者无关的应用场景与消费者此时此刻所处的实际情景相连接，提供贴合消费者体验的应用场景，让消费者在特定场景中，自然完成购买行为，对于厂商的品牌传播和产品或服务营销推广来说，既是严峻挑战又是历史机遇！

场景式营销虽然颠覆了网络营销"流量为王、入口为王"模式，但并没有触动"把产品卖出去"的营销本质，如何更多、更快、更好、更省地传播品牌，推广产品或服务，同样是绕不开的核心话题。因此，厂商需要建立全新的场景式营销理念，以此捕捉商业发展机遇。而精准定位目标消费者，快速转化为现实消费者，仍然是场景式营销的关键环节。正如莎士比亚所言："闪光的不一定都是金子。"同样道理，消费者即便对产品或服务有兴趣，也不一定全是目标消费者。如果弄不清楚自己企业的产品或服务的目标消费者，场景式营销也就无从谈起。举一个最简单的例子，一个刚走上工作岗位的大学生，月薪 3000 元，尽管他对"宝马"汽车特别感兴趣，但不论厂商为他设置怎样场景，暂时也不会成为现实消费者。

▷ 1. 分析消费者特征

与传统的目测、经验和主观判断，分析了解消费者特征不同，移动互联网时代提供了较为完善、较为科学的分析手段和技术。消费者特征指通过计算、归纳、关联、数据挖掘等方式，利用数据库中所有与消费者相关的数据，包括消费者基本信息、消费者消费情况等，从不同角度为消费者"量身定制"标注个性化数据标识。一般情况下，分析消费者特征的维度包括：人口统计学特征、社会群体特征、性格心理特征等，由此形成消费者消费行为特征数据库，在占有大量数据基础上，对消费静态数据与动态数据及时分析处理，进而准确掌握消费者的满意度、消费者对产品或服务的忠诚度、消费者偏好等。移动智能终端设备的快速普及，为准确分析消费者行为特征提供了强大的技术支撑，如消费者经常浏览了什么资讯和信息，通过搜索引擎搜索了哪些关键词，购物网站上购买了什么产品或服务等。商家通过捕捉消费者这些偏好、习惯表现出来的行为特征，为以后设置生活场景，

实行个性化的精准服务奠定基础。

▷ 2. 消费者特征分析理论

"本体论"者主张，本体是对世界上客观存在物体的系统描述，是将现实世界中某个领域抽象为一组概念和概念之间的关系。基于"本体论"对消费者特征进行分类，便于厂商对客户的消费行为偏好，进行有针对性的营销场景设置。可以从消费者选择消费渠道偏好、消费偏好、访问网页偏好、搜索偏好、专题偏好和应用偏好 6 个方面构建消费行为特征分类。渠道偏好是消费者在购物消费时使用的渠道，了解消费者选择消费渠道能够帮助厂商营造最适合消费者消费的渠道；消费偏好是消费者在消费产品或服务选择时的偏好；访问偏好是消费者访问互联网的行为特征和偏好；搜索引擎偏好是消费者登录互联网搜索信息时所采用的搜索引擎偏好及表现出的搜索行为特征；专题偏好是消费者浏览互联网信息时所感兴趣的专题信息，对于捕捉消费者的消费倾向具有重要意义；应用偏好是消费者在使用各种应用软件方面表现出的偏好和行为特征。

马斯洛"需求层次理论"——著名社会心理学家马斯洛指出，所有人的需求分为 5 个层次，即生理生存需求、自身个体安全需求、归属感和社交需求、认可和尊重需求及自我实现需求。5 个层次需求由较低级到较高层次。移动智能终端设备作为满足人类需求的工具，至少已经拓展到 4 个方面。

（1）**生存需求**：对食物、水、空气和住房等方面需求都是生理需求，级别最低。人们在转向较高层次需求之前，总是尽力满足这类需求。在互联网技术普及之后，信息渠道功能作为互联网的基本功能已经被广泛应用，门户网站提供的生活、房产等内容满足消费者最基本的生理需求。

（2）**安全需求**：包括消费者人身安全、生活稳定的需求。对于通过互

联网满足购物需求的消费者来说，安全需求特别简单，即网页无病毒、无流氓软件、无弹窗广告，以及相应的消费者不喜欢暴力、色情等垃圾信息……

（3）**社交需求**：包括对友谊、情感及隶属关系上的需求。PC 电脑端和移动智能端的社交需求，如即时通信、电子邮件、网上影视、网上理财等方式已较好地满足了消费者的需求。但目前仍然是有一部分消费者的潜在需求尚未被完全激发出来，智能端的功能仍没有深入消费者生活的方方面面。

（4）**尊重需求**：既包括对成就或自我价值的个人感觉，也包括他人对自己的认可和尊重，这方面的需求空间巨大，是场景式营销需要重点拓展的领域。

（5）**自我实现需求**：指个人价值得到社会实现的追求，如努力获得某种成就，尽量发挥自我潜能，追求崇高人生理想等。一方面，利用网络资源获得个人价值、成就感，享受满足成功欲望的产品或服务，如网上教育、网上购物等；另一方面，通过互联网求职等方式，为消费者提供有用的就业信息，提供表现自我价值的场所和发展机会。

分析、识别消费者的消费行为特征，是为了更好地针对消费者各生命周期内消费行为以及消费偏好，准确掌握消费者心理变化，深入挖掘消费者内在需求，构建适用不同消费者在不同消费场景下的消费行为与偏好的场景，以便影响消费者并为提供最好的消费环境，提供强有力的数据支撑。

4.5

场景式营销：产品或服务组合定位

产品或服务定位是市场营销"老生常谈"的话题。定位，指的是产品或服务在消费者心目中的形象和地位。这个形象和地位应该与众不同，重点需要解决 5 个关键问题：即满足谁的需要？消费者有什么具体需要？产品或服务是否满足了需要？需要与产品或服务的独特结合点如何选择？这些需要如何有效实现？问题的核心，是厂商用什么样的产品或服务满足目标消费者的需求，产品或服务定位也包括了市场定位的部分内容。

在传统市场营销中，一般采用"5 步法"对产品或服务进行定位：

（1）**目标市场定位**。即在一个市场细分目标与整个目标市场选择的过程，确定解决为谁服务的问题。在市场分化的大环境下，任何一家公司的任何一款产品或服务者都不可能"包打天下"满足所有消费者的需求。对目标消费者选择的过程，需要确定细分市场的标准，然后对整体市场进行细分，对细分后的市场再进行评估，最终才能确定目标市场。无论采用无差异策略（对整个市场仅提供一种产品或服务），还是采用重视差异策略（对每一个细分市场提供不同的产品或服务），都必须选择一个细分后的子市

场提供相应的产品或服务。

（2）**产品需求定位**。这是一个了解需求的过程，即满足谁的什么需要。产品定位过程是细分目标市场并进行子市场选择的过程，对目标市场的需求确定，不是根据产品的类别进行，也不是根据消费者的表面特征来进行，而是根据消费者的需求价值来确定，消费者购买产品或服务时，总是为了获取某种产品或服务的价值。产品的价值组合是由产品功能组合实现的，不同的消费者对产品有不同的价值诉求，要求提供与诉求点相同的产品。品牌定位可以以产品定位为基础，也可以撇开产品定位而独立进行。产品定位成功并不代表品牌定位成功，产品定位的实质是做产品的差异化，品牌定位实质是把产品定位所形成的差异化，固化在消费者的脑海中。

（3）**产品测试定位**。对产品进行创意或测试，即确定企业该提供何种产品或提供的产品是否满足了需求。该环节主要进行自身产品的设计或改进，其主要内容有：考查产品概念的可解释性与传播性；同类产品的市场开发度分析，包括产品渗透水平和渗透深度、主要竞争品牌的市场表现、已开发度、消费者可开发度、市场竞争空隙机会，用来衡量产品概念的可推广度与偏爱度；产品属性定位与消费者需求的关联分析；分析消费者的选择购买意向，探究消费者是否可能将心理的接受与需求，转化为行为上的购买和使用。

（4）**差异化价值点定位**。即需要解决目标需要、企业提供产品及竞争各方特点的结合问题，同时要考虑提炼的这些独特点如何与其他营销属性综合。

（5）**营销组合定位**。即如何满足需要，它是进行营销组合定位的过程。在确定目标消费者的需求与企业提供的产品或服务之后，需要制定一个营销组合方案，并实施这个方案，使定位到位。这不仅仅是品牌推广的过程，也是产品价格、渠道策略和沟通策略有机组合的过程。产品、价格、渠道、

促销，是定位战略战术动用的结果，到位过程也是一个再定位过程。因为在产品差异化很难实现时，必须通过营销差异化来定位。目前的市场环境，企业推出任何一款新产品畅销不过一个月，马上就会有模仿品充斥市场，而营销差异化要比模仿产品难得多。企业仅有产品定位已经远远不够，必须从产品定位扩展到整个营销定位。

在传统营销、网络营销时期，产品或服务同质化竞争激烈时，一家厂商在短期内难以提升品牌竞争力的现实条件下，产品组合定位策略往往成为营销制胜"法宝"，而定价组合又是产品组合定位关键，基本采用"高价撇脂"及"低价倾销"，在规模与利润之间寻求平衡，实现企业持续发展。

然而，即便被奉为营销"神器"的产品组合定位策略，也无法解释或适应移动互联网时代商业广泛融合下的变化。换言之，消费者获取信息的渠道和范围已经大大增加，自主意识增强，已不再轻易相信"轰炸"式广告灌输，越来越看重品牌的价值；消费观念和消费行为也发生了根本变化，不仅追求更加个性化的产品或服务，根据搜集来的各种商品信息进行判断，还在判断、选择购买行为后，把个人体验扩大到更大范围的群体之中，与朋友共同分享。移动互联网技术推动了互联互通，面对复杂多变的市场环境和快速变化的消费者，无论采用"简单"或者"复杂"的市场营销组合策略，未必能带来好的实际营销回报，传统营销日显"疲态"，营销理论还需重构，营销模式急需转型。

移动互联网根本不懂场景式营销，它改变的仅仅只是事物变化的"数量"而不是"本质"。人们的决策也不是离散的事件，而是镶嵌在时间序列和特定场景之中，依据的是损益结果预测、个人体验及对前景的判断。

"我厨"是以生鲜品质、生鲜本味出名的一家大型电商平台。"我厨"针对年青恋人在情人节希望浪漫、有"爱意"表达的诉求，推出了有鱼有肉有虾餐后还配有水果，自认为蛮不错的"半成品净菜"四菜一汤的套餐，

而且价格特别实惠，只需要 69 元。策划人员的创意是：

人群诉求满足。年轻情侣以往的情人节大多习惯在外吃大餐，浪费时间、浪费金钱且并无新意。而买半成品净菜回家自己动手做饭，20 分钟搞定"四菜一汤"，既有新意，也颇有"男生"（情人节 95% 以上的男生买礼物送女生营造浪漫场景）提前居家过日子的味道。其中隐含对情人节特别用"心"之意：别人都去餐厅，自己动手做烛光晚餐，浪漫甜蜜，省钱省时间。

产品定位与定价。按照"我厨"平台的一贯做法，继续走低价路线。有鱼有虾有肉的四菜一汤"半成品净菜"外加美国进口红提，价格只要 69 元，价格足够低廉和实惠，一定符合年轻男女喜欢买便宜的网购心理。这样的产品和价格定位，按照过往的营运经验，加上平台的人气和访问流量，一定会引来大批青年男女的关注，以争相购买告罄收盘。

但事与愿违，结果是"四菜一汤"的大餐，销量惨淡，无人问津。

问题出在哪儿？事后复盘，平台策划人员走访了几十位青年男女，并进行了深度调查，结论是：在情人节这种特殊的日子里，即便收入很一般，平时对商品价格特别敏感的男生，也不会过于在乎商品价格。如果平时一对情侣一顿晚餐的消费在 200 元左右，那么在情人节他们愿意花费 400 元甚至更多。因为在情人节特殊场景下，男生花费太少，很容易给女生一个"抠门儿、不大气"的坏印象，甚至作为取笑或日后斗嘴的把柄。在家自己动手做菜，营造浪漫气氛的创意并没错，错就错在价格定位"低"，彰显不出男生的"浪漫、豪爽"情怀。应该将套餐的价位定在 400 元甚至更高，再按照这样的价位去匹配食材，选用更高档、更精致的食材烹制"四菜一汤"，而不是寻常市场上随处可见的鱼、虾、肉等一般的食材。

这就是市场，这就是场景，这就是营销！传统市场营销理论可能无法解释清楚这一奇特现象：价格实惠的产品也有"卖不出去"的时候，反而是价位虚高，并不那么实惠的产品大行其道。事实上，传统市场营销理论

特别讲究目标消费者（人）、产品或服务的定位及两者之间如何更好地匹配。但又很明显地忽略了"人"不是孤立、永远不变的，人在不同场景下会有不同层级的消费诉求。只是在一般情况下，人的消费层级需求不会发生大的变化，基本符合他本人的消费层级定位。因此，传统营销理论中人与产品的定位、匹配理论是行之有效的。但是在某些特定的消费场景或购物环境下，人的消费层级会出现大幅度波动，甚至会表现出超越其消费层级的定位，场景对人、产品的定位及匹配的影响力难以估算。

这样的事例，生活中数不胜数。稍有营销常识的人都不会把中国亿万农民工纳入"高消费群"，他们是人所共知的低收入群体。但在每年的春运期间，数亿农民工往返于城市与乡村之间，消费常常高得离奇：抽中华香烟、喝茅台酒，在火车餐车上要点"四菜一汤"。这是一幅经典的"穷家富路"消费场景图，即便辛苦一年、收入并不高，也不妨碍在回家的路上要"潇洒走一回"，追求一时的舒适享受，在陌生人面前显摆一下"衣锦还乡"的荣耀。如果观念始终囿于传统市场营销的定位，孤立静止地按其收入定位，而没有考虑到"场景因素"，永远也营造不出这样的场景来！

4.6

场景式营销："软广告"效应

　　2015 年全国大面积的第一场大雪，让许多人想起购买"秋裤"。于是许多消费者上淘宝网搜索"秋裤"关键词。各种有关"秋裤"的正面评论和负面"吐槽"同时出现在消费者面前。负面信息并没有阻止许多原本犹豫不决的消费者的购买决定，淘宝网适时推出"秋裤"弹窗广告引起许多消费者的关注，纷纷点击进入网店购买，"秋裤"销售火爆。

　　这是场景式营销与广告有机结合中万千成功案例的一例。

　　广告，是广而告之的意思。"广告"一词是外来语，其意是注意、诱导和传播。直到 17 世纪末，英国开始进行大规模的商业活动，广告便广泛地流行并被普遍使用，此时的"广告"，已不单指一则广告，而是指一系列广告活动。现代意义的广告，指商品经营者或服务提供者承担费用，通过一定媒介和形式直接或间接地推销自己的产品或服务的商业广告。从 20 世纪 80 年代开始，国内企业普遍重视广告，通过报纸、广播电视、传单等形式向消费者直接推介产品或服务，这种"王婆卖瓜、自卖自夸"式的广告投入，曾以年均 40％ 的速度增长，也收到了较好的效果，沟通了产销信

息，促进了产品或服务的销售和推广。随着这种"自卖自夸"功效的减弱，厂商又顺应消费者心理变化，变换形式采用新的攻关战术：不吆喝"卖瓜"，但要让消费者知道在"卖瓜"。提高企业品牌形象的"软广告"应运而生。所谓的"软广告"，即以新闻等形式出现的广告，顾名思义，软广告相对于硬性广告而言，是由企业策划人员负责撰写的文字广告，简称"软文"。软文之所以叫作软文，精妙之处就在"软"上，好似绵里藏针、收而不露。当消费者发现这是一篇软文广告时，早已不知不觉掉入企业精心设计的"广告陷阱"。软文追求的是一种春风化雨、润物无声的传播效果。软文广告以较少的资金投入，吸引潜在消费者的眼球，增强产品或服务的销售力，提高产品或服务的美誉度，让消费者耳目一新，在软文的潜移默化中达到产品或服务的策略性战术目的，引导消费者实现购买行为。有人把硬广告比喻为"少林功夫"，那么软广告则是以柔克刚的"武当拳法"。广告正是凭借软硬兼施、内外兼修，成为企业营销强有力的手段，助力企业成功实现营销目的。

随着互联网的发展，传统广告业面临前所未有的挑战，为了保持消费者黏性，广告公司使出浑身解数，精准投放、内容创新等，虽然传统广告业面临困境，但整体市场依然有旺盛的传播需求，广告业仍大有可为。

广告业正加速移动互联网转型，如果广告仅仅限于写方案、编辑图像、建灯箱、拉户外广告、登载传统纸媒、广播电视，传统广告业必死无疑。2014年，国内网络广告收入达到1500亿元，首次超过电视广告。广告遇上移动互联网，发展空间更大。

把广告嵌入社交平台中传播已经逐渐成为一种趋势，广告营销更加注重开放性和话题性，已经从单纯用广告洗脑转而关注产品的用户群体。除了嵌入式软文，依托于移动终端的广告模式也此起彼伏，突出表现是将广告中间环节减去，场景植入的比例越来越多，不需占用过多时间或篇幅，

却同样能够满足厂商宣传产品或服务信息的需求，且通过大数据分析技术自行锁定目标消费群体，广告效果大幅度提升，彻底改变了广告业生态环境。

广告植入场景的最大魅力，在于用最短的时间快速聚焦消费者的注意力，近距离放大品牌形象，消费者的潜意识第一时间被唤醒，彻底改变了传统广告千篇一律的形式，变得更加丰富多彩、更加个性化、更加有现场参与感，从而提升了产品或服务的竞争力和影响力。从微信朋友圈广告的"横空出世"、微博平台升格为广告体系，网络营销的广告市场从展示广告到搜索广告，再到社交广告，广告业已经走到了新的"风口"：消费者网络连接的时时在线化，搜索和发现信息的碎片化，消费者使用互联网更加灵活、随意、多变，基于移动互联网的消费者信息、购买习惯、社交关系和地理位置已发生了根本性改变，消费者生活场景成为广告的重要元素。

场景带给消费者更多的是一种真实感、代入感、参与感和信赖感。因此，在做品牌广告时，产品或服务一定要有与消费者相关的场景，成了广告业不成文的规则。2015 年 1 月下旬，微信朋友圈疯传一个话题，每个消费者都可以依据自己收到的广告信息来确定自己所处的"阶层"：收到宝马车的是"土豪"或"高富帅"，收到 VIVO 手机的是中产阶级，收到可口可乐的是"屌丝"，如果没有收到任何广告，那就说明你已经被忽略不计。虽有调侃意味，但这种暗藏"植入式广告"完全告别了"填鸭式"推广，一时成为微信朋友圈热议话题，宣传推广效果不言而喻，并触动了所有消费者最敏感的神经：自己当下属于哪个阶层？在消费者的沉思中，三个产品的品牌形象深入人心。

一部成功、收视率火爆的影视作品，在曲折的情节里植入场景，在场景里植入品牌形象，几乎成了惯例。真实的场景会得到消费者的认可和接受，拉近品牌与消费者距离，增加与消费者黏性。既增加了影视作品和舞美效果，又令品牌形象深入人心，从而提升了品牌销售业绩，影视自身票房收

入也颇为可观。热播电视剧《北上广不相信眼泪》堪称近年来影视作品植入品牌营销和场景的典范之作，主要是因为题材触及目前的热门话题，深得年轻人的喜爱，植入的品牌"猎聘网"巧妙而不留痕迹，而且场景化极强，可以说是恰到好处，对剧情的发展路径也起到了推波助澜的作用。主人公恰好捡到猎聘网面试通行证，最后又获得高薪职位，剧中猎聘网对雇主的专业咨询等，这样的场景就是现实生活中的场景，剧中人物就存在于消费者身边。一部电视剧、一个场景和品牌的成功植入，让本来就很接地气的猎聘网更是火上加"火"，成为众多求职应聘者的必去之地。

随着物质的丰富和生活水平的提高，消费者对产品或服务的要求不再局限于满足产品或服务的使用功能。品牌能否带来感官、情结、价值上的满足感及综合体验感变得越来越重要，与消费者产生"情感共鸣"和制造让消费者"难忘体验"的时代已经来临。说得更直接一点，我们已经步入体验经济时代。在体验经济时代，消费者越来越主动地参与到企业的生产、经营之中；企业参与竞争的手段，也从产品或服务的竞争转变为"体验竞争"。

近年来，植入场景、植入广告、增加消费者体验，作为企业品牌宣传的一种独特方式，被很多企业运用到营销实践中。各种品牌通过巧妙的植入方式，在带给消费者新奇互动品牌体验乐趣的同时，还实现了品牌传播与实体销售。因此，有人断言：植入式广告，是广告业的未来。

的确，在微信、陌陌等一些社交媒体平台上，品牌传播已经从简单的曝光过渡到构建特定的应用场景、引导消费者深度参与和互动上，不仅产品功能得以全面展现，产品的特点还被贯穿到互动的各环节，使目标消费者群体更加了解产品相关信息，并影响潜在消费者的购买行为。通过线上网站平台的互动，刺激消费者产生线下实体体验的欲望。植入式广告，把目标消费群从线上互动引到线下体验，从而推动产品的实际销售。

传统的品牌体验包括直接体验和间接体验。直接体验指消费者的亲身

消费体验，而间接体验则包括口碑效应、广告促销和公关等方式。随着互联网技术的快速发展，又产生了一种全新的体验类型，即虚拟体验，消费者在互联网虚拟的场景里与虚拟产品发生互动。西方学者根据体验的方式及被体验的物体将人们的体验分为真实体验、幻觉体验和虚拟体验三种类型。消费者可以通过互联网营造出来的虚拟场景体验产品或服务，获得一种身临其境的真实感受。在众多社交网站中，通过场景植入、游戏道具植入、组件植入等模式构建了买房子、开餐厅、农场种植等网络虚拟场景，让消费者在虚拟的场景中，通过对品牌产品或服务的体验进行品牌信息的传播，植入式广告逐渐呈现出多样化的品牌体验趋势。除了点击网页广告、弹窗广告、搜索引擎广告、关键词广告以外，社交网站中的植入式广告主要以产品为道具，用虚拟场景、组件等最自然的形式融入到消费者的生活。企业在社交网站不是直接推销产品或服务，而是通过满足消费者在虚拟场景中的日常生活需要，引起消费者心理上的共鸣，从而激发消费者线下的购物欲望。

PART 5

场景式营销的
作用机制

5.1
场景式销售中的"场景"

　　在很长一段时间内，许多企业的关注点大多放在产品或服务的设计制作上，在制作精美、功能拓展和降低制造成本上下功夫，把主要精力集中在如何把产品做得比竞争对手好，往往忽视了产品如何满足消费者特定的生活场景。事实上，产品或服务做得比竞争对手好，并不能保证产品或服务长期保持领先水平，因为产品或服务及品牌形象进入的是消费者生活场景，消费者是最终决定产品或服务优劣的"上帝"，只有得到"上帝"首肯，被"上帝"接受，产品或服务的价值才能顺利实现。而影响消费者购买行为的生活场景发生变化，消费者消费观念和行为也会发生相应的变化。

　　一款产品或服务能不能让消费者动心，并为之埋单，除了产品或服务要足够好、能吸引消费者之外，在营销层面，需要思考的核心问题是如何进入消费者特定的生活场景，或构建一个适合消费者的消费场景。很多时候，产品本身的魅力或产品的体验，已不足以让消费者为之埋单，必须营造一个适当的场景，让消费者的目光转向该场景，以应用场景为舞台、以产品或服务为道具、通过环境氛围的烘托，使消费者在潜移默化中感受到

"情感共振"式的体验，通过场景激发消费者的共鸣，勾起消费者购买欲望，进而实现产品或服务的营销目的。

一言以蔽之，即用场景触发消费者购物欲，达到卖出产品或服务的目的。

场景式营销注重的就是这种与消费者进行深入的"对话"。厂商采用场景式营销的时候，必须深入分析消费者的消费习惯和偏好，结合自身产品或服务的特点，投消费者"所好"，才能引起消费者的共鸣，"对话"才能顺利进行。

场景式营销依托移动智能终端技术，提供具体的应用场景、线上线下贯通场景、数据采集场景等，通过消费者随身携带移动智能终端设备，使其在现实生活中时时处处可以完成消费行为。场景式营销也可以凭借移动互联网精准、便捷、可扩展的巨大优势，构建消费场景生态圈。

场景式营销在不断成长的过程中，也需要不断摸索、不断尝试、不断完善，场景式营销同样经历了不同阶段的进化。大致包括以下几个阶段：

（1）较早出现的场景式营销是厂商营造的实物场景，引导消费者置身于真实场景中，使其感受场景带来的冲击力，实现消费行为。

（2）随着互联网与大数据技术发展，一些门户网站和电商平台也整合互联网和大数据分析技术推出搜索广告，根据消费者搜索的关键词展示相关内容的广告，关键词成为代表消费者感兴趣的场景。

（3）之后又出现了独立于内容的场景式营销，根据消费者的时间、地理位置属性进行的实时场景营销，如基于位置的餐厅推送的广告信息；当进一步对时间、地点和消费者浏览、使用行为进行综合考察，实现对消费者场景更为细致、精准的识别，如利用机票预定流程，为消费者提供相关目的地周边范围的酒店、商场和景点的预定信息。

上述三个阶段的场景式营销，需要一个前提条件——必须准确掌握当前场景下的需求意向，才能向消费者推介品牌和产品的信息。

随着移动智能终端的快速发展，场景式营销进入新的阶段，呈现出线上与线下连接、整合实现的新特征。基于线下实体场景的个体化、垂直化、细分化的消费者需求实现线上的顺势连接，人们的生活场景与线上的虚拟场景紧密结合起来，现实中的实体场景、线上的虚拟场景与人们的生活息息相关，从而激发消费者的切身体会，成为场景式营销的大趋势。

当线上的流量红利几近穷尽的时候，线下的流量增量的空间价值逐渐显现，成为更具有商业价值的新领域，并且可以更加便利地通过移动智能设备和平台实现。这意味着，互联网从主导一切的颠覆力量逐渐回归至工具和平台的职能，成为帮助传统企业线下开拓市场空间业务的重要力量。

场景式营销模式的出现，重新塑造着传统企业的品牌、营销、渠道、设计、公关等新的连接方式。在市场竞争白热化、价格战频发的背景下，将消费者变为产品或服务的忠实拥趸，从而萌生对产品或服务功能诉求之外新的购买欲望。场景式营销就是以收集目标消费者群体的历史数据和最新研究成果作为技术支撑，针对目标消费群体的消费意向、消费偏好，构建线上与线下的消费生活场景，把消费者的消费习惯与品牌形象有机结合起来。

一个真实、完整的生活消费场景，必须回答和解决以下关键问题：

目标消费群体是谁？

目标消费群体的消费需求和预期动机是什么？

目标消费群体当下迫切需要解决的消费需求是什么？

构建的场景如何增加消费者体验？如何促成消费者的购买行为？

场景式营销开启了市场营销的新时代，其中，最大的变化莫过于消费者身份的演变：从 QQ 群到微博、再到微信、再到自媒体，传播方式的改变直接导致营销模式的改变。在"脑白金"营销广告大行其道之时，消费者无须任何思考，只是扮演购买者这一角色，每天任由带有语病的广告词"今年过节不收礼，收礼只收脑白金"狂轰滥炸。当时广告只需投放时间精准、

播放频次高就可以吸引大批消费者购买。移动互联网改变了这一切，消费者除了是产品或服务的购买者，还可以参与产品设计研发、制作销售的全过程，扮演了产品或服务体验者和传播者的多重角色，成为企业产品的形象"代言人"。

从产品或服务自生产者手中移交到消费者手中的全过程看，市场营销分为两个层次：宏观市场营销和微观市场营销。宏观市场营销反映社会的经济活动，满足全社会的需要，实现社会目标。微观市场营销是企业的经济活动过程，根据目标消费者需求，生产制造适销对路的产品或服务，从生产者流转到目标消费者，目的在于满足目标消费者的需要，实现企业的经营目标。从这一点上看，场景式营销属于微观市场营销的一个分支。

场景式营销中的"场景"概念，与市场营销中的"菜市、超市"并无本质上的区别，所不同的是，"菜市、超市"是实现产品交易的场所，而"场景"则是促成交易完成不可或缺的外部因素。不同场景定义出迥然不同的商业形态，产品在场景中被消费者选择，被重新定义，"场景"的重要作用突出表现在：把便捷做到极致、把服务做到超值、把价格做到贴心。

不同的场景能够定义不同的商业形态，不同的厂商由于其产品或服务各不相同，需要构建的场景也大不相同。人们使用场景作为全新的营销手段，目的在于对各类营销信息进行归类与切割，将不同的信息按照场景进行归类、整理，把人的复杂思维问题进行简单化信息处理，充分利用人们的碎片化时间和分散的环境，捕捉人在特定的空间、时间中的特定动机、需求所驱使的行为，找到产品或服务的嵌入点，通过场景因素施加影响，激发消费者的购买欲。场景式营销中的"场景"有以下几种类型。

（1）**基于目标或者任务的场景**。只描述消费者想做什么，但并不包含消费者如何达到目标的场景。

（2）**精细化的场景**。提供更多的消费者使用细节。这些细节信息，能

帮助其他消费者更深入细致地了解产品或服务特征，使用起来更便捷、更舒适、更人性化。

（3）**全面的服务场景**。除了背景信息之外，还包含了消费者达成目标的具体细节，既有完整呈现消费者完成购买行为的全程场景，又有消费者使用产品或服务的真实感受和体验场景。

说到底，场景式营销中的"场景"，仍然是一种营销工具，或者说是一种营销思路，并不是从天上掉下来的"稀奇怪物"，而是植根于人类过往营销思想的延续，是对移动互联网时代到来后营销问题的回应，并没有根本上改变或颠覆市场营销从"收集信息—分析信息—发现需求—满足需求"的本质过程，过分解读或夸大"场景"作用，均不利于场景式营销的健康发展。

5.2

场景式营销：心智影响力

消费者购买行为是一个复杂的动态变化过程，是由消费者的内在因素（情感、认知、习惯等）和外在因素（外部环境）相互促进、交互作用决定的。其中任何一个变量都会直接或间接影响其他变量，同时也被其他变量所影响，只要这种变量改变足够大，都会导致消费者行为发生变化。一样的道理，企业运用不同营销方式的目的，就在于激发消费者购买行为发生一些变化，引导消费者行为，实现购买行为。

"在对的时间、对的地点，为消费者提供对的信息"，这条亘古不变的理论，一直是营销人追求的理想境界，也是场景式营销的出发点。只不过移动智能技术的发展和普及，使得构建虚拟应用场景，准确判断此时此刻情境中消费者真实需求，更为自然地为消费者提供产品或服务信息，更为全面地满足消费者需求，从无到有创造全新的营销机会，变为一种现实。

场景式营销与传统营销的最大差异在于：两者的根本出发点不同。传统营销的目的是尽可能地使品牌信息触达更多的消费者，然后促成更多的购买行为，这是一种单向传播。但场景式营销则是以与消费者互动为初始

目的，构建特定的应用场景，影响和激发消费者购买欲望，同时，消费者在使用产品或服务的过程中，又不断将使用信息和数据反馈给厂商，厂商再进行改进和创新，最终形成双方价值交换的良性循环。

此外，从形式上来说，传统营销依靠推出共同主题或与之相关信息的广告，以期建立广告信息的累积效果，塑造品牌与企业的形象，并给消费者持续而深刻的购买刺激。场景式营销则是依靠增加消费者体验、增强互动交流，引导消费者实现购买行为。在具体方法上，传统营销需要先做消费者细分，然后按照投放排期来执行相应的市场活动；而场景式营销则是根据需求去识别消费者，利用碎片化时间与消费者进行互动。

在传统媒体时代，人们看重的媒体要素是内容与形式；互联网技术普及后，社交成为媒体的核心要素，社交变成内容与形式生产的动力，人际网络成为信息传播的重要渠道，"无社交不新闻"成为人们的共识；移动智能终端设备的普及，信息传播的要素是基于场景的服务，即对场景（情景）的感知及信息（服务）的适配。也就是人们理解的，移动互联网争夺的是场景，场景成为继内容、形式、社交之后媒体的另一核心要素。场景式营销中，"场景"同样是核心要素，场景式营销本质是心智影响力，消费行为本身就带有一定的场景暗示。那么，场景是如何影响消费者购买行为的呢？

▷ 1. 价值感知方面的影响

相关营销研究表明：营销带给消费者的是感知价值，也就是消费者对企业提供的产品或服务所具有价值的主观认知，包括消费者对其感知利得与感知利失之间的比较和权衡，它不同于传统意义上的消费者价值概念。更通俗的理解就是，消费者希望在交易过程中实现一定的消费价值，其购买的不仅是企业的产品或服务，还包括某些个人的期望。

感觉是人类认识事物的初级阶段，感觉和知觉是人类对于事物属性的反映，如事物的色彩、味道、温度等方面信息在头脑中的反映，构成了人们的感觉。不同的人用不同的方法，同时看到同一事物的结论不一样，即便是同一个人在不同的时间用不同的方法看同一事物，结论也往往不同。

知觉是为了获得结果，对输入大脑的信息，进行全面识别、分析、选择的过程。人们通过"看、听、闻、尝、摸"等接收信息，虽然获得大量的零碎信息，但只有一部分成为知觉。知觉建立在感觉基础之上，是对事物属性的综合反映。人们在选择一些信息的同时放弃其他大量信息，这是因为人们无法在同一时间里注意或接收所有的信息。

感觉和知觉合称为感知，消费者的感知心理活动是进行其他消费心理活动的基础。消费者的感知有时会和现实不一致，但"感知"对消费者的行为有重要意义。消费者感知价值的核心是感知利益与感知付出之间的权衡，包括两层含义：第一，价值是个性化的，因人而异，不同的消费者对同一产品或服务所感知的价值并不相同；第二，价值代表着一种效用（收益）与成本（代价）间的权衡，消费者会根据自己感受到的价值做出购买决定，而绝不是仅仅取决某些因素。特定的应用场景对消费者感知价值的过程，一般要经历事前、事中和事后三个阶段。在事前阶段，消费者获得诸如品牌信息和场景信息相关的环境。在日常生活中，信息化场景无处不在，消费者无论在何时何地都身处场景之中，各种不同的品牌形象均可能在有意或无意之中影响消费者。事中阶段是消费者购买阶段，在购买场景中，消费者在线下实体商店里或线上虚拟场景里直接感知产品或服务，消费场景对于增加消费者的满足感至关重要。事后阶段是消费者围绕产品或服务的实际使用或消费的场景，消费者"现行状态"是购物场景中的重要因素。现行状态指消费者进入消费场景后的暂时性情绪（如焦虑、高兴、兴奋等）或状态（如疲劳、精神饱满等）。这种暂时性的心境状态既影响消费过程，

又受消费过程的影响。而恰如其分的购物消费场景能够更好地刺激消费者的情感反应，尽管消费者情感反应是短暂的，但可以瞬间左右甚至改变消费者对其价值的认知。也就是人们常说的，"在不同的场景氛围里，消费者对产品或服务的价值感知会产生不同的差别"，富于情感色彩的场景最容易让消费者心情愉悦，吸引其对场景内产品或服务的注意，并使其产生冲动性购买欲望。

▷ 2. 消费情感方面的影响

2007 年 6 月 29 日，首部苹果手机在美国上市，狂热的苹果粉丝为了买到手机，不惜排三天三夜的长队。苹果将艺术与科技完美融合在一起，很好地迎合了年轻人张扬的个性及其彰显自我价值的需求。青春热情使其迫切需要借助渠道表现其与众不同以吸引他人的关注，众多年轻人以往的理性消费被品牌崇拜的感情消费所替代。"我就是喜欢苹果！"苹果公司不仅把产品卖到了消费者手中，更让消费者动情，把产品卖到了消费者的心中。

这仅仅是消费情感中产品销售成功的一个案例。消费情感指消费者在购买产品或服务过程中产生的一系列情感反应，是人们短暂而又强烈的情绪，并总是指向特定的产品或服务。情感分为情绪和感情两个层面，情绪一般指与生理需要和较低级心理过程（感觉和知觉）相联系的内心体验。感情是人与社会性需要和意识紧密联系的一种内心体验，如荣誉感、道德感和美感等，是人们长期社会实践中受到客观事物的反复刺激而形成的内心体验。其实，人们的消费购物需求不外乎是满足人们的物质需求和情感需求，两种需求既是因果关系也是相辅相成关系。所不同的是，情绪比感情更为广泛，经常是由一定的场景引起的心理变化，感情则具有较强的稳

定性和深邃性，情绪是感情变化的表现。有人把消费情感分为积极消费情感和消极消费情感，就是说，可能同时要体验到轻松、激动等积极情感和烦恼、沮丧等消极情感交织在一起的情况，消费者情绪的变化固然有感情因素，但与消费者所处的场景息息相关。消费场景对消费者情感的影响，来自物质场景和社交环境两方面，在一定程度上影响消费者的情感变化，良好的购物消费场景，可以诱发消费者的购买欲望，在购物消费的同时感受消费带来的乐趣，有利于消费者产生正向的情感，进而对品牌形象产生亲近感并形成良好的印象，促成接近企业品牌的行为。

▷ 3. 拉近与消费者的距离

传统营销是"以理服人"，当下和未来营销则是"以场景影响人"。当中国的冰激凌巨头热衷于价格战和广布销售网点争夺消费者的时候，哈根达斯却在挖空心思营造特殊的消费场景："爱我就请我吃哈根达斯。"一个女孩子在炎炎夏日中向男孩子暗示，对于恋爱中的男女来说，与其说是感受冰激凌品口味的纯正，不如说是一种浪漫情感的体验，哈根达斯像玫瑰花一样成了爱情的表白之物，其"身价"（销售价格）自然远远高于普通冰激凌，因此为企业带来大把的钞票。在基于移动互联网构建的各种营销场景中，消费者有了更大、更多控制信息流的权力，但无法控制来自心底的欲望，更无法控制对爱情的表达与追求。哈根达斯正是找准了消费者与品牌价值之间的情感按钮，在产品同质化的当下，让消费者心甘情愿地掏钱购买高价的冰激凌，不仅拉近了与消费者的距离，还让无数青年男女消费者成了哈根达斯品牌的忠实"俘虏"。

5.3

场景式营销：有形展示和无形服务

场景式营销的核心是根据消费者所处的不同时间、地点、环境和情景，不断推送各种产品或服务营销信息，激发消费者购买欲望，顺利实现消费行为。举例来说，对一个饥肠辘辘的消费者，时近中午，与他距离最近的一家餐馆向他推送午餐的相关信息，这位消费者不会犹豫，也不会做过多选择，有可能马上就到这家餐馆就餐。

与传统营销、网络营销等营销方式不同，场景式营销关注的不是传播媒体形式的利用，取而代之的是针对不同场景下消费者的消费行为，讲究的是随时随地的"就地取材"和随意性的"实时推送"营销信息，这完全得益于移动互联网技术、传感技术、定位技术等当代科技的推广和普及。

"生活无处不场景，场景无处不营销"，但对于众多产品或服务的生产提供商来说，更为关注的还是消费者的工作场景、家庭生活场景及休闲娱乐场景，其中家庭生活场景和休闲娱乐场景又是"重中之重"。产品或服务的生产商在运用场景进行营销时，除了考虑采用不同的自然场景之外，还需要构建各种虚拟的应用服务场景，帮助完成发现和获取潜在消费者、

培养消费者使用产品或服务的习惯、维系消费者忠诚度等递延工作。构建服务场景也是为了适应消费者物质生活和精神文化生活水平提高、生活消费习惯不断变化、享受服务型支出增多、在服务享乐性场所滞留时间增长、对服务享乐性场景更为关注、提高营销效果的需要。服务场景在刺激消费者购买欲望、影响消费者感知和实现服务组织差异化等方面的作用有目共睹，能够吸引消费者、留住消费者、维系与消费者的关系，同时由于场景服务具有生产和服务同步进行的特点，消费者在消费场景中进行服务和体验，有形场景会对场景中的消费者、情绪和认知产生影响，进而决定其服务评价和消费意愿；消费者还可以根据服务场景"有形要素"来评价服务质量，自然引起产品或服务生产厂家及政府部门的高度关注。

服务场景一般包括物理环境要素（有形）和氛围要素（无形）两个层面。物理环境要素主要是指服务环境的内部氛围（温度、音乐、气味、颜色等）、布局和设计、标识和装饰及服务人员等环境变量。场景中的服务物理环境要素对消费者的情绪、认知和行为的影响是显而易见的。比如，身在异国他乡的海外游子，突然发现一家商店悬挂着自己祖国的国旗，游客心理上产生的强烈亲切感、认同感、归属感是难以言表的。再如，众多衣装得体的服务人员在消费者到来时致以热情的欢迎并适时提供周到的服务，可以提高消费者对商店的印象，使其很自然地产生"高档商店"的印象。

由于服务本身是无形的，消费者的消费行为往往是通过有形的场景环境对服务进行判断，并对消费过程及消费体验进行评价，以感知服务的满意度来决定下次的购买行为。因此，服务场景的有形展示特别重要。

有形展示指在服务市场营销管理的范畴内，一切可以传达服务特色及服务优点、暗示企业服务能力、让消费者产生期待或记忆的有形部分，包括服务场景中的外部环境（如标识、场地、建筑物、景观、员工着装等）、内部服务设施（如内部装饰、配套设施、形态布局、内部环境和空气质量），

以及其他虚拟场景等。从某种程度上看，有形展示就是对相关服务场景进行"包装"，发出关于服务质量的暗示，通过感官刺激，让消费者感受到服务带给自己的利益，形成最初的良好印象（首因效应），引导消费者对产品或服务产生合理期望和信任感，塑造企业、产品或服务及品牌的良好市场形象，为消费者提供美的享受，传递服务的期望。

根据能否被消费者拥有，可以将有形展示分成边缘展示和核心展示两大类。边缘展示，指消费者在购买过程中能够实际拥有的展示。核心的展示，则是指消费者在购买和享受服务过程中不能为消费者所拥有的，即企业服务的实体环境，它是由背景因素、设计因素和社交因素决定的。其中的背景因素指消费者不可能会立即意识到的环境因素，如气温、气味、声音、卫生等因素。一般说来，良好的背景因素并不能促使消费者发生购买行为；然而较差的背景因素会让消费者退却、拒绝购买。设计因素指刺激消费者视觉的环境因素，又分为艺术设计（如建筑物式样、风格、颜色、规模、材料、格局等）因素和功能设计（如布局、舒适程度等）因素两类，服务设施内外设计状况都可能会对消费者的感觉产生重大影响。社交因素指服务环境中的消费者与服务人员，服务人员的仪态仪表是服务型企业极为重要的实体环境，服务人员衣着得体、训练有素、待客热情，消费者才相信他们有能力提供优质服务。好的有形展示，可以帮助消费者迅速感知企业或产品的服务特点，提高享用服务时获得的愉悦感和满足感，保证营销策略顺利推行；差的有形展示则可能传达错误的信息给消费者，影响消费者对产品的期望和判断，进而破坏产品以及服务企业的形象。

服务场景通过有形展示实现产品服务的有形化、具体化，在服务营销过程中占有极其重要的地位。有形展示的优劣直接决定消费者对服务期望效果评价的优劣，进而对产品或服务和企业的品牌形象产生重要影响。

▷ 1. 基于实体场景服务营销的有形展示

随着消费观念的转变，消费者对企业的背景因素、设计因素及社交因素越来越关注。在服务场景中，气温是否舒适、通风是否流畅、声音是否优雅、环境是否整洁等都会影响到消费者的舒适度，进而影响消费；精美的设计环境因素，如建筑物的建筑风格、式样、颜色、布局等，更能吸引消费者的眼球。此外，实体环境下服务人员的数量、仪容仪表、谈吐举止等都是服务企业极其重要的实体环境，均会直接影响消费者最终的购买决策。训练有素、举止端庄的服务员会给消费者带来愉悦的购物心情，使消费者更坚信企业提供的服务是优质的。如初次光顾某家餐馆的消费者，在进入餐馆大门之前，餐馆的外部装饰、门前树立的招牌等已经唤醒了消费者在此消费的念头，良好的第一观感会让消费者径直走进餐馆；此时餐馆高档的内部装饰、优雅的消费环境及彬彬有礼的服务人员会更加坚定消费者在此消费的决心。

▷ 2. 基于信息沟通的服务营销有形展示

信息沟通作为服务营销有形展示的另一种方式，其来源主要是企业自身及与企业有关的能引起消费者注意，并能给消费者留下深刻印象的相关服务信息。从企业的广告宣传到媒体"软文"的正面报道，从企业的符号标识到消费者的口碑赞扬，此类种种不同形式的信息沟通都在传播企业相关的服务信息，使企业的服务营销更具象化。企业只有通过有效的信息沟通，才能准确推动服务营销工作的顺利开展。服务营销的有形展示重点强调企业在进行信息沟通时将服务与相关的有形物联系起来，以实现服务的有形化、具体化。例如，麦当劳公司针对儿童的"快乐餐"计划，正确运用有形物，

把汉堡包和法国炸制品放进一种特别设计的盒子里，里面有游戏、迷宫等图案，也有麦当劳的图像。麦当劳把目标消费者的娱乐和饮食联系在一起，有形展示的成功案例说明，使用有形因素，更真实、更有效果，使服务更容易被接受。

▷ 3. 基于价格的服务营销有形展示

产品或服务质量的优劣，有时可以通过企业预报价格的高低来体现，服务价格是企业向消费者传递服务质量信息的重要手段。一般情况下，服务产品的高价格定位给消费者传达的是高质量的服务，会增强消费者对企业服务质量的信任感；反之，低价格定位会降低消费者对企业服务质量的信任感。所以，企业在制定服务价格时，应考虑周全，高价位低质量的服务会引起消费者的抱怨，低价格的服务定位可能会降低消费者对企业服务的好感。因此，企业应切实制定合理的价位，才更有利于企业的长远发展。正因为五星级宾馆与四星级宾馆提供的服务标准不同，对消费者的服务报价也不一样，五星级宾馆在硬件服务设施、安全保障措施、服务人员素质及周围环境的布局上都占有一定优势，高价格的服务定位仍然会赢得不少消费者光顾，因为高价格背后蕴含着高质量的服务。

5.4
场景式营销：体验营销的前置

美国著名经济学家派思和吉尔摩在《体验经济》一书中指出：所有国家都必须通过按序排列的持续经济形式进行转换，必须从农业经济转化为工业经济，接着从工业经济转化为以服务为导向的经济，然后再转化为体验经济。作者描述体验经济的特征是：消费是一个过程，消费者是这一过程的"产品"。因为当过程结束时，记忆将长久保存对过程的"体验"。消费者愿意为这类体验付费，因为该体验十分美好、不可复制、不可转让、转瞬即逝，体验的每一个瞬间都是一个"唯一"。

"体验经济"特别强调个性化的消费场景和消费体验，这与场景式营销有异曲同工之妙，甚至有人把场景式营销列为体验式营销的一个细化范畴，也就不奇怪了。所谓体验，指一个人的情绪、体力、智力、精力等达到某一特定水平所产生的愉悦感受。体验式营销的本质就在于弱化消费者对消费过程的关注，让消费者将对产品或服务的直观感觉、情感、主观偏好及产品品牌价值和符号象征，作为消费选择的首要考虑因素。把消费行为的关注重点从传统营销的产品或服务转移到消费过程中的一连串事件上。"产品或服务"是实体，但不再是消费的重点；"体验"是消费过程的一

连串事件，却在消费过程中扮演"主角"。事实上，场景式营销是以场景触发消费者的购物欲望，同样特别注重消费者体验。例如，一个消费者需要购买一件沙发，如果沙发集中堆放在销售商的普通展厅里，并不会给消费者留下深刻印象，消费者挑选、购买的欲望并不强烈。如果零售商建立一个温馨的客厅场景，把沙发、靠枕、茶几等组件有序搭配摆放，再让消费者身临其境，就会使其觉得几件物品组合搭配竟然那么的协调、舒适，自然会萌发购买的欲望，消费者买下沙发便顺理成章。

需要说明的是，"体验经济"概念提出之时，互联网技术正处于起步发展阶段，"体验"只限于商场超市、酒店宾馆等一些真实的场景，消费者只有在服务人员或其他信息提示导引下进入场景，完成消费行为，才能分享体验；如果消费者远离服务场所，"体验"将无从谈起。随着移动智能终端设备的普及和场景流量的壮大，消费流量入口呈现碎片化、立体化的特点，加之消费升级及主力消费群体迭代等多种因素影响，产品或服务生产商与消费者关系正经历前所未有的变化，单一、缺乏体验的零售渠道（包括网店）已不能满足年轻一代消费者，他们的消费期待值越来越高：让生命的每一分钟都过得更有满足感、充实感，参与产品或服务的消费感受，购买自己钟情的产品或服务，这仅仅是消费最起码的要求。

场景式营销需要提高消费者体验，体验营销更需要场景化。尤其在大型消费场所，当需要更多产品或服务提供给消费者时，移动场景体验在消费者参与产品制造或服务的营销中就显得愈加重要。对于零售商来说，消费者的信任和忠诚度极其重要，如果能不断吸引新消费者，持续甚至永久留住消费者，就可以影响消费者的购买决策。因此，通过不断改善移动场景体验，提供移动位置的个性化推荐，能让潜在消费者源源加入，老消费者成为"回头客"，从而获得营销成功。同时让消费者享受到一流场景体验，基于消费者人性的产品创新和高度体验是未来商业的新关注点。

▷ 1. 商业价值核心已经发生位移

传统商业价值的核心更多集中在"优化和效率"上，随着移动智能设备的普及与淘宝、京东等电商企业的崛起，商业价值的核心逐渐转移到"场景和体验"上。传统零售商业凭借巨大的资金投入和繁华地理位置的优势，其攫取的毛利要远远高于它们创造的价值，所以，当淘宝、京东等一大批低成本交易平台生意兴隆之时，无疑抢了零售商业的"饭碗"，就像当年旧有的百货大楼被批发市场抢了生意一样。消费者需要的不仅仅是便宜的产品，更是有价值感的商品或服务。在收入低、商品匮乏的年代，消费者对廉价的产品或服务非常饥渴。随着收入和生产效率的提高，社会已经慢慢进入"物质极大丰富"的年代，广大年轻的消费者没有像"50后""60后""70后"那样巨大的生存压力和危机感，特别是"90后"年轻消费群体，更愿意把钱花在满足自己和生活享受上，而不仅是四处购买廉价商品。当然，目前依然有大量的旧消费群体和低收入人群，廉价的交易平台和城市中的批发市场仍然存在。但商业机会中的溢价部分，逐渐转移到产品或服务上，这是一个不可阻挡的发展趋势。

▷ 2. 体验要能够超出预期，带来惊喜

无论社会如何进步、商业规则如何改变，只要是商业，本质上都要为消费者提供更有价值的产品或服务，使消费者体验更好、满足消费者需求的目标永远不会变。所不同的是，场景式营销构建场景，最重要的不仅是销售产品或服务，而是通过消费者体验，影响消费者对产品或服务品牌形象的感知，重点放在满足消费者的精神需求层面上，就如同一个消费者花了100元看了一场时装秀或演艺会，或是看了3D版的《泰坦尼克号》，

当消费者回来后，虽然两手空空，但是异常开心，甚至会向亲朋好友推介或炫耀。虽然这位消费者其实并没有得到任何实物，除了愉悦的心情和之后的甜蜜回忆。国内有一家三星级宾馆并不在繁华闹市区，但消费者"回头率"特别高，该宾馆在营销服务上并没有特别之处，只不过在细节上做到了极致。每个房间配备了五种不同类型的枕头，适合不同的人睡眠。这算不上是什么革命性的创新，却让消费者上床前打开衣柜时，着实感到惊喜，这种体贴入微的关怀完全超出了消费者的预期；当消费者退房结账完毕准备离开时，服务人员又会为消费者免费提供两瓶饮用水，因为退房后的客人去机场还有60多公里的路程，天气热时会口渴。两瓶饮用水并不值多少钱，但考虑了消费者所需，超出了消费者的预期，很容易让消费者感动。

▷ 3. 好的体验必须为消费者感知

传统营销中，许多人认为产品的外观和包装就是消费者体验，这是一种认识上的错误。事实上，消费者体验贯穿于认识产品、使用产品和感知产品的全过程，涉及每一个细节。无论产品或服务的功能有多么好、设计和款式有多么精巧，如果不能被消费者所感知，产品或服务的功能和设计将难以彰显价值。曾经有一家国内知名的手机制造商，推出一款手机后，策划的卖点是"绿色、无辐射"，然后投入巨资通过报纸、电视等传播渠道大张旗鼓地宣传。但手机销售业绩远未达到预期，"卖点"并没有获得成功。从理论上分析，健康当然是每个手机使用者关注的焦点，"绿色、无辐射"不会危害手机使用者的健康，作为新款手机卖点并没有错。但错就错在手机"绿色、无辐射"并不能被手机使用者感知，到底是不是"无辐射"，根本无法判断和比较，甚至许多消费者认为是厂商营销上的"忽悠"。因此，不能被消费者感知就等于没有。后来这家公司另一款手机上市又策

划出卖点"防窃听"，同样以失败而告终。能不能"防窃听"同样不能被使用者所感知，而且对于普通百姓使用者来说，防窃听并不被普遍关注。

▷ 4. 从细节提高消费者体验

完美的场景设计，不留半点人为做作痕迹，传达对生活的思考、对美的极致追求，强烈感染消费者，这样的场景在细节处理上，也是尽善尽美的。

但许多产品或服务的生产厂家，自我感觉产品或服务销路不错、市场有份额、销售前景广阔，往往忽视细节的魅力，意识不到细节处理上尚有许多差强人意、可以改进完善之处。种种细节处理上的"败笔"，让下大力气、花大成本投在广播电视、报纸杂志的品牌广告费用打了水漂。如一些五星级宾馆，本来收费就已经很高，但顾客登录互联网还要额外收费，无线上网 WiFi 密码并不公示；再如，飞机商务舱价格比经济舱要高许多，但供给商务舱的咖啡与经济舱一样低档，也让许多消费者很不满意。

▷ 5. 体验营销不断前置

场景式营销构建营销场景，除了激发消费者购买欲望、提高消费者体验之外，另外一个特别作用就是将消费者的体验"向前拉"，让消费者刚一认识产品，还没有接触产品实物以及付费之前，就已经进入产品或服务的体验过程，类似于到汽车专卖店选购汽车前的"试驾"。

广告的功能之一是让消费者对真实的消费有一个预期，场景触发、社交口碑分享等实际上都属于体验前置。利用体验前置不仅有利于赢得消费者，而且能让消费者主动介入产品或服务的设计、改进、生产过程。

5.5

场景式营销: 抢夺"蓝海市场"

任何人都不会怀疑: 随着移动智能终端的普及, 将会带来一场营销革命, 移动营销, 正式开启"蓝海市场", 成为品牌联系消费者的主渠道。

在众多营销战略理论中, 最具代表性的是基于竞争理论的"红海战略"和基于价值创新的"蓝海战略"。所谓"红海", 指已知竞争激烈的市场空间, 其相关的游戏规则已经确立, 市场相对成熟。"红海战略"是在已知市场空间中的竞争, 在这里游戏规则已经确定, 企业或商家需按游戏规则展开针锋相对的竞争。"红海战略"只需分析研究竞争态势和企业自身的生产、营销条件这两个变量和因素。所谓"蓝海", 是指开拓未知的市场空间, 既包括创新思维和环境, 也包括未出现的行业和尚未开发的市场。从竞争的游戏规则上来说, 竞争的激烈程度相对较小, 它的核心价值就是低成本、价值创新和进入无人竞争的市场空白领域。如果说"红海战略"是基于产业组织经济学, 那么, "蓝海战略"的理论基础则是基于新经济理论, 也就是内生增长理论。"蓝海战略"并不局限于已有产业边界, 而是要打破已有的产业边界。有时"蓝海"是在全新市场空白地带开辟, 但更多时候

是在"红海市场"开辟。

在现实市场营销环境中，多数企业或多数业务均致力于现有市场需求的争夺，习惯于选择已有的市场空间，即在"红海市场"中搏杀，通过经验效用、规模效应，降低生产成本，吸引更多的消费者；通过差别化产品或差别化服务，即采用差异化策略，巩固产品或服务已有的市场；通过主攻特定的市场和消费群体，采用专门化策略，稳定和开拓消费群体。

企业之所以选择在"红海市场"搏杀，是由于有现成的市场需求和市场空间，企业进入的成本和门槛都很低，只要抢夺到一定的客户资源就能生存和发展。但是许多行业已经步入成熟阶段，加之市场资源、人才储备、资金实力等多方面因素制约，很多企业没有能力为客户创造新的价值，开发出新的需求，只有"华山一条道"进入"红海市场"竞争。在激烈竞争中，很多企业靠低价取胜、吞食利润，或者偷工减料、降低产品或服务质量，为后续经营埋下隐患。在营销上，常常选择一个或多个客户群作为目标市场，并根据自身产品和目标市场特点，制定和实施适当的营销组合方案，用现有的产品或服务满足现有的市场需求。然而，在过度拥挤的市场中，有限的市场容量和大量同质化的产品令许多企业陷入血腥的"红海市场"，经营利润越来越少。对于大型企业尚能凭借规模效应维持生存，对于中小企业而言，"红海市场"无疑是毫无竞争优势的"死亡地带"。

事实上，企业要想获得长远的发展，必须切实转变经营观念和经营策略，将视线从竞争对手转向客户需求，跨越现有的竞争边界，开发蕴含庞大需求的新市场空间。这也是买方市场环境下现代市场的经营观念，即根据消费者对产品或服务的不同欲望和需求、不同购买行为与习惯进行垂直市场深度开发，辅之以场景式营销手段，找到产品或服务的"蓝海市场"。

在传统大众化市场里，那些先入为主的企业已经牢牢占据无可争议的霸主地位。对于那些后进入、习惯于"红海市场"作战的企业来说，从"红

海市场"游弋到"蓝海市场"也并非不可能。通常情况下，研发新产品、开拓新市场是由"红海市场"进入"蓝海市场"的必由之路。但研发新产品离不开大批量的人力、物力、财力投入，是众多中小企业特别是初创企业难以逾越的"天堑"。同时还要面对瞬息万变的市场环境，其中的风险性和不确定性不言而喻。但场景式营销的运用，让这种状况大为改善。

▷ 1. 如何更加精准地细分市场

在激烈的市场竞争态势下，企业的营销战略应当定位在"现有产品新市场"和"现有市场新产品"两个方面。对于规模不大、实力不强、资源短缺的中小企业特别是初创企业来说，采用"现有产品新市场"策略更有利于集中资源，形成自己的独特优势。中小企业的资源及市场经营能力是有限的，与大企业展开全面竞争无疑是"以卵击石"。只有避开大企业的"锋芒"，通过市场细分，在新的市场上寻找具有相同产品需求的消费者，针对一个或几个消费群未被满足的需求，在不改变现有产品核心技术的前提下，将产品定位和营销方法进行调整和重组，寻找新的利润增长点。然后集中企业现有的一切资源，投入新的细分市场，以企业的全部优势对抗大企业的局部"劣势"，变全局市场的劣势为局部市场的优势，使自己在竞争中得以生存、发展和壮大，做强企业。例如，"礼品普洱茶"，中国传统送礼习惯烟酒茶是首选，因为烟酒不利于健康，送烟酒就显得落伍。茶在一般人的印象中多指绿茶，但绿茶的时令性特别强，即越新味越香醇、价值越高，雨前茶的价值最高。今年的绿茶如果搁置到明年，就会大幅度贬值。而普洱茶正相反，越陈越香、年代越久越有价值，绿茶的劣势正好是普洱茶的优势，这也成了普洱茶作为礼品的价值之所在。对于众多消费者来说，只能到茶叶店购买，像冲泡绿茶一样饮用，对于经常旅游、出差

的消费者比较不方便。能不能开发礼品普洱茶、袋泡普洱茶，最大化地满足消费者各种细分的需求？其实存在很多普洱茶细分市场没有开发，也就是说，当时确实存在着"礼品市场"及其他很有潜力的细分市场没有开发或深度开发，这也意味着有很大的市场潜力。中润普洱茶公司按照这样的思路，结合普洱茶年份、种类、气味等开发出饼茶、沱茶、砖茶、散茶等多种类型，吸引了大批消费者，获得了销售上的极大成功。

▷ 2. 场景式营销助推精准营销

细分市场并不难，但找出有价值的细分市场才是关键。

市场细分工作在于对消费者需求差别的分析、确认和具体目标市场的整合，从消费者不同的需求，寻找和发掘某些共同或相关的因素，将错综复杂的具体市场分为若干"子市场"，使各个部分的异质性减少，表现出较多的同质性。实际上，市场细分是对现有市场需求进行梳理、分类的过程，一个子市场就是一个需求相近的消费者群体。在市场细分中，基于市场价值的细分是关键，即以消费者价值为基础、以盈利能力作为评价消费者或作为细分的依据，据此制定企业相应的资源配置和消费者保留策略，将较多资源配置给相对价值较高的消费者，有效改善市场营销方案和企业持续的盈利能力。在传统营销中，进行市场细分的方法主要依托问卷调查、随机抽样或专家评议等建立线性测量模型，往往受到随机问卷、抽查人数、抽查地域和收集数据等方面的限制，存在着准确性不高、差异大等缺陷，有时甚至直接导致结论错误。场景式营销凭借移动互联网时时在线、定位、传感等技术，实现了与消费者的"强连接"，在细分市场中占据有利地位，可以随时掌握消费者对某款产品或服务的关注度，适时将产品或服务的属性、价格和质量定位信息传递给目标消费者，巩固产品或服务的地位，维

护和强化消费者对企业产品或服务的认识和看法。

▷ 3. 场景式营销：广阔的"蓝海"

场景式营销凭借移动智能设备的迅速普及而强势崛起，改变了整个市场营销生态，为消费者提供了更多、更便利的购物消费选择，自然成了众多企业最为关注的话题，三四线城市、新兴城镇和广袤的农村市场都成为场景式营销的新"蓝海"，市场发展空间巨大，很多人对其寄予厚望。

消费者时间极度碎片化、信息极度碎片化，以及供大于求、产品过剩、购买力不平衡的市场环境，不断放大消费者自主选择的权利，越来越多的消费者开始摒弃大众消费，追求更加个性化的体验感、满足感；更多的消费者购买的已经不仅仅是产品或服务，而是一种情怀和乐趣；厂商贩卖的也不仅仅是产品或服务，而是一种精神和文化，如迪士尼贩卖的是快乐，亚马逊贩卖的是便利，苹果贩卖的不仅是手机，还包括创意和生活。场景式营销也是如此，营销中依靠的不仅是一种单纯的方式或手段，还包括策略和与消费者的共享体验，传递的是更具社会影响力的价值和文化。

PART 6

构建场景式营销新模式

6.1

如何描绘营销场景

　　"谁能占据场景，谁就能真正赢得商业的未来"，这几乎是所有人的共识！

　　的确，从技术层面看，大数据、云计算、移动智能终端设备、定位系统、传感器技术、社交媒体等条件已经完全具备，不仅彻底改变了企业的生存环境、发展路径和商业生态基础，顺畅地支撑线上与线下的全场景商业时代的所有营销服务，还给人们的工作生活带来翻天覆地的变化，深刻改变着人们的生活和思维方式，移动互联网成为人们最贴身的媒体，"人机合一"的关系更加牢固，智能移动终端不仅是通信和信息终端，还是资讯终端、娱乐终端、购物消费终端。人们已经习惯在不同时间、不同地点通过移动智能设备进行信息自由交流，注意力不断被割裂又不断被整合。

　　回到市场营销话题上，广播电视、报纸杂志等单向信息传播已经受到受众越来越个性化的挑战；搜索引擎、弹窗广告勾不起人们的兴趣，难以引起关注；社交平台成为新突破口，即时需求越来越强烈。购物消费、服务场景成为绕不开的话题，正如人们看到的："渠道为王、终端制胜"已

经成为历史；仰仗流量建立起来的商业模式"魔力"减退，流量模式大幅度贬值；争夺流量入口成明日黄花，营销场景成各路商家抢夺的"香饽饽"。

营销场景的内容较为广泛，根据在营销活动中影响消费者的性质和方式可分为两大类：自然场景和虚拟场景。自然场景就是客观环境，包括气候、生态系统变化等，具有客观性、差异性、多样性、相关性等特点。虚拟场景是虚构的人文环境，即通过数字通信信息勾勒出的数字化场景，虚拟场景一般具有逼真性、实时性、目的性、动态性和可控性的特点。

消费者在什么场景下会萌发购买欲望？在什么场景下会使用产品？消费者乐于看到、乐于接受的营销场景创意内容是什么？构建怎样的营销场景才能吸引并满足消费者的心理需求，从而实现购买消费的持续性？

▷ 1. 场景描绘

场景描绘或称为场景构图，就是运用生动形象的语言或图片（视频）描绘拥有产品或服务后的幸福画面，激起消费者对这幅图画的向往，有效地刺激消费者的购买欲望。这与文学作品、影视作品中对造型素材经过组织整理、取舍加工，构建出一个艺术性较高的场景画面并无本质区别。区别就在于，文学和影视作品中的场景是为了营造艺术氛围、烘托人物、表现主题思想、增加感染力，而营销中的场景则是为了激发消费者的消费欲望。

现举例说明。一位卖花女孩向一位路过的小伙子兜售玫瑰花。小伙子说，你的玫瑰花太贵了！卖花女孩微笑着回答，玫瑰花是爱情象征，爱情可是无价的！送给女朋友最好礼物就是漂亮的玫瑰花。你要当着许多人的面送给她哦！假如你捧着一束娇艳欲滴的玫瑰花走到女朋友面前，你的女朋友一定会特别感动，含情脉脉地望着你，脸上洋溢着幸福甜美的笑容，当众接受你的鲜花和你的爱情。听到这里，小伙子爽快地掏钱买下玫瑰花，再

也不说玫瑰花价格贵了。这位卖花女孩就是巧妙地使用场景描绘，"好话一句三冬暖"，打消小伙子玫瑰花"贵"的顾虑，完成一笔玫瑰花买卖交易。

▷ 2. 场景描绘的作用

营销场景描绘在整个销售过程中发挥举足轻重的"煽情"作用。主要是运用生动形象的语言或视频图像为消费者构建一幅使用产品或服务以后带来的幸福、美满的画面和氛围，激发消费者对这幅美好画面的向往和憧憬，从而从心底接受产品或服务的相关信息介绍，进而购买产品或服务，这是消费者从"心动到行动"的过程。这是基于一个假设的基本前提：消费者在日常生活中的某个"相似的瞬间"更容易接受相同的信息宣传，而无关其年龄、性别、地位等。一位钢琴销售人员就用一句话，坚定了领着女儿来店里买钢琴但犹豫不决的年轻母亲的购买决心。这位钢琴销售人员很有把握地对年轻母亲说："依我看，您的女儿用不了多久，一定能在学校表演厅里为同学们演奏曲子并赢得阵阵掌声。"

一般情况下，任何人的潜意识里，总有倾向快乐美好、幸福甜蜜的愿望，避开悲哀忧伤、凄惨痛苦的愿望。所以，为消费者营造的画面越幸福、越美满，对消费者越有吸引力，越容易引起消费者关注，越能打动消费者。正因为如此，场景描绘必须围绕着消费者购买产品或服务后得到的利益来进行。这个利益既包括产品或服务的功能利益（质量可靠性、使用便捷及售后服务等），也包括消费者情感利益（实现自我、人际关系、被他人认可等）。

▷ 3. 描绘场景的技巧

客观事物千变万化，情感思想纷繁复杂，构建营销场景、描绘美好画

面基本上是"画无定法"，无规律可循，但必须切实考虑以下几个因素。

（1）**富含感情色彩的语言和画面才能触发消费者。**消费者都是有丰富感情的，富含感情色彩的言语和画面与平淡无奇的语句和画面在消费者心里产生的影响，差别是很大的。每一个消费者都有特定的经历、经验和人生历练，形成了不同的价值观和人生态度，从而对事物的看法各异。富含感情色彩的语言和画面，可以让消费者在不同场景下获取的推介信息，与自身的人生经历结合起来，从而使消费行为与对于未来的期待和憧憬合二为一，这样消费者就会释放潜意识的内在需求，对产品或服务产生信任感、亲近感、依赖感和依存感，消费购买的欲望就会大大增加。"滴滴打车"向消费者推介了这样几个场景：一位远道而来的家长去城里见儿子；一个白领下了班要往家里赶；一位年轻妈妈领着孩子。广告宣传语是："为每一个全力以赴的你，今天做好一点。"这组场景非常温馨，与广告语非常契合，其向人们传达的已远不是单纯叫出租车的简单诉求，更多的是人的情感渲染。

（2）**让消费者感到购买选择合情合理。**消费者购买产品或服务必定有他的理由，其主导因素是感情的力量。虽然不需要向他人解释购买的因由，但他要得到某种心理平衡，为自己购买产品或服务找到一个合理依据，让自己感到购买行为是理智的。所以，必须充分了解消费者的心理需求，描绘或营造一个最为贴切的场景，直接或间接提供给消费者，把消费者期望得到的结果展现出来，证明消费者的购买行为合理正确。其实，对这些"理由"，绝大多数消费者不会认真追问。"您感觉到没有？这颗钻石切割精确、净度等级高，从钻石每个角度都能看到跳跃、闪烁的光彩，那每个闪光处都代表着一个值得怀念的记忆。"一位饰品店销售人员向一位消费者这样推介。但这或许是消费者购买的理由，或许什么都不是。

（3）**不仅是传递信息，营造氛围也是重点。**描绘营销场景的最终目的也是营销产品或服务，但其重点是利用自然场景、产品或服务场景和虚拟

场景的融合，营造一个宽松、愉快的营销氛围，让消费者在充满情感、格调的购物场景内，认知品牌形象和品牌文化，自发地萌发购物冲动和欲望，完成消费行为。因此，描绘场景不仅是推介产品或服务信息，更重要的是营造营销场景氛围。营造营销场景氛围要突出高度差异性（与其他场景不同）、高度识别性（容易辨识）、高度灵活性（最大限度展示品牌形象）和高度统一性（视觉与信息的统一）原则，塑造一个感官和思维双重体验的氛围。让消费者在这个氛围内流连忘返、驻足闲适，同时拥有惊喜感、参与感、仪式感和好奇感。所谓惊喜感，指的是消费者在营销场景内的所见、所闻及整体的体验完全超过预期，有意外的发现和惊喜。如除夕看春晚，不仅能享受家庭团圆之乐，还能欣赏精彩的节目，同时"摇一摇"还能抢到"红包"。所谓参与感，每一个消费者都能在营销场景内找到自己的位置，在社交媒体中相互交流，分享彼此的消费主张，表达自己的情感，渴望参与到供应链（如采购、设计），甚至参与到产品创新的决策，成为产品或服务的"意见领袖"。所谓仪式感，指的是一种品质和格调。消费者在营销场景内，享受的是极具仪式感的礼遇，能深刻地感受到"被尊重、被需要"，这是一种"情感归属"和"群体归属"高层级的满足，感悟到的是产品或服务背后的文化理念。所谓好奇感，指的是利用人们的好奇心，采用独特的营销方式，引发消费者的好奇感。

6.2

时间碎片化与场景碎片化

　　随着移动智能终端的普及和网络基础设施的完善，移动互联网迎来空前的繁荣，与各行各业不断加深融合，呈现出连接一切、席卷一切、改变一切的发展趋势。移动互联网虽然不比互联网创造更多信息，但却彻底改变了信息传递方式。将互联网信息生产、传播和获取"三元化"变成直达用户的"一元化"，将互联网与用户的"弱连接"变为时时在线的"强连接"。在万物互联的基础上，人与人、物与物、人与物随时随地可以自由连接，整个世界真正地变成一个扁平化世界，信息资讯空前爆炸、媒介资源铺天盖地，不仅改变了经济发展进程，而且颠覆了人们的生活方式。人们跨越各种障碍时时接触无限量的资讯信息，原本有序的生活被切割得支离破碎，时间碎片特征越来越明显。同时，人们随身携带的移动智能终端设备又将社交媒体、游戏软件、信息资讯等碎片时间整合、填平，精确有效切中用户特定场景下的特殊需求。"碎片化"不单单是一个停留在字面上或直观感受上的术语，蜂拥而来的海量信息让人目不暇接，人们的注意力难以聚焦，"浏览"代替"阅读"，"体验"代替"专注"，时间被分割得七零八落，

"时间碎片感"无时无处不在，"整体化时间"已经越来越少。

"时间碎片化"是当今社会个体存在的典型特征，已经常态化，消费者消费时间和空间也随之发生了根本性变化。谁能有效占用人们的碎片时间，谁就有可能获得更大的市场。谁能在移动、分散和碎片化环境中抓住消费者的关注点，适应碎片时间消费习惯，高效促成消费，谁将成为最大赢家。

"入口、流量"单一粗放的"套现"模式功效逐渐降低。无论是搜索引擎、网址导航、电子商务，还是"导流""聚合搜索""网络导购"，基本上都属于"渠道营销"，掌握了流量和入口等于控制了用户。而现在都受到时间碎片化，以及消费者移动、分散、个性化需求的强烈冲击，建立在"流量"基础之上的商业模式已是强弩之末。

商家营销竞争重点逐渐转向争夺场景，通过场景直达用户：设置一个贴近消费者实际生活的场景，随着消费者的移动不断变换场景，消费者在不知不觉中利用碎片时间，在亲切、自然的场景中触发产品或服务的消费欲望，随心接受厂商提供的信息，根据自身需要完成消费行为。

场景式营销与传统营销的根本区别在于：场景式营销基于消费者时间碎片化，营销推广由以往传统营销的信息轰炸转变为构建生活场景，运用大数据挖掘技术，分析消费者个体背后的深层次情感需求，找到潜在消费者，让消费者在场景中经过个性体验和即时互动做出购买决策。

碎片时间成为稀缺资源，"时间就是金钱"在移动互联网时代得到了真正体现。谁有效转化并占用了消费者的碎片时间，谁就可能成为营销"王者"。

转化碎片化时间，成为营造营销场景的重要因素。

▷ 1. 碎片化时间思维

等车时用手机刷微信、乘车低头盯着手机看视频、上班路上用微信群聊、午餐前用手机浏览新闻资讯、购物时用手机查找店家信息、入睡前伴着微信或移动 QQ 入眠、出行时用手机订票或查找宾馆等，实现了人与外界随时随地地连接与交互。信息内容的碎片化、人们时间的碎片化、工作生活场景的碎片化等，在每一个碎片化的背后都暗藏着消费者的个性化需求。对于营销来说，最大的变化莫过于消费场景发生了变化，供与销直接见面的机会越来越少、见面地点越来越不固定。三个趋势日益加剧：购物地点碎片化、购物时间碎片化、购物需求碎片化。转化并有效利用碎片化时间，成为赢得消费者的"黄金通道"，因此，构建场景式营销，必须建立碎片化思维，从以下五个方面着眼，在看似碎片的时间和场景中，发现并寻找商业机会：①如何让消费者在碎片时间里主动选择自己的产品或服务？②如何让消费者在最短时间里喜欢自己的产品或服务？③如何在一段时间内与消费者保持沟通与联系？④提供的产品或服务如何在碎片时间里让消费者惊喜？⑤如何通过场景更多地覆盖消费者的碎片时间？

▷ 2. 在碎片化时间里发现新商机

移动智能设备虽然制造了时间碎片化、改变了商业营销运行机制，但同时为厂商带来了新的商业机遇：借助智能手机，变碎片时间为与潜在消费者对话时间，让碎片化时间成为商品或服务营销的新路径。在这条新路径中，如果能再发挥移动社交平台如微信、微博和 QQ 群的聚焦效用，占据潜在消费者碎片时间就更加"合理合法"。

2013 年 5 月，"蒙牛真果粒"在微博、微信上开展了一场名为"寻找

真实自我，真自游"的活动。旨在鼓励消费者面对自我，说出真实心声，就有机会赢取巴厘岛真实之旅，并将有机会参与真实微电影，征集活动吸引了近 150 万网友参与，征集 30 多万条真情流露的感言。仅微博转发量就累计超过 80 万次，覆盖人群超过 2 亿，表现十分抢眼。"真果粒"掀起的社交媒体真实风暴，让浮躁已久的互联网深刻感受了一把真实的魅力！

　　真实是"真果粒"的品牌内涵，也是每个人对待生活的认真态度。而当下社会缺乏的正是真实感氛围。蒙牛已经模糊了是宣传企业品牌，还是传播社会正能量的界限，用"真实"打动了亿万人，短短一个月之内便火爆网络，取得惊人效果。"真果粒"活动之所以成功，原因有三：①与目标消费者产生共鸣。"果真粒"的目标消费者是城市白领，且以女性为主。"真果粒"突出"真实"二字，号召人们在忙碌的生活中放慢脚步，寻找真实的自我，回归最真实的生活。这点正与白领人群的想法不谋而合，许多年轻一族看到活动后就产生了立即参与的兴趣。②选择合适沟通媒体。微博和微信的力量不容小觑，蒙牛选择微博、微信作为活动的平台，让人们以一种更聚焦、更轻松、更平和的方式，利用那些碎片化的时间，给自己带来哪怕一丝的心理安慰和情绪调整就已经足够了。这对于产品或服务推广来说，真是一个很大的机会和空间。③给消费者一个无法拒绝的理由。蒙牛的营销策划突出了"真"：对应着真实自我、真自游，与"真果粒"巧妙地联系在一起，把品牌形象上升到情感境界，强化了品牌形象。蒙牛做活动目的是推广产品和企业品牌形象，并讲究"细节"和"触点"，以真为触点，无缝地与年轻人"自我、自由"的互动点对接起来，对应心理、呼应情绪。奖品设置也堪称一绝，与"自游"的谐音自由一致，帮助消费者"逃离尘嚣"，到巴厘岛享受一段自由时光。

▷ 3. 设计场景必须与消费者的碎片时间分配相吻合

之所以被称作碎片时间，就是因为碎片时间零散、使用无规律、随时出现也可能随时消失。构建场景的目的，就是抢占这些碎片时间"为我所用"。

一般情况下，每个人都希望利用碎片时间做些自己感兴趣的事情。但每个人因为身份不同，感兴趣的事情又截然不同。如一个学生除了在学校的时间、完成作业的时间，其他时间对于他来说都是碎片时间。在碎片时间里每个人感兴趣的事大相径庭：有的孩子希望和其他小朋友痛痛快快地玩一场游戏；有的孩子则可能在家长的逼迫下参加课外辅导班；有的孩子希望根据学习进程，寻找相关的学习内容；有的孩子则希望户外游山玩水，等等。在这个时候，"猜透用户真正想要干什么"显得尤为重要，构建营销场景时也不能套用固定的模式，服务内容要尽可能做到碎片化、差异化。

"里贝罗"是阿根廷一家大型家电零售商，特色是支持分期付款。其经营理念是让消费者感受到，日常的开销水平就可以买到一件不错的电器产品。但经营理念再好，如果不能被广大消费者所认知也是白搭。为了推广其经营理念，"里贝罗"与出租车行业合作，策划了一个有趣的场景：在出租车顶放置公司标识。不过这不是普通的车顶广告，带有公司标识的出租车同时在车厢副座的背面安装一个显示屏，打车者可以在显示屏上随时看到打车里程和"里贝罗"公司的产品展示。当这个显示屏上的里程达到一定数值时，产品展示栏里会出现对应里程所需车费首付款的产品。然后显示屏画面里会提醒打车者：凭打车小票可以到里贝罗公司"抵扣"，这个产品的首付款就免除了。推广活动直接导致了打车率上升，一块乘车的伙伴抢着付车费、拿小票，该公司成功避开了竞争激烈的网购，用兑换方式打动了消费者。

6.3

线上线下整合威力大

通常情况下，传统企业熟悉线下渠道的开拓管理，然而在移动互联网普及的大背景下，开拓线上销售渠道已成为大势所趋。如何稳固线下、开拓线上，线下与线上高度整合，实现"双线"突破，已经是当务之急。

线下营销多指传统营销，是一种实物交易营销，强调尽可能多的产品或服务提供给尽可能多的消费者。经过长期的发展完善，线下营销已经形成较为成熟、完善的理论和实践基础，消费者也已习惯这种固定的模式。由于消费过程中有很强的交流互动，能看见真实产品，并能体验休闲购物的乐趣，赢得了消费者的信赖，其推广模式依靠媒体广告或各种促销活动。

线上营销指需要实现的网络营销工作，以合同方式委托给专业网络营销服务商或自建门户网站进行营销推广。不论外包还是自营，都要在深入分析企业现状、产品或服务特点和行业特征的基础上，量身定制个性化、性价比较高的营销方案组织实施，并对营销效果进行跟踪监控。线上营销通过一种或多种推广手段，如搜索引擎竞价排名、关键词搜索、网络广告、

交换链接、植入式广告等，具有降低交易成本、信息交互广泛、不受时空限制等优点。

从企业营销角度看，线下与线上营销互为补充、不可分割。线上的推广可以为线下营销拓宽渠道、扩展人脉关系；线下反响可以为线上提供导向，使之更具针对性。但实际运行中，线上营销有线上的不准确，线下营销也有线下的不科学，单独进行总是"缺胳膊少腿"，力不从心，两者结合又存在难以化解的纠结：

一是价格之争。"我们是在给互联网打工，实在做不下去了！"许多零售商愤愤不平地抱怨，原来，消费者经常来到零售店看样品、挑款式、选型号，再到网络上搜索价格，然后到店里讨价还价。按照行业规矩，除产品销售成本外，大经销商可以拿到厂家的"返利"，虽然单件产品卖出利润少甚至不赚钱，但加上厂家返利，经销商仍有利可图。处于产业链末梢的零售商，由于中间环节多层层取利，进价已经很高，零售商赚的就是差价，再加上工资、租金等，让利空间不大。而线上营销渠道不存在仓储、店面租金，也无须负担产品资金占用，同样，其产品售价要比线下零售店低廉得多。

二是线上渠道挤压线下渠道。由于线上营销渠道与线下营销渠道售卖的产品终端消费者完全重叠，没有完全区隔开来，线上营销渠道作为新兴营销渠道，有着成本低、不受时间和空间制约等优势，客观存在对线下营销渠道的冲击和挤压，线下营销渠道处于不利、难以生存的境地。

从本质上说，线上营销和线下营销都是营销的载体，分别进行着各自的营销活动，但都做着同一件事：销售产品。两者有差异也有联系，唯有双管齐下、统筹兼顾，才能相辅相成、齐头并进，努力将线下的场景转化为线上的流量，再将线上场景转化为线下体验，开创"线上营销、线下成交；线下体验、线上消费"的营销新格局。

那么，如何才能找到线上与线下营销的结合点？

▷ 1. 产品本身就是一个场景

在传统营销时期，用产品功能属性满足、吸引消费者，目的性强、简单方便，效果极佳。对于任何理智的消费者来说，这无疑都是购买的最充足理由。不过，随着社会的发展，产品极大丰富，同质化现象十分严重，消费者个人收入水平提高，消费观念也发生了根本性变化。复杂多变的市场环境赋予品牌生存的严峻挑战，产品纯粹依赖功能性很难从同质化的市场中脱颖而出，更难吸引消费者眼球让其购买；加之移动智能终端设备的普及，困于丰富多样的选择和信息资讯的泛滥，消费者的非理性消费越来越频繁，不论是线上还是线下营销，都遇到同样的难题：拿什么样的产品才能触动消费者？用什么方式才能走进消费者心田？这是绕不过的坎！

"场景赋予产品以意义。"当一个产品被嵌入特定的使用场景，产品自身所代表的意义包括品牌价值、营销渠道已经发生根本性的改变。比如咖啡，只要在不同的使用场景中，就能衍生出不同诉求，如商务谈判、朋友闲聊、图书馆阅读，三种使用场景中的咖啡，其附加意义自然不同，所展示的功能和价值已远远超出咖啡本身，咖啡变成了诉求的载体。通俗地说，不同的使用场景能为产品带来不同的附加意义，产品不再是简单满足人的基本需要，而是场景不可分割的一部分，如同之前网络流行语表述的那样"哥抽的不是香烟，是寂寞"。当越来越多产品具有"场景化"意义后，消费者往往对没被"场景化"的产品失去兴趣，根本不会产生选择的冲动和购买的欲望。

▷ 2. 线上建立贴近消费者的场景

当消费者有某种需求时，总会千方百计地尝试各种手段满足需求，当身边没有产品能解决时，想到的自然是去购买。正是基于这样思考，需要建立消费者的使用场景。对于消费者而言，单纯而抽象的营销广告的价值并不大，只有贴近消费者，轻松、自然的生活消费场景才会受欢迎。比如消费者躺在床上，弹窗广告不厌其烦地推介雨伞信息，肯定是没有任何意义和价值的，还会引起消费者的反感。但如果结合了自然场景，如消费者在炎炎烈日之下或在瓢泼大雨之中，其效果自然会大不一样。效果有了，消费者一定就会购买吗？答案还是不一定！因为进入特定的营销场景之后，消费者对营销场景的内容或者产品产生的感觉还是不确定性的，同时，在外界信息的干扰下，消费者最后还是可能放弃购买行为。一般情况下，消费者来到线下实体购物店有两种情况：一种是有明确的选择购买目的；另外一种则是购物目的不明确，随便闲逛。在第二种情况下，如何让"产品"或营销场景激发消费者形成购物欲望呢？方法很简单，构建的营销场景能够感知到共鸣信息，给消费者创造出一种一定要购买这个产品的"冲动"。比如，在烈日炎炎下打着伞，既能防晒，又能彰显出年轻女性的优雅气质，出门时不用担心因夏季天气反复无常而被突如其来的雨淋。

构建营销场景的重要之处在于，要层层递进、深入认真分析消费者到底需要什么、消费者喜欢什么样的购物方式，以及消费者反感的是什么。只有准确地把握消费者的消费习惯、消费动向和消费偏好，才有可能把消费场景设计得更贴近消费者，线上的营销活动才更有针对性，效果才会更好。

▷ 3. 线下引导消费者深度体验

有人形容，如果说传统营销是先入为主"抢地盘"，那么，基于移动智能终端设备普及基础之上的场景式营销则是与消费者谈一场恋爱："从新（心）开始"→"众里寻她"（精准定位）→"完美邂逅"（营销场景）→"一往情深"（用户体验）→"喜结连理"（完成购买）。其中，"用户体验"是关键阶段。

用户体验是消费者在使用产品或服务过程中建立起的纯主观感受。用户体验是主观的，并不是指产品或服务本身是如何工作的，而是指产品或服务如何与外界联系并发挥作用的，也就是消费者接触或使用产品之后，对"这个产品或服务好不好用，用起来方不方便"等方面的印象、评价和感受。

影响用户体验感受的因素，主要有用户使用产品时的状态、产品性能及周边环境（场景）。用户体验就是生活，生活处处是体验，消费者每天都在使用和体验产品，积极、高效的体验将直接决定消费者的购买行为，帮助消费者提高生活品质，提高工作效率，从而让其继续使用产品。对于商家来说，体验就是商机，好的体验能让产品或服务的销售量提高，提高消费者的消费黏性。

构建用户体验场景，必须满足消费者五个方面的需要：（1）有用性。一款产品面世首先必须有用，能满足人们的需要，不仅限于功能性需求，还包括人们心理、情感及美的需求，用户体验场景设计也要如此。（2）革新性。一个好的场景设计，一定是革新的。正与产品的功能一样，不是"微创新"，也不是"创造"，因为众多产品并不是从无到有的创造，但是一定要有"创新设计元素"。（3）优雅性。场景设计一定要有优雅性，作为一种追求，要带给消费者视觉上和心灵上美的享受，最起码的要求是"好看"，

不能粗俗。（4）直觉性。好的营销场景应该让消费者凭自己的本能和生活经历迅速感知、迅速理解，这就要求场景必须简单、直接，不能故弄玄虚、让人摸不着头脑。（5）极致性。世上万物，没有最好，只有更合适，构建营销场景也是如此。所谓极致，并不是最完美，而是设计营销场景的每个元素都应做到最好，不放过任何一个细节，以最好的状态展示给消费者，如一个像素、一个颜色等，都要求做到"极致"。

6.4

以"用户思维"构建用户场景

　　消费者购买的不只是产品的实体，还包括依附于实体之上的产品核心利益，即向消费者提供的产品基本效用和利益。场景式营销是企业连接消费者的桥梁和纽带，与传统营销的共同点都是，让不知道这个品牌的消费者知道这个品牌，让知道这个品牌的消费者喜欢这个品牌，让喜欢这个品牌的消费者使用这个品牌，让使用这个品牌的消费者永远使用这个品牌。场景营销与传统营销的本质区别在于，企业与消费者连接的桥梁是"场景"。场景被赋予了特殊的使命：影响和激发消费者的购买欲望，完成消费。场景式营销的工作原理：潜在消费者是谁？什么时候？什么地点？了解掌握这些基本情况之后，结合消费者当时所处的"场合"和"情景"，揣度、激发、捕捉消费者个性需求，然后推介相关产品或服务的信息。在传统营销时期，厂商的痛点是获取消费者信息和导引消费特别困难，成本高、效率低，更多时候是先设计研发出产品或服务，再去找消费者；而对于消费者来说，因无法得到精准的推荐，往往是根据自身的需求，到市场上寻找自己所需要的产品或服务。即便是在 PC 互联网时期，厂商也无从知晓消费

者是谁、在哪里、此时此地的需求是什么。只有在移动智能终端技术普及后，厂商才能凭借移动互联网优势和大数据分析技术，对消费者进行移动定位、用户识别及探测消费者所处的特定场景，结合对消费者即时需求的预测，更精准地推介服务信息。这对于商家来说，不仅可以大幅度降低营销成本、高效率获取消费者，还可以针对消费者的消费数据，实行定制化服务或与其他商家开展交叉营销；对于消费者来说，个性化需求随时随地得到满足，想要什么样产品或服务，随时随地便可顺利完成消费，这是商家和消费者双赢的结果。

所以，在场景式营销中，运用用户思维，围绕消费者需求，构建能触发消费者购买欲望的用户场景，形成商家与消费者直接的、面对面的传播沟通关系，营造良好的消费环境和情景氛围，是场景式营销的"重中之重"。

▷ 1. 场景式营销离不开"用户思维"

准确把握"用户思维"之前，必须先了解什么是"产品思维"。所谓产品思维，指针对消费者的某方面需求，用产品或服务的形态去满足消费者的一种思维模式。产品思维模式的特征是，多维度的思路经过梳理后，最终被聚焦在产品上。力求以某种产品的新特性、实用性和便利性，最大限度、最大范围地满足不同消费者不断增长的物质与精神需求。产品思维具有三个特征：①产品性。思维模式基于一个特定的产品，由这个具体的产品体现价值、意义和关爱。②最大性。这个产品的某些功能应该足够强大，能够最大限度地满足消费者的多种需求。③最多性。这个产品的共性化程度比较高，可以尽可能多地满足不同消费者需求。产品思维是工业经济时代的产物，共性化、统一化、标准化更利于生产力水平提高和适应机械化流水线生产，必然就有一定的生产量，数量越大产品成本越低，市场竞争

力越强。只有这个产品满足消费者的量越大，产品功能覆盖面越广，才会有更多的消费者选择这种产品。由此可知，在产品思维模式下，无论如何强调消费者需求、强调人性化，事实上却很难做到。

而与产品思维相对应的是用户思维。用户思维指围绕消费者的整体需求，用心去满足消费者需求的思维模式。其基本要求是，多维度的思路经过梳理后，最终被聚焦于消费者本身，力求从产品、服务、文化、精神等各个层面满足消费者不断增长的个性化、差异化的物质、文化和精神层面的需求。用户思维也有三个明显特征：①人性化。思维模式是基于一个特定的消费者，在这个消费者身上，直接体现关怀、友爱、信任、尊重及成就等人性元素。②个性化。满足消费者需求不再局限于大众化需求，可能是小众化需求，甚至有可能是单个消费者的个性化需求。③多样化。从多个层面、多种形态满足消费者需求，更大程度上是情怀、精神、文化和思想层面的满足，让消费者开心、快乐、愉悦，知识有收获、思想有提高、精神有升华，这是用户思维的出发点，也是用户思维的精髓。

用户思维，是移动互联网时代的主流思维模式，它满足的是消费者更高层级的需求。根据马斯洛需求由低层次到较高层次排序的理论，包括生理需求、安全需求、爱和归属感、尊重和自我实现五类，产品思维满足的是前两项低层次需求，用户思维主要满足的是后三项高层次的需求。

移动互联网的普及，彻底打破了信息不对称的格局，消费者获得了更多的话语权和选择权。厂商价值链的每一个活动，从需求收集、产品研发到生产、营销，都要汇聚消费者的智慧，都要有消费者的参与和体验。基于用户思维构建的场景式营销必须以消费者为中心，不只是理解消费者，而是要深度、全面地理解消费者；不只是为消费者做了什么，而是消费者感受、体验到了什么；不只是简单听取消费者的需求，而是全面地满足消费者需求，更重要的是让消费者参与到商业链条的每一个环节。

▷ 2. 从满足需求着眼，开展定制化服务

在场景式营销概念中，营销本质上是一个发现需求并且不断满足需求的过程，而营销通过对这个过程的管理，从而让这个过程进行得更流畅、更有效率，通过管理创造价值的最大化。

从社会发展趋势上看，消费者的需求越来越人性化、个性化，通过个性化的消费需求实现自我。比如，消费者走进交际圈是满足其交际关系需求，走进日常生活是满足其情感需求，走进工作领域是满足专业需求等。

一般情况下，为消费者提供的产品或服务，其个性化、人性化，针对每一个消费者的不同需求及潜在需求有别于其他标准。具有附加价值服务的期望值越多，消费者满意度越高。那么，如何才能做到为消费者提供个性化服务？

（1）要建立消费者数据库，通过数据分析，从大量的、不完全的、模糊的、随机的数据中，提取隐含在其中且有用的信息，预知消费者个性化需求和潜在的需求是什么。

（2）掌握消费者真正的需求。数据分析并不能找出精确的消费者需求结论，但场景不断变化会改变消费者需求，科技的进步也会创造消费者新的需求。比如在汽车尚未出现之前，福特汽车公司做消费者市场调查时，得到几乎同样的答案：需要更快的马车。这也似乎告诉调查人员：什么才是消费者的真正需求？其实，"更快"才是消费者的真正需求，而"马车"只是一个解决方案。作为厂商来说，只能满足消费者的需求，而不能满足消费者的"需求解决方案"。

（3）开展定制化个性服务。定制化服务是一种个性化服务，定制化服务的核心是人性化，前提是掌握消费者共性的、基本的、显性的需求，强调一对一的针对服务，注重灵活性、因人而异和情感交流，让消费者感受

到独特的人文关怀。

▷ 3. 构建用户消费最佳场景

基于场景的设计是一项以场景为核心的系统设计方法，构建用户场景就应该紧紧围绕着消费者的需求设计系统，在设计过程中不断与消费者沟通，用创意的方法，使创建的用户场景最终能满足消费者需求。基本过程大致有：

（1）**建立观察场景**。在构建用户场景的初始阶段，结合消费者的特征，建立消费者模型，使用场景来描述消费者现状（观察场景），根据观察场景，建立消费者需求模型。

（2）**构建分析场景**。从观察场景中捕捉消费者的真实需求，在"用户思维"的指导下，分析观察场景，发掘和提取消费者的潜在需求。依据消费者行为目标和消费意向建立分析场景。就分析场景与消费者广泛交流、讨论，修正分析场景的不足，在分析场景逐步完善的基础上建立分析模型。

（3）**建立设计模型**。根据分析场景，由分析模型建立系统体系结构模型，并与消费者讨论修正，结合实现技术，给出消费者认可的设计模型，再根据设计模型给出场景描述的实现模型。

（4）**建立评估场景**。结合消费者需求分析，设计评估场景，选择消费者进行测试（测试场景），分析测试过程，从中查找设计上的缺陷，与消费者讨论，获取修正的意见、设计和实现的方案，反馈到各相关环节。

场景设计过程难以一次完成，需要反复迭代。迭代过程需要消费者的积极参与，实际上就是一个再分析消费者需求、再满足消费者需求的过程。

6.5

不落窠臼成功概率高

如今，移动智能网络如同空气一样渗透人们的生活，把人与人、人与信息、人与商业、人与外界事物紧密地连接起来。人们越来越感受到移动智能终端带来的生活方式和消费习惯的巨大变化，这些变化，既是机遇也是挑战。机遇在于，不同需求意味着细分的市场；挑战在于，这个世界唯一不变的就是变化，变化总是层出不穷，每一次变化都是一次创新、创业机会。身处其中的厂商面对巨大的商业利益，则需要适时调整产品创新方向和策略。"生活即场景"，人们生活的时空本身就是一个场景；"营销即生活"，营销本来就是生活的组成部分；"场景即产品"，基于移动互联网建立的场景又重塑了移动互联网，场景式营销应用于移动互联网并不是伟大创新，而是营销发展的必然归属，真正的营销应该是基于特定场景的营销。

可以想象一下，什么样的营销场景具有感召力、更能打动消费者呢？

▷ 1. 建立消费者乐于接受的场景

"场景"是营销必不可少的重要条件，但消费者并不是对所有场景都感兴趣并乐于接受。如何把营销场景设计得富有情趣、引人入胜，除了场景的内容足够有趣、巧妙布局以外，还可以借鉴文学作品中的一些手法。文学作品吸引读者的主要依"故事"取胜，故事曲折、精彩总是更容易得到共鸣，吸引读者，获得读者的认同。而通过技术和数据将产品故事与消费者匹配起来的"故事"场景，同样能获得消费者认可，因为人们虽然排斥广告，但都喜欢故事。"苹果"是一家特立独行、不循规蹈矩的公司，营销推广上特别会讲"故事"。苹果公司的产品广告，每次都是串联起用户使用苹果产品时温暖动人的小细节，用最直接的使用场景打动消费者。在介绍功能时，"苹果"不会平白无故地扔出一个新功能，然后吹嘘自己推出什么新功能，该功能如何如何强大等。而是要描绘一下使用场景，讲述一个故事：这是一个早晨，你刚刚起床，每天清晨先打开一个 APP，听一段舒缓的轻音乐，这时 iPhone 会根据你的习惯，在主屏幕下拉时出现 APP 的 icon，让你可以快速打开。或是描述另一个场景：每天你在健身房运动时都会听音乐，而这时当你给 iPhone 插上耳机，音乐就会自动播放。让"场景"介绍功能，不仅生动活泼，而且有代入感。

"陌陌"推广初期资金有限，选择的渠道是微博。开始"陌陌"只是发传统消息，说有新产品上线，亲朋好友帮忙推广一下，效果并不理想。后来"陌陌"开始把产品放在场景中讲故事，让消费者置身在特定的场景中，需要时可以随时拿过来用。一个小伙子领着母亲去协和医院看病，但挂不上号。于是，小伙子在走廊里刷"陌陌"，找出许多医生和护士，还拉了一个护士聊天。聊了几句很投机，小伙子便对护士说，我妈病了在医院，但挂不上号。护士马上说，没问题，我给你挂一个。小伙子的问题便解决了。

运营过程中，"陌陌"就是抓住消费者的需求特点，完成了场景式营销的转变，从一对一的网上社交场景，慢慢向社交、本地化服务转变，从线上渗透线下，取得了推广上的成功。

▷ 2. 场景式营销是一个"完整的营销体系"

我们之所以认定场景式营销是一个"完整的营销体系"，是因为场景式营销是基于移动智能终端普及和场景思维，围绕"消费者"这个中心展开营销工作。在营销过程中，密切关注和应对消费者与竞争这两条平行线的动态变化。场景与消费者需求息息相关，通过场景的不断变化强化与消费者的联系，让消费者在场景中自我归类，符合消费者的参与特点和习惯，并完成产品或服务的顺利转化，真正的营销应该且必须在特定的场景下完成。

是不是构建一个完美的"场景"就可以"横扫天下，高枕无忧地等待产品或服务顺利转化了呢？"当然不是！虽然场景式营销在企业营销中扮演着特别重要的角色，但场景式营销不是一个企业的全部，对于一个处在高速变化发展过程中的企业而言，想在场景式营销中获胜，更依赖整个企业的所有"链条"健康运行，而不是单单依靠场景式营销解决企业所有问题。

（1）**用场景思维着眼产品创新**。有一个典型事例对产品研发创新有很好的启迪作用：人们乘电梯都在阅读电梯广告，并不是广告的创意有多么好，而是电梯封闭空间带来的无聊感，促使人们去读广告的内容及细节，是"场景"的力量驱动人们去阅读。产品卖不出去，不一定是产品不够好，有可能是"场景"不对。产品已经成为场景下的体验，所以在产品设计和产品创新时，必须从应用场景下消费者的需求着眼，不仅要满足原来的工具性诉求，而且要考虑满足消费者情感，以及更深层次的个性化需求。

一般情况下，产品或服务在同一"场景"内的竞争是强需求替代弱需求，如"滴滴打车"推出后，冲击了交通广播，因为司机使用"滴滴打车"时，不便收听交通广播。产品或服务在不同"场景"内竞争，是高频次使用率的产品替代低频次使用率的产品。如"支付宝"用了近10年时间构建的支付习惯，"微信支付"仅用了几个月甚至一个春节的时间就抢占了"第三方支付"很大的市场份额。

（2）深刻了解用户。 互联网经济是"共享经济"，所谓共享经济，就是社会成员以不同的方式付出和收益，共同分享经济发展的红利。在共享经济中，每个人都是产品或服务的消费者，又是生产者，同时还是营销"渠道"。从这点上看，经营用户、充分了解用户比营销方式的选择还要重要。

了解用户，数据是最有效的分析手段。可以进行数据的收集、整理与分析，也就是利用"大数据"技术。全方位地收集用户数据，不仅包括一些基本信息、消费需求，还应包括消费者的生活习惯和偏好及文化背景，而后根据这些数据建立分析模型，构建出有利于引导消费者消费的场景。

（3）构建的场景应尽量详细具体。 市场不是一个单一场景单元，而是由多个共存的场景组成。消费者只会在明确具体而又符合自身需求的场景下，才会受到激发产生购买行为，场景越具体、越生动，对消费者的吸引力越大。因此，构建的场景必须符合人们的生活习惯和营销自身的基本运行规律，要让消费者自然而然地走进场景，让其感觉自然舒适，没有丝毫刻意雕饰的感觉。场景的变化也应顺其自然、水到渠成，正如"随风潜入夜，润物细无声"，让消费者在温馨、轻松的场景里自然消费。

▷ 3. 深入分析，挖掘营销场景

一些营销场景的设计不可谓不用心，但过分炫耀产品功能，内容也显

得杂乱无章。这些设计多是"创意"或"资源"驱动，也就是设计者从拥有的"资源"出发，想让"创意"尽可能往上加，唯恐遗漏了什么。造成场景推出后，因为重点不够突出而受到消费者冷遇。也有一些场景设计者抓不准消费者的真正需求是什么，凭借主观臆想，在场景中堆积产品功能，这样的效果也不好，并不能发挥场景营销的应有作用。为了取得一个理想的营销实绩，有必要对推出的场景分步骤进行分析、修正、改进和完善。

（1）**营销场景必须贴近生活。**以场景能够驱动消费者的购买行为，作为出发点和终极目标，这也是引导消费者发现新产品、制造消费者使用新产品空间的需要。如一个消费者在浏览网页时发现一个精美的背包，他会如何做出购买决策？一般情况下，消费者首先关注这个背包是不是实用、是不是够时尚、符不符合自己的个性，如果是一个理智、细心的消费者，还会关注背包的性价比、背在自己身上什么感觉、体现什么风格，甚至还要考虑背包在不同场合下是否合适，如旅游、逛街、爬山等，最后还有可能看看其他人有没有购买、有没有评论、是好评多还是差评多等。如果背包营销场景不能圆满地回答这些疑问，场景就难以触发消费者购买欲望，这无疑是失败的，等于没有场景。

（2）**如实地把真实场景展现出来。**公园里有一个"许愿缸"，一个装满水的鱼缸里有一条向上嘟着嘴巴的石鱼，缸底撒满硬币。游玩者把硬币丢下去，如果能幸运地落到鱼的嘴里，游玩者的许愿就能够实现。在这个场景中，发挥作用的已经不是"信任"，而是迎合游玩者"好玩"的心理，谁也不会考虑钱的用途。游戏激发了人们一时的兴致。场景中真实的因素有三个：游戏、小额钱币和许愿，缺一不可。如实地把场景中起作用的真实因素描述出来，而后转换为产品语言，这是场景分析的基础。一旦场景描述出现了偏差，后面的场景描述准确性自然难以保证。

PART 7

场景式营销设计原则

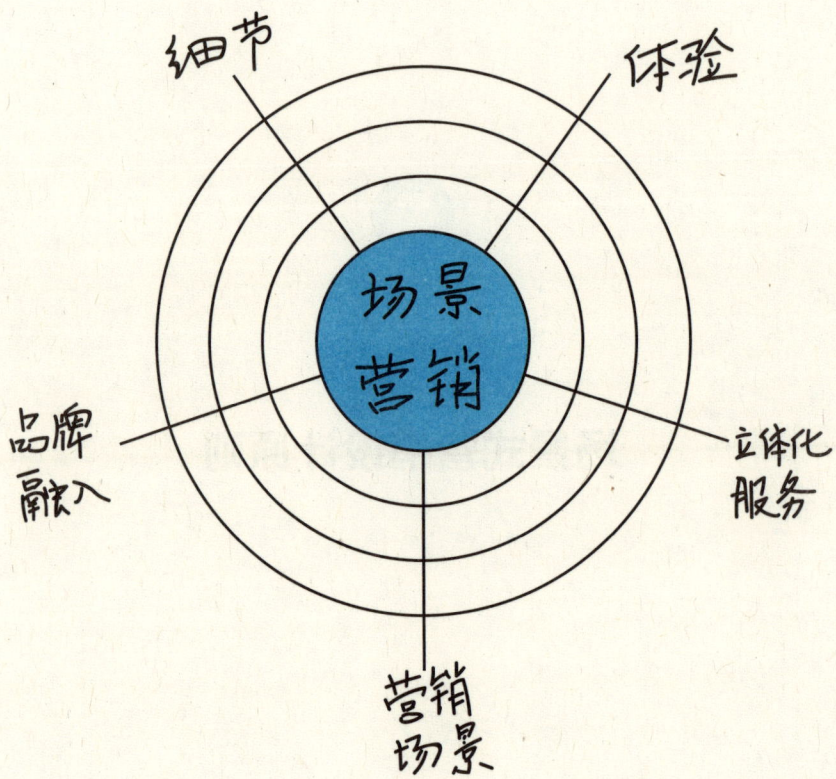

细节

体验

品牌
融入

立体化
服务

场景
营销

营销
场景

7.1

场景式营销的核心是"场景"

　　基于移动智能终端的场景包括以下三个含义：

　　（1）技术层面的场景。 技术层面的场景由 5 种技术力量联动作用：大数据、移动智能设备、传感器、移动定位系统和社交媒体。联动作用的成果是形成物联网，通过人与物的强连接，人类进入一个"无所不能"的场景世界。技术层面的场景，能精准了解消费者的需求，提供对应场景的解决方案。

　　（2）意义层面的场景。 生活即场景、营销即场景、产品即场景，消费者生活中的某个环节、某种生活方式、某种特定需求，都是一个特定场景。如春节、中秋节、"双 11"等各个时间点的需求，都会构成特定场景的要素；出行、教育和休闲等都会构成新的场景。从这个意义上理解，"春节红包""双 11 购物节"等都属于意义层面的场景。

　　（3）场景的构建与运营转换能力。 重点在于技术层面和意义层面场景的运营、拓展与生态的培养。在技术层面，除了技术能力的提升外，更重要的是把技术能力迅速推广普及到线下，让消费者对所处的场景产生感知；

在意义场景层面，除了对消费者需求的准确把握，更重要的是生态场景的构建和引导。

对于构建场景的营销者来说，只有深挖消费者营销场景，对消费者的需求和消费习惯做到了如指掌，根据消费者所处的不同场景，精准定制信息推送，在消费者最想购买的时候"候着"，及时推介消费者最想要的产品或服务，做到"想消费者所想"，才能取得营销的成功。而对于众多消费者来说，他们需要的不是广告，而是有价值的产品或服务，满足当下最迫切的需求。

构建具备怎样策略的场景才能够赢得消费者呢？人们常说，高度决定视野，角度改变态度。从企业自身营销和市场激烈竞争的角度入手，构建营销场景时必须找准切入点，充分满足三个维度要求。

▷ 1. 时间维度：见缝插针

移动互联网带给人们的最大变化是时间碎片化，加速新购物时代的来临。对于厂商开展场景式营销来说，既是挑战也是机遇。挑战来自三个方面：一是产品或服务同质竞争越来越激烈。原来一条街上一个店铺，现在一条街上十个店铺，商业机会减少。二是人口红利消失。以前只要有货就有消费者，现在新客人不再源源而来。三是整体消费者的消费习惯发生了变迁，不论是支付手段、消费场所，还是消费目的和消费方式，都发生了巨大变化。机遇来自于移动互联网改变了人们的行为方式和习惯，时间碎片化在购物消费维度上做了一次"加权重构"：购物时间和空间同时发生巨大变化。越来越多的购物场景瞬间就能激发消费者的购买欲望，加上极为便利的购物场景，购物时间成本降低，购物消费成了高频习惯。无论等车看手机、电脑前刷微博，还是在微信朋友圈，随时随地都能进行"购买"，简

单到仅仅是划动手指，几乎没有任何障碍，甚至让人忽略了货币的存在和购物消费形态。以前购物消费多以"价格"为导向，现在变成了以"场景"为导向，购物应消费者所需随时出现，从萌发购物欲望到完成钱款支付，再到快递送来产品，全链条实现了"无缝连接"，购物本身也成了其他场景的一个元素。

一个人一天只有 24 小时，除去常规的吃饭、睡觉之外，对于移动互联网碎片化环境来说，占领了消费者的碎片时间，就是占领了"最重要的位置"。当营销场景进入消费者碎片时间，消费者打开手机页面，就能立即看到需要的推介信息，这就是最大的价值。也就是说，在消费者极为宝贵的碎片时间里，如何"见缝插针"，选择最佳时间节点切入营销场景，推出相关的产品或服务信息，这是场景式营销成功的关键。

在这点上，众包地图 Waze 的做法值得借鉴。创立于以色列的众包地图应用 Waze 不仅能为用户提供强大方便的导航功能，还能引导消费。比如，当用户开车去上班时，Waze 能帮助用户避开最拥堵的路段，还会在用户等红绿灯时，弹出广告特别提醒用户可以路过星巴克买上一杯提神的拿铁咖啡；再如，当用户去沃尔玛购物时，Waze 会贴心地弹出银行自动柜员机的位置。Waze 时间点把握得极为精准和贴心，甚至让用户产生一种错觉：真比自己还要了解自己。在地铁车厢里，拿着手机看资讯的年轻人随处可见，可是会经常出现信号不好的情况，对着离线页面只能干瞪眼，新加坡图书出版商利用这个场景，把推介图书中的精彩章节植入这些离线页面，当用户访问网站遭遇断网时，就会看到这些章节段落和书店的网址，这既能帮助用户打发时间，又能给书店带来生意，时间节点把握得十分巧妙。这对构建场景式营销大有启示：构建的场景要贴近消费者，主动进入消费者的碎片时间，将购物场景植入消费者的生活场景，随时出现、随需出现。

▷ 2. 空间维度：营销场景

基于移动互联技术智能终端所形成的连接重构，是以人与人的连接为基础，以线下线上连接为目标，以场景为出发点。这不仅让场景变得支离碎片化，并随着消费者的"移动"而不断变化，而且场景空间"类型"也在拓展。之前人们生活空间大多是构建在线下物理"空间"，如家居卧室、办公室、超市商场、娱乐场所等，但在移动互联网时代，虚拟空间为消费者提供了更多、更大的"空间"，如网络游戏、点播视频、社交媒体、网上购物等。虚拟空间产生的"场景"，同样能给消费者带来前所未有的新奇体验。其中，有些场景可以直接实现以前必须通过线下消费实践才能得到的体验，甚至是人生价值。譬如某用户在单位里可能仅是一个普通办事员，除了他自己谁也管不了，但他可能也是具有成千上万个"粉丝"的微博大 V。当消费者带着手机走南闯北之时，等于随手携带了一个"GPS"，其所处位置根本不是秘密，想找到他轻而易举。地理位置对营销的重要性不言而喻，不同场景，用户的消费需求也大不相同。如解决口渴是人最基本的生理需求，但在不同场景中会产生不同的需求。居家赋闲时通常会选择白开水，参加会议时会选择矿泉水，商务谈判时会选择咖啡，运动过后会选择功能饮料，而几个朋友坐在一块闲聊，茶可能是大家的共同选择。再如，据一项调查资料显示：爆米花在电影院卖得最好。为什么不是糖果而是爆米花销量最大呢？不论是从营养还是卫生角度上，爆米花都不能算是营养健康食品。但如果从场景的空间维度上分析，这问题就比较容易理解了，爆米花成了情侣看电影时的道具，被定义为情侣约会的"标签"：两只手同时伸进爆米花纸桶会肌肤相接，这种微妙的刺激难以言喻，两人心理上的距离瞬间拉近，远非其他食品所能达到。爆米花、电影院在特定的场景下组合成一种跨界混搭，这种混搭增加了消费者在特定场景下的情感体验，价值的敏

感性取代了价格的敏感性，爆米花在电影院销量好，自然顺理成章。

因此，在搭建营销场景时，要注意建立产品或服务与场景空间的关联性，培养消费者形成在特定场景下自然而然地联想到对应产品的习惯，这样才更有利于产品或服务的营销。如果没有关联性或关联性不强，就很难形成消费者产品依赖，更难以形成消费者使用产品或服务的习惯。同时还应注意让购物场景随处可见，并想方设法缩短消费者的购买路径。

▷ 3. 关系维度：口碑效应

移动互联网促成时间碎片化，每个人都有"充分利用时间"的愿望。购物消费不像在商场超市等实体店那样固定和正规，也不像在 PC 电脑端那样定时和正规，购物变成移动生活场景中一个碎片时间的合理利用。新时期购物呈现出简单、快速、冲动等特征。由于是在碎片时间里完成购物，没有耐心去讲价、货比三家，而是直奔主题，完成购买。其间，消费者对价格并不十分敏感，更加关注的是购物过程的流畅和快捷。消费者在完成选择、购买后，往往对产品或服务在朋友圈进行分享和跟帖评价。当越来越多的消费者沉浸在微信、微博等社交媒体上时，购物与社交两个风马牛不相及的行为，通过"口碑"联系在一起，这些分享或评价都有可能影响或推动其他消费者的购买决策。在朋友圈聊天得知某个产品物美价廉，或看见一个跟帖推荐立刻下单购买，这些场景成为日常现象。由购买分享感受而产生"口碑效应"，又因为口碑带动新的购买。值得注意的是，"口碑效应"是一把双刃剑，既可能带来产品的火爆大卖，引来大批消费者或"粉丝"；也有可能是场灾难，当消费者对产品或购买体验不佳时，消费者"吐槽"的负面"口碑效应"，因互联网呈几何级数迅速发酵扩散，从而对产品品牌带来毁灭性打击。

所以在构建营销场景时，要特别关注改进产品和消费者体验，营造良好的购物氛围，重视移动社交媒体营销，培养一大批产品的忠实用户和"粉丝"，让消费者相互影响，借助社交媒体和人与人之间关系，促进产品营销。

7.2
营销场景的细节要具体

与传统营销争夺"地盘、渠道"，互联网争夺"流量、入口"不同，移动互联网争夺的是"场景"，即营造一个足以影响消费者萌发购买欲望的营销场景，让消费者在不知不觉中实现消费行为。目前，占据移动互联网领先地位的企业，无不在构建场景方面有所建树。"陌陌"凭借帮助用户构建了一个与微信截然不同的陌生人交友场景，在微信、微博等社交媒体林立中傲然独立；"小米"构建了一个小米手机用户能进行各种操作的场景，同时成就了自己的智能硬件帝国；阿里巴巴则通过自己完善的生态服务，无时无刻不在构建支付宝的支付场景，创造了余额宝的辉煌业绩。

争夺场景的关键点是覆盖，覆盖的面积越大，其效果越大。构建营销场景需要一些巧妙方法，同时还要遵循一些核心原则。细节具体、生动就是构建营销场景核心原则之一。"细节决定成败"，很多营销之所以没有达到预期的目标，大多败在一些细节上。一位推销笔记本电脑的推销员，在给用户演示如何使用时，用尽浑身解数竟然无法启动电脑，忙得满头大汗，用户却幸灾乐祸地看着。可电脑就是不配合，一点反应没有。后检查发现，

电脑品质没有任何问题，而是电池没电了。原来是忘了充电，出门前又没有认真检查。这位推销员的推销结果可想而知，消费者自然选择了拒绝。由此可见，细节多么重要！在场景式营销中，细节同样重要，细节越具体、越生动，感染力越强，对消费者的影响力和推动力越大。

▷ 1. 场景式营销的细节

所谓"一叶一菩提，一花一世界"，生活本身就是由无数细节组成的。场景式营销也是如此，一般而言，营销场景也包含无数个细节。大到当地风土人情，包括人文环境、经济状况、消费习惯，小到消费者一个表情、一次抱怨，以及营销场景设计人员的一个创意等，细节存在于每一个环节，是场景式营销的重要组成部分。在构建营销场景时，如实地挖掘现实生活场景，找到真正能触发消费者购买欲望的要素以后，把产品植入场景并转化为场景语言或画面，让营销场景变得生动、鲜活起来，获得消费者青睐，其中的每一个细节都将发挥至关重要的作用。正如韩剧以其精致时尚的内容制作在全世界得以推崇，获得众多追捧一样，不仅剧情题材具有非凡的突破，还在场景细节铺设方面，力求每一个物件都能散发出细腻的情感、融入艺术美学的生活场面，被誉为"台灯法拉利"的拉梦艺术台灯常在剧中出现，营造出艺术、舒适、浪漫的生活场景。

▷ 2. 串联细节要有取舍

构建营销场景是一项系统工作，以人为中心，用数据分析技术把人在不同细分场景下的需求挖掘出来，然后将植入产品信息的营销场景展现给消费者。所以，营销场景的整体风格、表现形式确定之后，具体构建过程

就是把真实生活场景、虚拟场景和植入产品信息场景的无数个细节串联在一起，这些细节是构成营销场景的"血与肉"，与影视作品和文学作品中的细节类似。细节选择要有取有舍，否则就会让场景主题不突出，显得杂乱无章。选取的细节一定要有"记忆点"，认知规律告诉我们，信息接收者最感兴趣且最容易记住的信息，往往是与自身利益或需求有关联的内容，关联程度越紧密，越容易引起消费者的注意、共鸣和记忆。因此，营销场景的记忆点不一定是产品的品牌名称，也不一定是产品需求属性，但一定是与消费者利益息息相关的某一个需求。记忆点是一个关键的"细节"，需要营销场景的设计者发现或创作，一般是根据产品或服务的差异和定位，为产品或服务找出恰当的一句话或一个词让消费者记住产品或服务。这句话或这个词一定要新颖、独特，体现产品与同质竞争产品的最大优势，突出其个性，同时还要容易记忆、方便传播，能充分代表产品的发展趋势或者给消费者一种新的生活体验。串联细节要以人和产品的交互体验为主线，无关的细节可以舍去。同时避免走入误区，一些夸大其词、不切合消费者生活实际的"细节"更要坚决舍去。消费者在不知道产品能为自己带来什么好处时，是不会产生购买欲望的，因此，有的设计者把产品功能无限度夸大，宣传得神乎其神。事实上，把一个产品描绘得太过夸张，消费者是不会相信的。当一个产品夸大为无所不能时，也是产品的生命走到尽头之时。因为，产品与消费者的期望值差距太大，满意度降低幅度自然越大。

"三株口服液"早期迅速为消费者所接受，除广开渠道铺设网点和营销手段高超外，其产品宣传点为"喝三株、肠胃舒"，满足了消费者的切身需求。但后期即使没有出现"常德事件"，"三株"也难以存活持久，因为"三株"已经被夸大成为包治百病的"神水"了。"脑黄金"不被广大消费者所接受，也是因为被宣传得太神奇了，竟然信誓旦旦地承诺"学生喝脑黄金，保证考上大学，考不上大学退款"和"让一亿人先聪明起来"。

有这样一个故事，毕加索家中失窃，毕加索和他的仆人在凉台上都看见了盗贼逃跑时的模样。两人各画了一张小偷的画像，警察按毕加索的画像去抓人，怎么也抓不着，后来按仆人的画像居然抓着了。难道毕加索不如仆人画得好吗？当然不是。只是因为毕加索在画的时候，出于艺术家的本能顺手做了艺术加工。若论真实性，确实不如仆人准确。毕加索准确抓住动态、心理，画出小偷仓皇逃走的状态。仆人的画像则更像照片，用来缉拿小偷非常管用，用作欣赏则没任何价值。毕加索是艺术家，为捕捉人物的本质，而忽略了一些细节。

▷ 3. 细节要合情合理，具有可执行性

场景式营销中的场景，最为重要一点是突出"营销性"，用串联的细节抓住消费者心理，让消费者相信产品的性能和特点，从而达到营销的目的。

有这样一则寓言：为了对付猫的袭击，一群老鼠开会讨论对象。公认最聪明的那位老鼠提供了一个最佳办法：在猫的脖子上挂一个铃铛，在猫行动时，铃铛便会响，听到铃声响的老鼠，不就可以及时逃掉吗？所有老鼠都认为这是一个绝好办法，但都忽略了一个最重要的细节：如何给猫挂上铃铛？又由谁去挂？如果意识到了这一点，谁还会认为这是一个好主意？

细节问题不解决，想法永远只是想法，终究是一个永远无法实现、没有任何价值的空想而已。"给猫挂铃铛"成了鼠辈空话、人类笑话。"天下大事，必做于细。"场景式营销也是如此，任何一个决策和方案，都要想到细节、重视细节、落实细节，对任何细节的忽略，都可能导致营销的失败。

国内航班延误司空见惯，旅客对延误险的需求很高，携程网曾经与太平洋保险联合推出"航班延误险"，投 20 元延误 4 小时就可获赔 900 元的

航班延误。产品面世后理应热卖，但事与愿违，几乎无人问津，很少有旅客想到购买航班延误险降低风险。即便大幅度降低保费和优惠促销，仍然起色不大，仅有4%的乘客购买了航班延误险。显然，这不是一次成功营销。

　　问题出在哪儿？问题还是出在细节上：①"航班延误"界定上仍然存在争议。"延误"是按航班起飞时间还是按到达时间，规定不明确。同时，航空业是高风险行业，航班延误的原因很复杂，不可控因素多，航空公司不愿意也不可能承担所有延误责任。②航班延误赔偿缺乏刚性约束。按照民航的规定：乘客遇到航班延误，就应该给予赔偿。但在实际执行中，常常是"小闹小赔、大闹大赔、不闹不赔"，甚至还发生过拦机维权的过激行为。许多乘客对此表示不满：如果航空公司机械故障等原因造成的延误，凭什么要乘客埋单？③保险理赔程序烦琐。按延误险理赔程序，乘客需要向保险公司航空公司提供航班延误证明、索赔登记表、登机牌、身份证复印件等，甚至还有严格限制，如限定在航班到达2天内提出索赔或5天内提交材料。乘客普遍反映：这么费劲，就为索赔那几百元？没有时间陪他们玩！

　　没有兼顾细节的服务，消费者自然不乐于接受。

7.3

体验营销场景与占据碎片时间

移动互联网带给人们最大的变化之一，是都市生活节奏加快和时间碎片化。对于厂商来说，能否充分利用碎片化时间带来的商机，研发生产出具有碎片化时间特征的产品或服务，同时采用场景式营销吸引用户、占据消费者的碎片时间，成为获得市场份额、取得营销成果的关键。

▷ 1. 碎片化时间的分类与特征

碎片时间与生俱来，每个人在生活中都或多或少地有一些零散时间，如餐厅等餐、排队、乘坐公交、课间及放学后等。这些零散时间被称为碎片时间，随着动智能终端设备的普及，碎片时间越来越多。即便再有条理地安排个人的工作和生活，也无法避免碎片时间的产生。尽管碎片时间都是零散、短暂的，但往往因每个人的不同情况而有不同类型。如移动终端设备的高端用户多在工作中、候机、路上、会议等，表现出难以预测、临时性高、极其零散的特点；移动终端设备的终端用户多在公共交通工具上、

工作间隙、排队等，表现出容易预测、稳定、零散的特点；移动终端设备的低端用户多在等车、等餐、睡前、工作或课间间隙等，表现出比较稳定、容易预测、碎片时间较长、临时性不高等特点。

不管移动智能终端设备的高端用户，还是中端、低端用户，其碎片时间都有以下共同特征。

（1）随机性。不能轻易预测碎片时间会在什么时间出现和产生，有些会在比较固定时间段内出现，如学生的课间、上学放学路上等时段，但更多的时候，碎片时间很不确定且具有临时性，常常出现在人们的意料之外，如路上突然堵车、就餐需要排队等。

（2）零散性。碎片时间通常不连续，具有分散特点。由于用户使用移动智能终端的行为，一般穿插在日常生活工作中，虽然单次会话时间一般很短暂，可能会 5 分钟在上午、10 分钟在中午，造成人们经常忽略碎片时间的存在，但大量碎片时间累加起来就是一个较完整时间。

（3）随意性。人们通常不愿意在碎片化时间里完成较为重要的事情，更多的是为避免浪费，而找来一些无关紧要的事来打发、消磨这部分时间，从大多数人在碎片时间里做的事情看，基本上是玩游戏、看视频、听音乐、读小说等，所以碎片时间常常被称为"垃圾时间"。

（4）差异性。碎片时间个性化特征十分突出，每个人因年龄、职业、身份（社会地位）的不同，每个人碎片时间的分布、长短也各不相同，因此，整合碎片化时间的难度非常大。

▷ 2. 碎片时间蕴藏巨大的商业价值

根据工信部发布的数据显示：到 2016 年 8 月底，中国手机上网用户已突破 10.04 亿，人均日使用流量 800M，同比增长 60%，再创历史新高。

数据还显示：移动短信和移动通话量持续下滑，漫游通话量增速呈回落态势。另据工信部调查显示，截至 2016 年 10 月底，我国已经升级 4G 的手机用户占比高达 54%，3G 手机用户占 14%。根据访问频次、访问场景、访问内容细分对淘宝用户跟踪的一份调查表明，每天用手机上网 15 次以上的用户是主流群体，约占移动智能手机总人数的 54.6%；一般睡前是全天中最高的访问场景，约占 82.3%；此外，工作间隙、等待时间、休息时间上网的手机用户约占 60% 以上。手机用户访问内容所占用时间从高到低依次是：查看新闻、使用即时聊天工具与他人沟通、网络购物及看视频、听音乐和玩游戏等。据一家购物导购平台披露的资料显示：平台每天出现 4 次访问峰值，上班前时间、午餐时间、晚餐时间和睡前时间，特别是晚上 22 时是全天的最高峰值。每人每天平均有多少碎片时间呢？据抽样调查结果显示：以大中城市白领为例，每人每天碎片时间大约为 3.5 ~ 4 个小时，有些人因工作关系，碎片时间甚至更多。

每人每天这么多碎片时间价值是多少呢？如果从生命的价值角度来说，碎片时间的价值不可估计，因为生命无价；如果从时间用于工作所产生的价值角度来衡量碎片时间的价值，则因人而异，因为每个人时间价值并不一样。有闲散时间就能充分利用，就有套利空间，也就有了商业创新。

时间利用的分散性很好地诠释了碎片化时间的商业价值。完整的时间资源变得越来越稀缺珍贵，而商家需要消费者一个完整的时间投入，显然是不现实和不可能的。一般来说，有两种方式可以实现套利：一是减少碎片时间；二是转换碎片时间。商家已经注意到碎片时间的客观存在，并尝试利用或加以整合。在减少碎片时间上，目前创新较多，如银行、医院、公交、餐馆等量化投入与客户满意度取得平衡，推广手机排队挂号、手机可以实时看到公车到达时间、手机航空选座等，努力减少客户等待时间；在转换和利用碎片时间上，提供娱乐、购物等效用时间替代碎片时间。如

许多商家推出基于移动互联网的车载电视、移动游戏、移动阅读等；如"海底捞"的饮料、棋牌、美甲服务让客户等待时间变得有趣；淘宝、京东等都在积极布局移动端，这是一个典型的将碎片化时间，转化为消费类的商业效用过程。不论是海底捞、淘宝、京东或是国外一些移动开发商，实践已经证明：用户碎片时间（或称为垃圾时间）在商家眼里是不可多得的"黄金时间"，是一座有待开发的"金山"。

▷ 3. 碎片化时间场景化

虽然依托于碎片时间的广告内容同样能送达消费者，但传播免不了像蜻蜓点水一样分散，其方式是浅层的，内容是分裂的，同时，由于人们的时间碎片化，再加上日常接触信息太多太杂，消费者本能地拒绝广告，这种广告串联起来的品牌宣传，让消费者最终也难以形成整体印象。场景式营销则不同，场景式营销基于移动智能终端普及的优势，进一步提炼碎片时间的价值，透过多场景跨界技术布局，实现与网上用户全场景无缝覆盖，用一个个贴近用户的实际生活场景，让消费者置身于营销场景中，深化产品或服务体验，在亲切自然的状态下，触发其购买欲望，接受商家提供的消费。

构建碎片化购物场景显得异常重要。以前，购物消费本身就是一个场景，消费者需要在特定的购物场所（如商场超市）内完成购物过程。随着移动智能终端技术的提高，有了电子商务、网上商城、第三方支付等工具后，网上购物除了本身是场景外，同时又成为其他场景的一个元素。购物场景经历了时间、空间的多层次巨大变化：从逛街遛商场到坐在电脑前搜索下单，再到在碎片时间里随着场景变换，随时随地满足购买欲望。与购物相匹配的各种因素，都变成在手机屏幕上的自由切换和平滑调度。所不同的是，

这个场景受到消费者碎片时间的制约，也表现出碎片化特征。碎片化场景驱动和改变了消费的碎片化决策。场景碎片化背后的本质是什么？是让购物随需出现，从构建营销场景、产生购买欲望到完成钱款支付再到产品消费，全过程无缝连接，整个链条顺畅滑动，没有任何障碍，甚至让用户忘记"购物消费"。

▷ 4. 营造线上线下融合的体验式场景

在所有营销活动中，体验式营销是一种拉近与消费者距离、创造价值最直接的经济活动。体验式营销离不开营造轻松愉快的场景，场景式营销也离不开消费者的深度体验。构建最佳体验消费场景，既能帮助消费者减少和转换碎片时间，也是进入并占据消费者碎片时间的主要方式。但构建体验式消费场景难度比极大：由于手机屏幕和内储容量小，信息承载量稍大就会超过手机负荷。碎片化场景只能在页面上跳转，影响消费者浏览心情，同时不完整信息与缺失内容又不能满足消费者体验需求，无法强化对产品或服务的认知，不足以刺激消费者做出购买决定。

如何合理布局，优化用户体验，更好地符合消费者"胃口"？这里需要注意以下几点：

（1）**找准植入时间点**。在最恰当的时间将产品或服务信息植入消费者生活场景，触发消费者购买欲望。

（2）**找准切入空间点**。在最合适的场所营造购物消费场景，利用搜索引擎、社交媒体找到消费入口。

（3）**发挥消费者"口碑效应"**。在网络虚拟社区，具有相同爱好、相同志趣或为某特定目的聚集的"圈子"逐渐形成，体现出多元化、多样性和开放性特点。"圈子"的文化价值在于，消除了地域隔离，降低了沟通成本，

为无数消费者提供了一个交流平台，形成一种全民参与、共创品牌价值的氛围。场景式营销可以充分利用"圈子"广大的"人脉"资源，实现人与人之间的强连接，利用社交关系推进营销。

（4）**带给消费者深度体验**。当需要将更多的产品或服务提供给消费者时，体验式消费场景就显得特别重要。要求从消费者体验入手，线上与线下联动，与消费者建立真正的沟通，将产品或服务信息精准传达给消费者，在运用场景内容吸引消费者参与同时，还要提供更多的产品或服务体验，给消费者超出预期的满足感。

7.4

将产品品牌融入场景

"让广告不像广告，让营销趋于无形"，能够"润物细无声"传播品牌信息，诱发消费者产生消费行为，是场景式营销追求的目标之一。

如何实现这一目标？通过对消费者的生活细节、生活诉求的挖掘与再造，寻找最佳生活方式及最佳生活场景，并将生活场景重构和组合，体现背后的深层次消费需求，是实现这一目标的有效途径。

生活服务场景是商家创造的特定服务舞台，是服务有形展示的综合物理环境。由于人们的行为会受到客观环境的影响，再加上服务的无形性、生产与消费的同时性及服务的体验性等特征，生活服务场景影响消费者的信仰、情感、行为、身体反应，引导消费者进入场景体验，进而产生消费欲望。生活服务场景在营销中占重要地位，主要体现在以下几方面：影响消费者改善对服务的印象；通过感官刺激，让消费者感受到服务给自己带来的好处；有利于展示服务能力和服务质量，提高消费者的服务感知质量；有利于服务人员与消费者交流，引导消费者对服务产生合理的期望；对服务进行"包装"，塑造企业服务形象，凸显服务的特征和优点，融合、体

现品牌形象，有利于差异化经营战略的推广等。

生活服务场景根据消费者所处的环境、服务的类型不同，展示的服务场景也应该有所不同。每个人每天都要经历无数场景，每个生活场景都会产生不同的用户需求。如消费者在餐馆等餐，不排队就是用户的即时需求；用餐时，不知道吃什么，美食推荐就是这一场景的用户需求，而这些需求正是产品或服务营销的最佳契机。那么，该如何抓住这一有利时机呢？

▷ 1. 给产品或服务取个富有场景化的名字

品牌，承载更多的是消费者对产品及服务的认可，是商家与消费者购买行为之间互相作用衍生出的产物，是消费者对产品及其文化价值的认知程度。场景式营销的基本思路是以社会现实和人性洞察为基础，将品牌融入人类情感或现实场景，从"推销产品"转为"改变生活"的理念，把本身的营销还原到消费者的真实场景之中。其核心是以消费者的生活为原点，通过生活中人们生活的内容、社交、分享等情感类场景或人们所处的大众舆论、新闻事件、国家经济政策调整等社会大场景，实现产品或服务品牌与消费者的连接，触发人们参与和体验，进而达到品牌传播的创新思维，让品牌成为消费者体验的组成部分，为品牌注入活力。举一个实例加以说明，很多人认为注册一个商标就是品牌或产品名字，中国汉字就那么多，好的名字和好的商标早被其他人用过了。其实，厂商做产品或服务，不仅是为了注册一个商标，而是为了起一个合适的名字让消费者能够很好地理解，使这个产品的特点和作用一目了然。并且能够让消费者喜欢。所以，产品或服务命名时必须充分考虑场景化因素。如市场上有一款产品"夹馍酱"，这个名字不一定能注册，但消费者只要看到产品的名字，就知道这个产品是干什么用的，中国北方地区就有这样的生活习惯，这个产品就是用来夹

馍吃的。另外，还有一款产品"六个核桃"，在众多的核桃乳类产品里独树一帜，非常生动、形象、有想象力。

▷ 2. 产品包装要做到场景化

企业产品或服务包装，绝不仅仅是图好看、保护产品便于运输，更重要的是能吸引消费者注意力，说明产品的特色并给消费者信心，形成良好的总体印象，刺激消费者完成购买。因此，产品包装要寻找与消费者有关联的元素，在特定场景下对产品进行包装，以期引起消费者共鸣，让消费者看到产品包装就觉得亲切、熟悉，有一种似曾相识的感觉，熟悉感让消费者产生接受产品的心理。如厨邦酱油的包装就是绿格子，绿格子是 20 世纪七八十年代很多家庭餐桌上的餐布款式。这个餐布其实是当下很多主力消费人群童年的一部分，现在很多家庭的主人小时候在家吃饭时都会用到这样的餐布。餐布用作产品包装的主色调，就是唤起消费者的温馨回忆，并与厨邦关联起来，这些关联是很强的记忆点。

这是场景包装的另一种高级表现形式，通过这样的包装，能让消费者更好地理解产品。

▷ 3. 营造终端场景化

终端场景化营造是场景式营销中非常重要一部分，能不能在营销终端营造出场景氛围，是营销能否成功的关键一环。主要包括以下两个方面：一是场景氛围营造，要让产品终端形成一种场景，这个场景是消费者曾经特别熟悉或者曾经历过的一种氛围。如免费品尝就是一种场景，雀巢咖啡这么多年来在营销终端始终做着同一样事情：品尝香浓的咖啡。再比如近

年来国内调味品行业里崛起的仲景香菇酱产品，在产品上市初期，不断通过"品尝"这个场景，让消费者认识这个好产品。营造终端场景看似简单，但做好并非易事，需要注意很多细节。比如，怎样进入消费者碎片时间，如何让消费者对产品感兴趣、如何刺激消费者购买等。二是建设终端媒体化场景。主要通过"听、看、说"完成任务。听，在终端布置大屏幕显示场景，播放与产品有关、经过精心设置的内容，这些内容都是消费者关注，并能够对产品销售产生影响的内容；看，所有终端的促销物料统一，促销人员着装统一，整体终端布置与产品的特点做到高度一致；说，所有销售人员都使用标准的产品介绍语言和标准统一的销售技巧。

通过这些方式，让消费者进入这个人工构建的特定销售场景后，既可以看到，又可以听到，还可以品尝，效果自然最好。

▷ 4. 营销推广的场景设计

营销推广场景化有几个要素，包括广告语、宣传口号、推广手段、传播途径等。其中有两个关键环节，一是推广现场的场景化设计和推广过程的场景化设计。推广现场的场景化如上面所述，推广过程的场景化设计是通过产品展示、演示、讲解、互动等环节，让消费者在这样的场景中不断地参与、体验，因为只有通过参与并深入体验，才能够对产品有深刻的认识。二是消费者诉求场景的设计，通过明确的消费诉求，提供给消费者一个生活消费场景。在生活消费场景诉求方面，"农夫山泉"做得比较好，"农夫山泉"的产品有农夫果园，广告宣传语的旁白说，"农夫果园"喝前摇一摇，广告画面上呈现上有一个大胖子和一个小胖子，就是一个父亲和儿子。这个广告的创意场景很好，画面富有美感，非常贴切形象。用一种消费场景呈现的方法，把产品的卖点及优势、趣味性全部有机地融合在一起。这是

一个消费诉求的场景化，遗憾的是，像农夫果园这种类型的广告很少能见到。

▷ 5. 交易过程的场景化

产品或服务的交易完成过程，远不是消费者交款、拿走产品或享受服务那么简单，交易完成过程既是对产品或服务的一次高规格检验，也是产品或服务实现价值的关键环节，这个过程最重要的是给消费者仪式感。

何谓仪式感，目前尚没有统一定义，简单理解就是参加某种仪式受到尊重的那种感受。如古时皇帝为追求仪式感，要求臣子朝见时的心情是战战兢兢、如临深渊、如履薄冰，在心理上形成威慑，让百官恭顺，然后怀着虔诚认真的态度办事。仪式感具有震撼人心的力量，一个众多人参加的仪式，可以突出文化的力量，激发和凝聚团体斗志。通过文化强大的穿透能力产生某种效果以感染别人，同时增加一些生活情趣。这正是场景式营销注重仪式感的原因所在，在产品包装设计及销售终端为产品或服务营造仪式感，使产品或服务延伸出巨大附加价值，让生活变得有趣，令人印象深刻，给消费者带来心理满足，同时添加独特的自我认知标签。如法餐人均 500 元以上的消费水准，单论菜品无论如何也不值此价钱，但消费者仍感到心满意足，发挥作用的正是"仪式感"，法餐复杂的烹制、调味、摆盘，是以技艺门槛体现仪式感；汤、头盘、主菜等严谨上菜顺序，是以流程体现仪式感；恰到好处的服务，与主厨、领班一对一交流，是以尊敬体现仪式感；位置、建筑、设施公共空间与私密空间分配，是以环境体现仪式感。

无论何种品牌的产品或服务，只有真正洞察消费者的消费场景或心理需求，并通过场景式营销推动，才可能完成产品或服务交易过程的闭环。

7.5
构建立体化服务场景

在文学和新闻作品中，典型的立体化场景描绘往往是最富有表现力的妙笔。场景式营销也是如此，针对移动互联网和智能手机普及后，消费者流量入口呈现碎片化、传统商业规则已改变、单向的商业销售通道难以满足消费者更高体验诉求等特点，需要构建立体化场景，通过立体化场景带给消费者更加良好的体验。通过消费者互动产生口碑效应，让营销变得更贴近消费者，更富有情趣和成效，以适应大众生活方式及消费习惯的改变。

场景式营销中的立体化场景不是单一的场景，而是不同的场景多维组合，是基于不同元素组合而成的立体架构。主要包括：以消费者为核心，既包括产品或服务、时间、空间，也结合了消费者的接触点和消费状态，并以移动智能终端为中枢而构建的立体化场景式服务。

▷ 1. 立体化场景的技术"支撑点"

从本质上说，实施场景式营销需要三个技术支撑点：数据支撑、分析

支撑和触点支撑。其运作过程首先需要多渠道、大规模地了解消费者，了解产品或服务；然后通过分析挖掘场景，进行消费者分群；最后需要对触点进行把控，做到针对不同消费者，在最合适的触点环境推荐最适合的产品或服务。

在数据支撑方面，主要是数据采集，包括消费者会员信息、消费行为信息、刷卡信息、运营商数据等，在掌握消费者大量数据后，系统就能对每个消费者进行画像和客户分群，然后再细分客群，给不同的消费者确定一个数据维度和标签：消费者基本属性、消费者消费分层、消费者兴趣取向、消费者人际关系及与他人的关联、消费者经常活动的区域等。

在触点支撑方面，线上销售的触点是单一的，线下的销售触点却呈现出多元化的特点。消费者可以通过手机端的短信、微信等社交媒体接触线上的购物中心，也有可能通过购物中心的广告、智能大屏，甚至人工服务接触购物中心。由此可以看出，场景式营销的基础是对大数据的充分运用，即商家通过大数据技术感知消费者所处的场景，并深入挖掘消费者需求和喜好，进而将消费者的实际生活消费场景与互联网实时结合，构建出精准有效的"解决方案"。

在这方面，新加坡旅游局做了有益的尝试。2015年3月，新加坡旅游局根据数据分析得知：近年来新加坡已经成为中国境外游客钟爱的旅游目的地，主要原因在于其独特的风光景区和特色美食，但是购物并不十分突出。针对这一特点，旅游局与当地商铺合作，推出特别的优惠折扣，借此吸引更多的中国消费者来新加坡观光旅游并激发更多的购物欲望。

基于场景的观察，新加坡旅游局同时在网络上推出一款H5的游戏，引导消费者的购物诉求，线上可以实现购物优惠券查看与下载、持手机端便可前往线下商铺购物等。直接打通从线上获得优惠信息，到线下出境旅游的路径，并将优惠前置，影响消费者的旅游决策。

▷ 2. 立体化场景结构是"触点"

线上与线下商业模式的价值，在于商家与消费者之间可以实现便捷性的实时连接。也就是说，消费者出现在哪里，商家的营销服务也可以随时延伸到哪里。这意味着商家要尽可能全面构建与消费者"触点"，把触点延伸到消费者生活中，让产品或服务拥有更多接触消费者的机会。

消费者的生活状态包括时间维度和空间维度。"分众传媒"延伸触点的方式是基于空间维度，占领消费者的生活路径，包括工作所处的写字楼、生活所处的住宅楼、娱乐所处的电影院等，构建出一个"生活圈"媒体；而阿里巴巴则选择基于时间维度来延伸"触点"，包括选购、支付和物流配送等网络购物一系列的环节，其目的自然也是为了占领消费者的"生活圈"。此外，商家在充分考虑消费者的时间与空间的立体化"触点"后，还需要针对生活中的每一个细节去挖掘更大的商业价值，如"滴滴打车"利用的就是消费者在特定时间与空间下，生活与工作连接点上的打车场景，从这个意义上来说，传统商业依靠制造"流量"取胜，场景式营销依靠制造场景的"触点"取胜，就比较容易理解了。现实生活中，我们每一个人都生活在各种场景之中，工作学习、休闲度假、吃喝玩乐、交通奔波等，"生活圈"本质就是一个"场景圈"。谁能找到"场景圈"入口，掌握消费者生活场景的大数据，并将大数据与消费场景结合，实现场景式营销，谁就能站在新一轮商业竞争的风口上成为领先者。发掘和利用这些外部触点构建场景式营销并不难，如在人们使用的手机里，有高达80％的应用程序用户基本上很少使用，所以，即使在应用程序内设计了非常完善的场景构建体系，但是用户不使用或很少使用，这些场景也不会对用户产生任何消费影响。而在手机中，又存在很多可以供场景式营销利用的"触点"，如通知栏消息、位置信息、短信等，都可以作为场景式营销的"触点"。再比

如用户最常用的短信，则是场景化触点最丰富但又被商家遗忘得最彻底的地方。如可以运用银行账单短信，轻易构建出一个分期付款的场景；可以利用机票短信，构建出一个订目的地酒店、景区的场景；可以运用水电账单短信，构建出一个移动支付的场景等。但是这些场景都还没有被构建，被白白地浪费了，许多商家却为移动互联网的入口争得你死我活。触点价值场景无处不在，唯有留心创意、迅速连接建立才能收到成效。

▷ 3. 立体化场景营销的核心是体验

无论商业规则如何改变，只要是商业，本质上都要求为消费者提供更有价值的产品和服务，使消费者体验更好。根据有关部门的调查显示：2010 年以前，互联网还停留在新闻媒介和社交平台阶段，新浪和腾讯两家独大；2010 年以后，消费者开始接触互联网电商，出现了阿里和京东两大电商霸主；随着移动互联网的普及，现在已经进入后交易平台时代，消费者的消费观念和消费行为发生了巨大转变。以前消费者认为产品便宜便会购买，现在不仅要求便宜，还要求交易效率、购得舒心、用着舒服。所以无形之中，消费者分裂成三大阵营：一是体验用户阵营；二是效率用户阵营；三是价格敏感用户阵营。所有商家都要被动地迎合三大阵营消费者！出路就在于，应重新检视消费者，不照搬照套原有经营环境下的固有思维模式，创造性地为不同类型的消费者提供极致的消费体验。

2015 年 11 月底，"国美"旗下的"大中电器中央电视塔店"重新装饰后隆重开业，这家坐落于北京西三环的门店已有 16 年的历史，营业面积达 1.6 万平方米，长期以来肩负着国美集团"试验田"角色。相对于旧有形态，新"国美中塔店"打破了传统按照品牌陈列的卖场结构，依据消费者不同的消费目的，将品牌拆分为随意性购买的小家电类和购买指向性强的安装

类家电两大类，分别布局在上下两层，新增加智能产品需要的高体验品类。在展示厅，区分出了体验区和售卖区，采用不同的经营策略。该店总经理兴奋地说，以前的买卖气息太浓，现在玩的是生活空间和情感空间，不同的消费者也在寻找自己的购买空间。

立体场景式销售、消费者体验和用户黏性，成为上至总裁下至门店促销员口中出现频率最高的词汇。国美全体员工逐步达成这样的共识：实体商店的困境不是因为受到电商的冲击，而是 20 年快速发展红利的消失，零售商仍固守传统经营模式不升级、粗放式经营所致。未来发展布局："国美"将充分利用线上线下整合场景特别丰富的资源，以可以快速切换的立体化场景迎合不同消费者的购物体验，增加和强化消费者的黏性。

意识到立体化场景体验重要性的还有京东。2015 年 12 月 7 日，京东携手融创动力文创产业园推出线上线下融合、体验式消费空间样板"京东互联—融创空间"。京东将体验营销推进到立体化场景式营销阶段，空间内所有产品摆脱了传统简单陈列的展示方式，通过巧妙安排被融入空间的各个角落。最终，京东运用"互联网＋体验中心"，成功打造毫无违和感的场景式营销模式。

在"大众创新、万众创业"的风潮下，无数创业者研发出许多新的产品，在产品问世后却很难找到可以展示的平台；对于消费者来说，面对线上线下琳琅满目的产品，只有通过使用体验之后，才能全面了解产品并选择适合自己的产品，然而消费者很少能够体验到感兴趣的产品。正是看中了创业者、商家和消费者三方需求所带来的巨大商机，京东决定打造这样的平台：线下商家提供产品展示的场所，消费者在此对产品进行体验，体验后通过扫描二维码完成购买。在这个循环中，厂商得到了展示产品的平台，以及推广产品的渠道，商家也能得到销售产品的利润。

7.6

构建场景式营销场景的原则

场景式营销中构建营销"场景"，具有举足轻重作用。百度、阿里巴巴和腾讯等互联网巨头都在运用不同方式构建场景式营销，其他中小企业也纷纷效仿。现阶段场景式营销表现出以下几个特点。

（1）**从行为、记忆到习惯养成**。场景与消费者息息相关，透过场景，消费者更能自我归类，并形成购买行为。如红包使用习惯的养成，短短一年多的时间，微信把红包互动功能演绎到极致，越来越多用户加入微信群，其中一个重要目的，就是给群友发红包，在春节或其他节日时发送拜年或喜庆红包，根据可选择随机金额发给自己亲友，增进交流互动。大多数消费者已形成分发"红包"的习惯。

（2）**从用户参与到全民营销**。场景式营销比较符合消费者参与特点，如红包大战，不仅引起众多用户不断加入，在收到别人红包同时，自己也向别人发送红包；通过微信摇一摇抢到优惠礼券，可以自己消费，也可以分享给好友，这一连锁行为转化，就是场景式营销带来的好处。对于商家来说，这无疑是一场别开生面的全民参与的营销，"红包、礼券"早已出

现并使用多年，看似"俗之又俗"的常规营销道具，在加载社交互动功能之后，一切都发生了巨大改变。同样是玩红包、抢礼券，"强连接"的社交元素让老玩法立刻焕发出新活力。当营销活动变得社交化、游戏化时，全民参与让营销威力百倍乃至千倍地放大增长。

（3）**场景式营销离不开"场景"**。这个场景并不是严格意义上的真实场景或虚拟场景，也不是单指一个地方或某几个道具。重要的是消费者置身于这个特定的场景内，会触发什么样的感觉，以及产生什么样的联想。如果没有发挥诱发消费者产生购买欲望的作用，而是在消费者手机智能端强加上一个移动应用，这样的场景用处不大，而且显得突兀，甚至会引起消费者反感。换句话说，消费者置身于特定的应用场景内，对移动端推介信息内容视而不见，没有产生任何欲望，没有欲望自然不会产生需求。

如何把营销场景化，而不仅仅是广告信息内容的传递？这就要求做到，在开展场景式营销、构建营销场景时，必须坚持以下原则。

▷ 1. 创新性原则

场景式营销的主战场在移动互联网端和线下实体商店，广告需求变得多样化，不仅要求信息海量曝光，还需要与潜在消费者进行必要的互动和沟通，实现品牌价值的传递。虽然消费者的需求未必一目了然，但场景式营销的构建者必须对消费者的需求做到了然于胸。这就对场景式营销提出了更高的要求：在构建营销场景时，必须将各种互联网资源和线下实体店的场景资源整合起来，达到多媒体、多场景的协调一致，形成持续的品牌传播、实现全场景无缝覆盖，让每一个消费者每时每刻都置身于营销场景里。在特定应用场景中，优化产品体验。

整合各种资源的关键是创新，构建营销场景的"创新"，并非要求构

建营销场景一定要发明创造，而是指根据营销环境的变化而构建变化的营销场景，结合企业自身的资源条件和经营实力，力求营销场景要素在某一方面有所突破，能适应消费者碎片时间的变化，消费者乐意接受，能触发消费者的购买欲望，赢得消费者。从这个意义上来说，创新是构建营销场景的基点和生命线。

我们面临的营销环境发生了怎样的变化呢？

随着消费者生活方式及购物习惯的改变、移动互联智能技术的成熟和社交媒体的快速成长，营销创意、传播媒介、合作对象甚至营销员工的界限已经打破；"跨界融合"裂变为"无界融合"，品牌与消费者之间通过"场景"的无缝连接，产业链上创意、媒介、数码、公关和广告各环节之间的关系，已经发生了巨大变化。很难准确区分谁是产品或服务的创意者、谁是产品营销者，界限正在消弭，一个崭新、复杂、有趣的营销生态圈正在形成。营销场景的想象空间不断扩大，同时也给构建营销场景带来更多的创意和灵感，在跨界和无界的环境里构建营销场景，更需要以开放的心态，大胆开拓、尝试创新。

创新必须围绕着为场景式营销"加温"。移动互联网强化了人与人、人与产品的连接，把不同时空、不同地域的消费者串联在一起，已经没有了时间、空间的种种限制。品牌通过一个社交平台、一个简单的应用场景就可以告知天下，这种基于人际关系和消费者体验建立起来的关系网络，是场景式营销生存与发展的基础，通过对理性消费者的观察，用富有创意的手段，为场景式营销营造定制化、个性化、有"温度"的场景，为场景式营销加温，引发消费者共鸣，产生消费激情，是创新的出发点。

创新不能忘"初心"。在时间被碎片化、跨界与无界并存、种种新鲜事物层出不穷、不断吸引消费者眼球的时代，消费者的记忆功能逐渐衰减。但在构建营销场景时，不能盲目追逐热点事件，忘记传播品牌的"初心"。

因为无论技术如何提高、环境如何变化，打造独一无二的消费者体验、创造与消费者产生共鸣的场景，永远是场景式营销不变的主题。技术虽然可以改变品牌向消费者传递品牌价值和核心理念的方式，但打动消费者内心、触发消费者购买欲望，还要依赖隐藏在场景背后的品牌，而不是技术。技术永远都是服务消费者的工具，在场景式营销中只能扮演支点的角色。

　　创新必须做到持续不断。信息科技的发展日新月异，只要稍不注意，转眼就可能"掉队"。当有人还在热衷于商场购物刷卡结算时，网上购物第三方支付结算已经普及。在场景时代，"只有想不到，没有做不到"，科技如同一只看不见的手，触伸到所有行业领域和世界每个角落，不管以何种态度面对，都别无选择。

▷ 2. 一致性原则

　　在现实世界中，人们看到的物体并不是孤立存在的，总是存在于一定的场景之中。有些物体一般只出现在特定场景中，如床在卧室里；有些物体则可以出现在不同场景之中，如图书可以放在书桌上，也可以放在书柜里；还有些物体会偶尔出现在一般情况下不太可能出现的场景中，如板凳出现在卫生间等。某个物体出现在某种场景中的可能性被称为场景的一致性，同一个物体处于不同场景中会直接影响人们的知觉加工和记忆功能。从人类的行为学和脑成像等方面考察，一致性的场景在知觉加工阶段存在优势，表现在知觉加工速度更快、准确率更高。从生物学意义上来说，人们对不一致的场景则识别更慢，但由于是新异刺激，更容易形成长时间记忆，如滚落在平整公路上的巨石、动物横穿高速公路导致车毁人亡的事故等。在场景式营销中，运用场景知觉和记忆特点及机制对构建营销场景具有重要的指导意义。如在设计产品营销场景时，可以利用一致性场景先捕获消费

者的注意力并抓住眼球，再运用不一致性场景加深、巩固消费者印象，让品牌在消费者心目中形成长时间记忆。

▷ 3. 模糊性原则

在构建场景式营销场景时，同样需要采用"模糊营销"。如一个穿着薄纱若隐若现的女人更具有吸引力，但一个脱光衣服赤裸站在面前的女人就显得粗俗了。模糊创意营销成功的案例数不胜数，如"怕上火喝王老吉"就是一种典型的模糊化场景，不需要详细解释凉茶的功效特点，只把一个产品与一个模糊化场景联系起来，就可以引起消费者的共鸣，触发其购买的欲望。再比如，美国克莱斯勒7座"酷威"营销创意特别模糊："一个男人一个酷威车主，他不再是简单地追求自我驾驶的乐趣，而是更多地考虑家人。那么，有没有一款车可以让内心狂野的男人收心，甘愿成为全家人的司机呢？可以说，酷威就是这样的一款车。"这个创意核心还在于将车主与车和家人之间的亲情场景联系起来，而不是炫耀酷威车本身的怡然、舒适。这种不说功能，而直接强调场景和角色的方法，就是模糊化的场景式营销，但其内核是非常准确的。就是说，场景式营销需要模糊化，但在"模糊"背后必须有精确的功能和特点做支撑。

（1）构建营销场景，必须从消费者的场景出发而不是从产品本身的功能出发。

（2）构建的营销场景，必须能够引发消费者的联想，并且是指向性联想，让消费者联想到产品的一种特定功能，也就从模糊开始，最终归结到一种精确的诉求。

（3）营销创意要将各种精确的功能演绎或转化为一个鲜活生动的场景。

PART 8

场景式营销实践

8.1
应时、应景的场景营销

　　场景式营销的核心特点：互动性强、体验性高。在营销过程中，以场景为背景，以产品为道具，以服务为舞台，应时应景，通过打造特定应用场景感染消费者，使其在自然氛围中感受舒心体验，引发其消费购买欲望。

　　现在O2O之所以异常火爆，根本原因在于：通过线上的快速发展，进而促进线下实体商店的销售，同时利用线下信息展示交流渠道和各种推广活动，将消费者引到线上。然后再从线上到线下的反向转移，形成线上与线下的互相推动、互相促进。其实，O2O商业模式就是场景式营销的具体化、形象化。如"快的"与"滴滴"在移动端为争夺消费者展开激烈竞争，不惜砸重金赤膊相战，无非是要构建一个消费者打车时是选用"支付宝"还是"微信支付"作为支付工具的付费场景。道理特别简单，在移动端要真正获取并影响消费者，就需要给消费者设置一个场景。所以阿里和腾讯抛洒大把银子构建打车利用支付工具的场景，让消费者顺理成章地使用他们的支付工具。本质上，这是阿里和腾讯在营造支付工具上的角力。

　　场景式营销就是在产品或服务的营销过程中，构建特定的应用场景，

为消费者描绘出一幅使用产品或服务后带来的美好情境，在消费者不经意的碎片时间里，"应景"提供关联产品或服务的推介信息，激起消费者对这幅美好情境的向往，产生购买欲望；或是消费者在特定应用场景下有某种消费需求，或是消费者对某种产品或服务"感兴趣、需要和寻找时"，商家推广信息"应时"出现，结合了消费者的目的和需求，促使消费者立即通过移动手机端下单、付款、完成购买，达到产品或服务营销的目的。

根据不同消费者所处时间、地点和场合的不同，"应时、应景"提供产品或服务信息满足不同消费者在不同场景之下的即时消费需求，正是场景式营销的精髓所在，这里有三个关键点。

▷ 1. 必须以场景为中心

近20年来，传统营销领域营销思维的革命性核心变化是从"以产品为中心"转变为"以消费者为中心"，这是中国营销思维的历史性跨越。为一个已经成型定局的产品，在茫茫人海中寻找需要使用它的消费者谈何容易？所以，"以产品为中心"的营销观念成为历史；随着我国经济和互联网技术的快速发展，电子商务在各个领域得到广泛应用，彻底改变了企业的竞争规则，企业技术创新突破了原有资源的限制，不同形式的电子商业模式为企业营销战略的实施提供了具体、直接的方法，这种"以消费者为中心"的营销战略，立足点是为消费者创造价值，核心内容是"以消费者为中心"开展整体营销，企业根据消费者的需要安排生产，通过创造和传递既能满足消费者需求，又能给企业发展创造价值的产品或服务，实现企业目标。先发现消费者的需求，然后根据需求组织研发、定制生产产品或服务。"以消费者为中心"取代"以产品为中心"的营销理念，是营销理念的进步。

场景式营销是在"以消费者为中心"基础之上的再次飞跃，或者说"再提高"。在发现消费者需求之后，运用移动智能、传感、定位、大数据分析技术更深入地获得消费者相关信息，对消费者进行持续不间断的静态或动态了解、判断、预测，较为准确地掌握消费者"在这个时间这个地点这个场合"会产生什么样的需求，并深入挖掘消费者还没有萌发的潜在需求，再将这些需求还原到场景中，匹配相应的产品或服务，真正满足消费者的消费需求。由此可以看出，场景是场景式营销不可或缺的中心点。

▷ 2. 必须以情绪为对象

场景式营销不仅需要向消费者传递推介信息，更重要的是要激发消费者的情绪。在碎片时间里，当消费者置身于应接不暇的场景之中，面对纷至沓来的海量推介信息，让消费者沉心定气、耐心倾听产品或服务信息介绍，根据逻辑思维做出理性判断，再决定是否购买，几乎是"一厢情愿"。

美国心理学家乔纳森·海特的研究发现，人们总是直觉在先，策略性推理在后。因此，能够推动人们做出所期待行为的是情绪。快乐和痛苦与生俱来、不可抑制，人们的决策总是追求快乐、逃避痛苦。情绪是如何影响消费者购买决策与行为的呢？下面作简单的介绍。

（1）**痛苦制造需求**。在日常生活中，当人们需要解决的问题还处于隐藏阶段的时候，其真实需求消费者自己也不明确。消费者往往对存在问题并不十分介意。当问题开始向显性需求转化时，消费者便感到了一些不便，有了不满与抱怨，随着问题的不断加深，不满与抱怨渐渐显露，解决问题的需求越强烈。问题越严重，得到的关注就越多，消费者愿意为之支付的代价越高。场景式营销就是要先于消费者了解其真正需求，然后将"需要"转化为"想要"，通过产品或服务向消费者提供解决方案，让消费者在问

题没有严重扩大之前就能够轻松解决。

（2）**快乐产生欲望**。消费者的快乐情绪如高兴、欣慰、满足等，能够增强购买的欲望，促成购买行动。当商家设计的某种氛围确实能对消费者产生影响，消费者会以积极的反应接纳对他的刺激，表现出强烈的购买热情和对产品或服务的忠诚。如一样的咖啡，为什么"星巴克"会在全球范围内取得如此巨大的成功？这是因为在产品或服务高度同质化的今天，消费者越来越期望在产品体验中得到正面、有情感、值得回忆的感觉。消费者到星巴克品尝咖啡，是在花时间享受星巴克提供的一系列值得记忆的场景，就像戏剧演出让人身临其境一样。

轻松自然的场景、快乐喜悦的感觉，会让消费者流连忘返，消费购买行为是他们自我实现的过程。在特定营销场景下，只需稍微给一点诱因，消费者就会采取积极方式进行回应，在快乐情绪的推动下，即便产品价格远高于其价值，消费者也乐于购买，因为很多消费者看重的是整个过程中的愉悦感觉。

情绪不仅重塑消费者头脑思维中的演绎推理，还直接诱导其做出不同的购买决策。绝大部分消费者往往是根据自身状态做出购买决定，这其中的微小差别在于消费者实际状态并不等于"渴望"状态，当消费者特别"需要"某种产品并非真想拥有该产品，而是沿用此类产品的替代品。如夏天走在大街上感觉口渴特别需要水，但常常购买的不是矿泉水，而是果汁、可乐、咖啡等其他功能性饮料。情绪在一定程度上影响购买行为，场景式营销必须准确了解、及时洞察消费者心声，认识消费者显露与潜在的情感需求，判断消费者积极或消极情感，构建场景，从而引导消费。

▷ 3. 以数据为驱动

营销的核心是购买，场景式营销也不例外，需要始终围绕消费者购买进行。不同的是，场景式营销核心还包括如何实现与消费者个性互动，这里的"互动"既有为消费者传播更为精准的生活服务信息，也有更智能化的产品或服务信息，而实现这一核心的基础技术就是对大数据的管理。可以说，大数据驱动着场景式营销。

（1）基于大数据层面深度挖掘。可以利用数据统计分析归纳消费者的个人偏好和消费轨迹，帮助商家找到最合适的消费群体。经过一次次消费者标签提取、调整和优化，找到相同属性的数据，将他们转化为潜在消费者，定向抓住了潜在消费者，再根据营销需求建立营销数据管理库；

（2）找到合适的消费群体并不够，场景式营销还需要找到正确时间和正确场合的触点环境，在分析消费者行为特征的基础上，有针对性地设计营销方案并构建具有导向性的营销场景。构建场景重点应放在场景"热点"上，对刚刚走进场景的潜在消费者，有效办法是推荐热点；对已熟悉营销场景的消费者，则是引导消费，触发购买行为。

（3）数据解读场景式营销。数据指导营销最重要的途径是解读营销，既可以针对营销问题，封闭性挖掘消费者数据进行验证，也可以开放性探索出一些可能与常识或经验判断完全相异的结论，进而针对消费者购物观念和购物环境的变化，通过数据分析技术将群体消费者定义为单个的个体消费者，实现传统营销"一对多"到"一对一"的沟通转变，高度定制化产品或服务，最大限度地简化消费者获取满足需求的渠道，实现具有个性化特征的场景式营销。

8.2

营销场景与消费者"强连接"

消费者消费行为及消费习惯发生了巨大变化，看似缘于电商的冲击，但究其根本，是移动互联网和移动智能终端的快速普及、消费者的时间碎片化，导致消费者的消费习惯出现巨大变化。在时间上，消费者整体化的购物时间变得越来越少，有时中午百无聊赖时打开手机淘宝，寻找并收藏某件商品，等到下班时或回家路上下单支付钱款，完成购买；在空间上，消费者无须在特定的环境如商场超市实体店或在电脑前完成购物，可以在等公交、等电梯时，随手扫下广告二维码便可完成商品购买；在社交关系上，消费者更加注重朋友的评价推荐，有时刷微信朋友圈看到朋友晒的某样商品，便跟风购买。不论是满足消费者消费需求的渠道、支付手段，还是消费场景、消费方式、消费体验，一切都变得方便、快捷。这种变化所带来是商家与消费者的关系重构，营销思维从媒体、品牌向人的价值转换。千变万变，但营销环境、营销对象这两个关键因素决定营销成败的法则没有变，只不过是营销环境、营销对象出现变化而已。

场景式营销正是适应"营销环境、营销对象"的变化，以消费者为中心，

基于数据技术构建"生活场景"，使品牌、媒体、社会趋势与人的本性融合，不仅创造品牌故事，更是再造品牌场景与消费者生活场景的关系。

一般来说，较为理性的消费者购买行为大致需要经过三个环节：寻找选择、购买体验和购后使用评价。三个环节环环相扣，同等重要。前两个环节如出现阻塞，购买行为就难以顺利进行，营销也就无从谈起；购后使用评价环节则直接决定消费者下一次的购买行为，并影响其他消费者对产品或品牌的认知。对商家来说，最难把控的是"寻找选择"环节，尤其是在移动智能终端普及的当下，消费者除了正常的工作、学习和生活，在有限碎片时间里还要随时随地社交、玩游戏、看视频等，购买时间越来越不固定，也越来越难以预测。难点在如何找到一种连接消费者的方式，被消费者发现和找到。从某种程度上说，场景式营销就是在商家与消费者之间建立"强连接"：包括品牌与消费者之间的连接、消费者与消费者之间的连接等。有了这种"强连接"，商家就能够围绕"以消费者为中心"轻松展开产品或服务的营销工作，通过提供高质量服务与消费体验，黏住消费者，让消费者变成产品或服务的忠实用户。从这一点上看，"强连接"与厂家设计、研发产品和定制服务同等重要。

场景式营销并不玄妙：通过构建特定环境下的营销场景，发现和找到商家消费者之间的联系，并通过消费体验、营销互动等方式强化这种联系。

▷ 1. 在时间维度上，主动进入消费者时间线

碎片化时间，决定了消费者碎片化的购买行为，就消费者所处的购物场景来说，最大变化是购物场景更加碎片化。在寻找选择环节，对于商家而言最重要的是让消费者知道其产品或服务，具体是结合消费者的时间场景，在消费者的碎片时间里寻找空隙，将购物需求植入消费者的生活场景，

让购物营销场景无处不在，不仅随需出现，更要随时出现，从而更好地诱发消费者的购买欲望，最大限度地激发消费者，达到最佳营销效果。

具体应该怎么做，才能进入消费者的时间线呢？现举例加以说明。

2014年4月初，阿里开展了一个名为"码上淘，一切从码上开始"的活动。阿里巴巴联手几十家纸媒，在报纸上推出了"淘宝码"。消费者在读报的时候，只需用"手机淘宝"扫描一下二维码，就可以在手机屏幕上直接进入产品或服务页面，随时查看商品介绍、评论和价格，完成下单购物和付款等环节，同时消费者还可以根据自己的兴趣，下载手机软件、电子书、游戏等。阿里巴巴的这一举措，占领了消费者的随机阅读时间，让报纸变成了散布在城市乡村社区和家庭的产品或服务 "移动柜台"。

"淘宝码"这一新型商业营销形式具有广阔的市场应用空间，可以根据消费者阅读兴趣进行精准的广告投放，如可以在春游服务信息旁边放上旅游户外产品的"淘宝码"，在雾霾专题的新闻版面上放上空气净化器产品的"淘宝码"，进而让产品或服务的信息广告更精准和有效。

▷ 2. 在空间维度上，缩短与消费者之间的距离

在日常生活中，消费者前往商场超市等实体商店购物时，往往会遭遇人多、时间紧、付款流程繁琐等状况，从而让购物消费的体验大打折扣；而在线上购物时，又因为隔着网页、屏幕，商家与消费者之间的交互性极其有限，消费者难以获得实际购物、精挑细选的快感，特别是消费者碎片化的购买方式，减少了消费者到商场超市或实体商店选择和触及产品或服务的时间。这些变化对于厂家和商家来说是一个巨大的挑战，目前当务之急就是要消除这些弊端，构建更加贴近消费者的碎片化购物场景，让消费者碎片生活场景与购物场景连接起来，并想方设法利用移动智能、传

感、定位等新技术，以"景"触情、以情动人、优化产品或服务体验，缩短消费者购物路径，从消费者寻找发现产品或服务到萌发消费欲望，从支付货款再到快递送货上门，实现全链条无缝连接，让购物流程简单快捷。

　　如何拉近与消费者距离？优化消费者体验是可取的方法。在这一点上，星巴克为场景式营销开了个好头。早在 2009 年，星巴克就试图将基于移动智能终端的场景式营销战略，推进到实体商店的购物场景中来，以此提升消费者体验效果。而事实也证明，星巴克的移动场景营销战略是卓有成效的。2013 年，星巴克移动端交易额突破 10 亿美元，共拥有 1000 万移动支付消费者，其中 500 万为每周进行交易的活跃消费者。这些消费者可以方便地运用星巴克 APP 轻松、便捷进行消费。比如，消费者可以通过 APP 寻找附近的星巴克实体门店、追踪喜爱的饮品、查看营业时间和菜单等，大幅度减少了消费者在店内选择和等待的时间。2015 年 7 月，星巴克又宣布支持手机应用订购咖啡，允许消费者到店自取。持有星巴克卡的消费者只需进店出示二维码，即可取走咖啡，避免了点单等一系列交易环节。除提前预订，星巴克还继续深挖移动支付运用，消费者可以用"星巴克卡"绑定银行卡进行充值，购买时扫描二维码就能完成支付，加快结账速度。

　　线下的实体商店，可以通过营造购物场景提升消费者购物体验，省去排队等待的繁琐程序，令消费者身心愉悦，增强消费购买欲望。线上的电商也在努力构建更具有吸引力的购物场景和消费者体验。如网上超市 1 号店推出线下"虚拟超市"，让地铁和公交广告牌摇身变成"虚拟货架"。消费者只要通过 1 号店 APP 扫下二维码，就能轻松完成购物，然后坐等快递送货上门。

▷ 3. 在关系维度上，融入消费者社交关系

在一个纷繁复杂、现代与未来交织在一起的商业环境中，消费者只有当遇到问题、有所需求时，才会出现购买某项产品或服务的行为。场景式营销的目标，就是在消费者有所需要但还没有遇到问题之前，通过购物或生活场景触发其购物欲望。而当消费者完成寻找、选择、体验、购买等环节后，往往还会通过朋友圈、跟帖、口碑等方式对产品或服务进行分享或评价。而某一消费者正面或负面的评价，又会推动或阻挠潜在消费者的购买决策。

其中的推动力或阻力到底有多大？主要取决于该消费者的能力和朋友圈的大小。在移动互联网时代，网络即时通信异常发达，微信、QQ、陌陌和微博等都是口碑传播的渠道。良好的正面口碑，对品牌推广无疑起到巨大的良性推动作用；反之，如果是品牌负面信息的口碑，"好事不出门，坏事传千里"，则有可能给品牌带来毁灭性的"雪崩效应"。

2014 年 3 月，京东和腾讯签署战略合作协议，一方面腾讯入股京东，另一方面京东获得潜力无限的移动社交微信和 QQ 的一级入口位置及其他主要平台的支持。双方合作的最大好处是，京东可以充分利用微信的社交口碑传播效应，大幅度降低移动用户的获取成本。无独有偶，此前，大众点评网也与微信"联姻"，并通过基于地理位置的服务软件及微信的社交分享功能，在短时间获得大量移动用户。商家看中的正是移动社交应用在口碑分享、病毒式传播方面的巨大威力。

8.3

突出品牌资产效应

　　"品牌"一词来源于古挪威文字，中文意思是"烙印"。当时西方游牧部落在马背上打上烙印，用以区分部落之间的财产，上面写一句话：不要动，它是我的！并附有部落标记，这就是最早的品牌标志和口号。由此可见，最初的品牌含义就是区分产品并通过特定的口号，在别人心目中留下烙印。目前，对品牌的定义很多，虽然对品牌概念的倾向性理解不同，但品牌就是用来识别产品或服务并使之与其他产品或服务区别开来的名称及标志。品牌最后实现由消费者决定，消费者的选择往往决定了品牌命运。

　　品牌资产是 20 世纪 80 年代营销领域诞生的一个新概念，与品牌、品牌名称和标志相联系，能够增加或减少企业所销售或服务价值的一系列资产。品牌资产是由品牌形象所驱动的资产，形成的关键在于消费者看待品牌的方式而产生出来的消费行为，它是一个系统概念，主要包括五个方面内容，即品牌忠诚度、品牌认知度、品牌感知质量、品牌联想、其他专有资产（如商标、专利、渠道等），这些资产通过多种形式向消费者和企业提供价值。品牌资产具有无形、以品牌名字为核心、影响消费者行为包括

购买行为及对营销活动反应和依附于消费者而非产品等显著特点。

品牌之所以能成为"品牌资产"，是因为品牌就像一个无所不能的魔术师，充满无穷的"力量"和"魔法"，如品牌可以让某个产品摇身一变而身价暴增百倍，可以让无名小辈一炮走红。品牌的"力量"来自于以下几个方面。

（1）**品牌的差异效应**。品牌是一种识别系统，是特定产品或服务的识别标志。品牌的差异性便于消费者识别不同的品牌，根据品牌挑选自己满意的产品。在产品高度同质化的今天，品牌成为同类产品相互区分的重要标志，在人们购物过程中，品牌充当无声的导购员角色。

（2）**品牌的光环效应**。也就是减少消费者购买的风险感知，增强其购买信心。其光环效应普遍应用于消费者的经验定势，对品牌产品的品质有很高的认同和信赖，为消费者提供的购买理由。

（3）**品牌的情感效应**。即消费者对品牌产生的更深层次的心理定式，从认同品牌到信赖品牌，升华到喜爱品牌，达到对品牌移情，产生美好的情感效应。品牌推广意义在于，通过渲染，激发消费者体验，使消费者认同并欣赏这种情感价值，满足消费者的情感需求，进而认同并购买品牌产品。这种情感是一种文化情结，将品牌独有的气质与消费者寻找的某种体验，演变成消费者与品牌之间的情结，这种情结可以影响甚至决定购买行为。同时，一些消费者需要用品牌彰显自己的优势或掩饰自己的缺陷，表明身份、修养、审美、个性、品位等，或唤起其美好记忆和情感。

（4）**品牌的魅力效应**。人们趋之若鹜地追求品牌，是因为品牌具有独特的魅力。任何消费，除满足生理需求外，还有社会心理实现和标志其社会地位、文化品位、区别生活质量高低等心理特征的外化。品牌赋予了品牌消费者优越的身份认同，在品牌价值的心理消费中获得了自信和自豪，是消费者表现自我的一种方式。

（5）**品牌的附加效应**。人格化的品牌形象为品牌添加一种特别的附加值，附加值是指产品被消费者欣赏的基本功能之外的东西。通过品牌的附加值，把该类型的消费群体的性格、气质象征于某种品牌，使之既具有亲和力，又在消费者心理上、精神上具有一种贴近感，从而培养消费者对该品牌的心理归属感和消费依赖。

由此可以看出：品牌是消费者心理效应的相互作用，品牌资产既不同于有形资产，也不同于无形资产。它是一种"关系状态的资产"。这里的"关系"，不是事物之间的联系，也不是通常我们所说的"关系网"，而是如何处理足以影响品牌资产关系利益人的关系，即品牌关系。品牌资产严格意义上讲是品牌关系的价值。品牌资产本身无形，但品牌资产关系实实在在。具体表现在，品牌资产的出发点是厂商与公众的关系，支点是厂商与厂商之间的关系，节点是实体经济与虚拟经济之间的关系，而归宿点是厂商与消费者之间的关系。"消费者是厂商的衣食父母""顾客是上帝"，这仅仅是厂商与消费者关系的一个方面，还不是品牌关系的全部，品牌关系还包括注重消费者参与消费体验，注重与消费者互动沟通，帮助厂商提高和改进产品，这才是建立品牌关系的原动力和吸引消费者的强"磁力"。

长期以来，品牌经营者多数从营销学角度认知和创建品牌价值，误认为创建品牌就是在品牌传播上做文章，很少有人会从消费者所处场景和消费者心理出发。品牌资产与消费者的关系，一直是品牌高高在上，消费者只是受众的角色，以为推广品牌只需多做电视广告，堆砌高大上的宣传词汇或者创造出一些全新营销概念，消费者就会照单全收。场景式营销彻底改变了这一切，在数字化传播环境下，信息越发透明和对称，消费者和品牌资产完全是平等关系，随着消费者越来越理智和成熟，如果品牌推广继续沿用一些听不懂的概念、莫名其妙的画面炫耀产品或服务，消费者会将其直接抛弃。

场景式营销与品牌推广两者之间存在密切的关系。

品牌资产是品牌内涵的延续和形象的再造，虽然品牌早已被人们所熟知，但创造和提升品牌资产价值的方法，除了人们所熟知的通过新闻媒体"轰炸"式广告，提高公众品牌认知度之外几乎毫无建树。场景式营销的出现，改变了人们购物行为的价格和广告导向，变成了以场景和消费者自主选择为导向。场景式营销不是"炫技"，而是结合消费者所处的"场合"和"情景"，捕捉、激发和满足消费者需求，找对人、找对方式，品牌通过特定场景与消费者用"真话、人话"，一对一与消费者沟通，回归人本体验，用真情赢得消费者，在场景中树立品牌，进而提升品牌资产价值。

▷ 1. 场景式营销与品牌推广的目标一致

场景式营销的设计与实施的目标是为厂商赢得利润和财富，而品牌资产财务价值的创造和获取，体现了场景式营销的直接目标与要求。因此，品牌资产所体现的现金流量大小和财务价值高低，就直接反映了企业场景式营销的效果。同样，场景式营销运作的成功与否，从某种意义上也决定了品牌资产财务价值的大小和品牌市场形象的高低。品牌最初是依托于产品或服务而产生，经过企业的运营及多种营销手段的作用，不断通过各种方式投入，品牌才开始有了独立的自身价值。而场景式营销有助于增加企业的市场价值和未来收益，进而使得基于市值法和收益法的品牌资产价值得到提升和放大，企业的品牌资产快速积累，有利于建立良好的企业形象，增加企业财富和促进企业的集约化发展。

▷ 2. 场景式营销有助于提高品牌竞争力

品牌资产在市场竞争中所表现出的品牌实力和竞争实力，实力大小体

现在品牌的功能效用、附加价值、差异化能力和综合竞争力等方面。场景式营销是通过构建营销场景，影响和触发消费者的购买欲望，这与品牌推广采用"认知、导向"提升品牌资产价值有异曲同工之妙。因此，场景式营销"营销场景"的科学设计和实施推行，无疑有助于大幅度提高品牌产品的质量、服务和附加值，从而影响品牌独特个性的塑造、品牌在消费者心目中的形象和品牌的长期获利能力，最终达到增强品牌竞争力及增加品牌资产价值的目的。美国著名广告专家瑞特就认为，在未来的市场营销中，拥有市场比拥有工厂更重要，拥有市场最便捷的途径，就是先拥有具有市场优势的品牌。在移动互联网时代，良好的品牌资产创造，则有待于场景式营销策略的合理运用。

▷ 3. 场景式营销有助于塑造品牌文化

文化是企业和品牌资产的精髓，是企业持续发展、做大做强的不竭动力，没有文化内涵的品牌，消费者是不会接受的。企业只有把自身文化与品牌相互融合，建立属于企业自身同时又区别于其他企业的品牌文化，才能使企业在市场上更好地树立形象。品牌光环下的企业产品或服务才会有更好的卖点，才能吸引消费者并满足消费者需求，从而达到发展壮大企业的目的。

场景式营销可以从企业历史、产品、文化等进行深度分析，提炼挖掘具体的产品卖点、营销机会、创意点和差异点，将品牌符号、品牌形象及品牌理念等融入"营销场景"，为每个品牌定制专属的运营战略，通过富有创意的文字或画面，将品牌信息潜移默化地传递给消费者，让消费者深刻感知品牌的价值和内涵。

8.4

场景式营销为品牌加彩

当亿万消费者从吃饱、穿暖向吃好、穿着潇洒过渡的时候，社会的分化逐步形成，城乡之间的差距不断缩小，消费观念开始出现差异、消费方式开始出现碎片化，为了争夺市场竞争的制高点，各行各业产品或服务品牌之间的竞争也开始不断升级。微信朋友圈新兴媒介，也成为广告争夺的滩头阵地。2015年开年，可口可乐、宝马等成为第一轮朋友圈广告的尝鲜者，并引起了网友们的关注和讨论。英菲尼迪是第二轮微信朋友圈广告的代表，在举办了与好莱坞联手打造的由周迅、高圣远夫妇主演的《完美出逃》首映礼后，英菲尼迪紧接着就在微信朋友圈发布了配上周迅和新婚丈夫高圣远的倚车甜蜜照的广告："我想带你去个地方。""现在吗？"网友们从微信朋友圈广告链接里，看到了1分30秒的《完美出逃》电影预告片。广告发布后，引发了网友激烈讨论，有网友认为这是"迄今为止最文艺的广告"；还有一些网友创作了"去哪儿体"，迅速在社交媒体上扩散。英菲尼迪官方微信粉丝一夜间剧增14万。人们为什么会热烈讨论《完美出逃》？为什么会关注英菲尼迪微信？因为广告抓住了核心元素: 情感的场景。周迅、

高圣远夫妇的感情本身就是网友关注的热点话题，而《完美出逃》正好是大家关注的另一热点。因此，微信朋友圈广告对于网友而言，不仅因具备展示价值而成为社交沟通和分享的话题，而且这个话题与娱乐热点高度相关，自然就可以引发用户的传播和延展。

　　这个成功案例告诉我们，立足于对话和沟通、易于分享的内容，才是朋友圈广告被关注的核心。如果仅是硬性推送和展示，则很难引发网友的共鸣。场景式营销也是如此，如何找到"通往消费者内心"的路，才是构建营销场景的"重中之重"，而不只是满足找到吸引消费者眼球的"道路"。

　　2015年春节，微信联手央视除夕夜"抢红包"轰动全国，也成了网友互动最为激烈的话题。于是"摇一摇"成为众多品牌效仿的样板，很多企业开始利用"发红包"方式发放各种"优惠券"。但这种"馈赠式经济"带动消费的行为，会受到消费者的消费场景局限性制约。例如，人们在春节期间摇到一个优惠券，当时由于没有便捷的通道去完成消费，而春节过后消费者或许就会因为忙而把这事忘了，以致很多红包发放后，并没有带来消费者的购买行为，本来希望激发消费最终却变成了企业品牌展示。

　　而"蒙牛特仑苏"注意到了这一问题，并采用"精准化逆行发放"模式较好地解决了这一问题。方法是：如果消费者之前购买过特仑苏，在微信活动页面输入包装盒内兑换码，即可获得10.8元～68.8元不等的微信祝福红包；如果消费者没有购买过特仑苏，则可以先获得红包，买了特仑苏之后再打开已激活的红包，输入积分串码后红包金额就会自动充入消费者的"微信钱包"。同时，特仑苏将其线下超过6000家店铺、价值超过1亿元的产品包装打造成特仑苏红包的发放入口。原来预计上线3天发放完红包，活动当天上线仅90分钟，3万红包便被一抢而空。这种做法完全改变了快消品行业先给优惠券再消费模式，而是先买产品再奖励。相对传统广告而言，不仅消费者定位准，且转化效果有了很好保障。这个案例说明：

"红包"或者"优惠券"不再是简单的促销工具，还可以成为场景式营销激发消费行为新的触点或成为重要入口，只要巧妙利用，都能为提高品牌形象做出贡献。

因此，场景式营销在做品牌营销时，不仅要销售眼下的产品，还要思考如何找到一个切入用户关系链的触点，将这个触点与商家实现无缝对接；同时还要考虑让品牌产生持续影响力，着力打造出一个"品牌告知→信息分享→参与互动→销售转化"的闭环，提升品牌资产价值。

那么，场景式营销到底可以为品牌营销做哪些工作呢？

▷ 1. 快速拉升品牌曝光率

增加品牌资产，是每一家厂商毕生追求的目标，不为其他，就是希望借助自身的品牌优势，让企业的产品在市场上有一个好的发展前途。但"酒香也怕巷子深"，稍不留神，企业就会被竞争对手打败，品牌也会瞬间灰飞烟灭。所以，树立品牌形象，提升品牌曝光度是重要的一环。场景式营销对提升品牌曝光度的最大好处在于，能让品牌恰到时机地出现在营销场景的关键节点上，曝光的同时存在感十足，而且与大场景环境共融共生，就如同找到通往消费者内心的"路"一样，品牌在消费者心目中留下了深刻印象。

成立于 2010 年的"友宝公司"，经营智能售货机业务，是中国自动售货机运营领导品牌，"友宝"采用物联网先进技术，对所有售货机进行 24 小时联网管理。在国内，航班延误恐怕是最令乘客烦心的事了。友宝顺势推出了给航班延误的乘客送饮料活动，可以站在乘客的立场上想象一下：正在为航班延误郁闷时，突然看见友宝自动售卖机提示：扫描机票条码，换取航班延误饮料。饮料并不值多少钱，但在乘客心烦气躁的特定场景下，人文式的品牌关怀，对于消费者来说却是刻骨铭心的，留下的品牌印象必然也极为深刻。

▷ 2. 正确引导消费者消费

营销研究人员在随机抽样调查消费者购买行为时发现，许多消费者想要的产品或服务，并不一定是他们真正需要的产品或服务，消费者从不愿花时间去思考自己最需要什么产品或服务，大多时候都是"从众"，看见别人在买什么自己也买什么，他们最在乎的是解决问题，而不会认真思考用什么办法来解决问题。如果单纯倾听所谓需要的心声，推出新产品往往不被消费者接受，这也正是半数以上新产品失败、难以树立品牌形象的根本原因。而场景式营销则不同，在产品的研发、设计阶段就要求围绕消费者在特定场景下表达的需求展开，从消费者的习惯出发，把消费者放在核心位置之上，产品更贴近和适合消费者；在营销阶段，场景式营销借助于数据分析、传感和定位技术，全程渗透和参与消费者购买消费的全过程，特别是根据消费者出现的地理位置和情绪变化，推动和引导消费者进行购买决策。在消费者还没有发现自己的真正消费需求之前，场景式营销除了基于搜索场景的推荐之外，还适时推出生活场景的推荐，引导消费者产生消费需求和购买欲望。如麦当劳推出的"充电饱套餐"就是一个经典的案例，当消费者进入一个麦当劳餐厅方圆 500 米区域范围，同时消费者的手机电量又不足 50% 时，麦当劳就会通过合作的特定手机或 APP 向消费者推送广告信息，吸引消费者到最近的麦当劳餐厅，享用多款美味食材搭配的"充电饱套餐"，并免费使用移动电源为自己的手机充电。

▷ 3. 开展场景化、定制化服务

在碎片化时代，消费者碎片化的购买过程中，场景式营销和品牌推广营销时，往往以诱发互动等方式来拉近与消费者的距离，按照消费者自身

需求，提供适合消费者需求的服务，同时也是消费者满意的服务，这种服务被称为定制化服务。定制化服务是站在消费者的角度，以满足消费者个体化需求为前提的一种运作模式。场景式营销善于挖掘深藏在消费者心理和精神层面的真实需求，进行定制化和差异化服务设计，在消费者方便的时间、地点提供优质服务，灵活地满足消费者的独特需要。此时的互动话题或服务方式是否足够"有趣"，是决定营销和品牌推广成功的关键。

博尔若米（Borjomi）矿泉水，品牌以水源地命名。水从海拔 2300 米冰川覆盖的山峰流出，研究人员发现该水对消化系统疾病及糖尿病有一定的疗效。在品牌推广上，博尔若米构建了这样的场景：在爵士音乐节现场定制了一台带有钢琴键的售卖机，为喜爱爵士音乐的消费者提供展示琴技的机会，在大庭广众面前弹奏一曲爵士乐，经过定制的售卖机就自动送出一瓶博尔若米矿泉水，消费者自然发现爵士乐的美妙与矿泉水的清凉更加般配。

▷ 4. 有利于推动线上线下互动

无论是基于搜索场景的推荐，还是基于生活场景的推荐，其实都是场景式营销中的一种引导。这种引导确实会对产品或服务营销和品牌推广产生一定的效果，主要体现在整合线上线下资源、实行精准营销，将线下场景转化为线上流量，把线上营销推广转变成线下销量。真正让消费者参与整个营销过程，其参与的主动性和选择的主动性得到加强，不但大幅度降低了交易成本，而且强化了信息的交互性和透明化。

8.5

商业关系重构与构建生活场景

　　传统营销是一种以线下实体店为主的"干预性"交易营销，特别强调要占领消费者的时间与空间，尽可能多地将产品或服务提供给更多的消费者，其基本指导思想是以市场为导向，厂商首先是进行市场调查，并借此确定目标市场和营销策略组合，然后再集中企业可利用资源，以最大的可能满足消费者需求，让消费者满意。但传统营销过多依赖卖场促销、广告"轰炸"、现场互动等方式，往往忽略消费者的不成熟性和企业资源的有限性对市场营销的影响，对精确受众定位不够重视。随着移动互联网和媒体多元化发展，消费者对干预性为主的传统营销特别是广告方式普遍反感，对此类营销信息常常进行屏蔽，阻碍了营销信息的正常传播，从而导致品牌形象传播力下降，不仅使营销资金投入难以获得对等的收益，更无法解释和适应移动互联网普及背景下商业架构及商业与消费者关系的巨大变化。

　　在移动互联网、大数据、传感和定位技术快速成熟的背景下，传统"连接"被移动互联网改造成"联结"，同样的市场营销元素有的被淘汰，有的被重构之后却爆发出与以往不同的能量。传统商业关系、竞争优势已不复存在。

改变市场营销格局的不仅仅是技术，在市场营销新格局的背后，有人与人、人与物、人与服务关系的重构，甚至还有物与物、物与环境、服务与服务的高度互联；同时虚拟与现实、线上与线下、互联网与传统产业互联互通，相互融合并连接为一体。在这样特定的场景之下，一种全新的新型商业形态悄然出现，不但重新定义了企业、产品或服务、消费者之间的关系，而且代表着具有市场竞争优势的全新商业价值模式的诞生。

▷ 1. 从连接到联结，商业关系的重构

"企业、产品或服务、消费者"是最主要的三个商业要素，其交互作用实现了交易，构成了商业价值的创造。"连接"是实现交易的重要机制。同样的企业、同质的产品或服务、需求区别不大的消费者，往往却因为连接机制不一样而形成完全不同的竞争力。在传统商业模式中，连接将企业、产品或服务、消费者关联起来形成商业关系。在宏观层面，形成价值创造和价值获取能力；在微观层面，表现为研发、生产、管理、营销等商业运作模式。这种连接以产品或服务为纽带，但连接强度较低、关联程度不高、连接目的不清晰，连接范围也受到地域限制，这是一种"弱连接"。

重构后的新型商业关系形态中，企业、产品或服务、消费者与市场的边界变得越加模糊，相互之间关联度越加紧密、深入、清晰和广泛，形成了一种"你中有我、我中有你"的统一体。企业已不再是市场的主宰，需要不断创新，满足消费者需求；消费者有了更多的话语权和主动权，甚至还要参与到产品的研发、生产和营销的全过程；产品或服务不仅要满足各式各样的功能需求，还要提供高质量的个性化体验；商业价值创造和获取变得更加复杂。商业关系重构之后所形成的紧密、复杂、动态变化的"联结"关系，是"连接"关系的进化、发展和质的飞跃，是更多交互性、更多维

度的"强连接"。面对这种联结环境，如果某企业实现不了联结，就可能被用户抛弃，或被竞争对手超越，成为移动互联网时代的"殉葬者"。

同样是智能手机，同样立足中国市场，2010 年诺基亚的销量持续下滑，但仍然拥有 32.6% 的市场份额，而苹果只有少得可怜的 3.4%，但几乎所有人都看清了苹果的崛起和诺基亚的衰败。虽然两者都有同样的"质"、同样的产品和同样的市场，但是"形"和"性"有天壤之别。3 年后苹果的利润份额达到全球智能手机市场的 50% 以上，诺基亚却挣扎在亏损的边缘。诺基亚虽然拥有巨大的市场份额，累积了广大的消费群体，但企业与消费者、产品与消费者之间的"连接"是脆弱的、割裂的，消费者与消费者之间几乎毫无关系。早期的苹果虽然市场份额较少，但产品与消费者有强烈的、交互性的、清晰的、多维度的联结，消费者与消费者更是结成了强大的"粉丝军团"。

▷ 2. 重构商业关系的驱动力量

商业关系是人类社会最基本的社会形态之一。在传统营销中，产品或服务是维系商业关系的核心要素。经过产品或服务将企业与消费者连接在一起，产品或服务是价值创造和价值获取的桥梁。随着大众媒体和广告业的发展，企业与消费者的连接开始加入广告元素。商业关系发生改变，产品或服务不再是唯一重要的连接元素，品牌的作用开始凸显。在这种商业关系中，企业、产品或服务、消费者之间连接起来共同组成了商业市场，但这种连接相对独立、相对松散和相对间接，企业只关心盈利，产品或服务只满足交易，而消费者只能被动接受交易。随着网络提速、接入设备增加、接入范围扩大及计算设备的小型化、移动化，再加上数据采集能力的提升和数据分析能力的大幅度提高，构成新型商业关系重构的驱动力量。因为网络、计算、数据技术的提升与普及，人与人、人与物、物与物之间的连

接得到了极大的强化，其基本特征就是社会化网络、移动互联和大数据。

社交的本质是人与人、人与企业的关联。因为社交网络的发展，连接由间接变为直接、行为由未知变为可知、到达由模糊变为精准、沟通由单向变为互动、传播由无序变为社群。移动的属性是随时随地传达信息，带来了连接随时性、服务随地性、体验极致性和应用多样性。大数据的价值则是让一切都可追踪、可探查、可分析，实现了来源可溯性、信息可得性、数据联通性、分析可行性和反馈及时性。社会化网络、移动互联和大数据技术的完美结合，变企业、产品或服务与消费者的"弱连接"为"强连接"，重塑了商业关系和商业规则，特征是"去中心化"和"去中介化"。

"去中心化"表现在以消费者为中心的信息结构模式，互联网的本质强调分散、去中心化，即最大限度地到达并快速连接用户。过去是通过百度搜索产品或服务信息，电商也多以新浪、搜狐等门户网站聚集用户，现在是用户按照兴趣自由组合信息，企业必须在社交网络搜集用户信息，即便是淘宝、苏宁等这样的电商巨头也需要直面移动社交带来的冲击。

"去中介化"意味着规模化、集中化的中间环节，被直接到达的交互性"联结"所替代。互联网的最大功能在于把连接路径缩短、降低信息获取成本和交易成本。一方面，连接的可直达性和数据管理的便捷性，降低了企业对中介的依赖性，中小企业甚至"个体户"都可以与消费者直接构建消费关系；另一方面，中介服务必须整合，从而提供个性化服务。

▷ 3. 商业关系重构与场景式营销

从"连接"到"联结"，商业社会进入"新常态"、商业关系得以重塑、商业元素的功能发生根本性改变。企业已由创造型掌控主体变为创新合作者，其成长模式也由资源整合型转变为网络生态型。企业需要持续创新才

能保持竞争优势，而创新不一定是把产品的功能做得更好或更完善，而是如何强化与消费者的"联结"。如诺基亚防水、防摔、防身的超级"神机"，最终难敌"让用户尖叫"的苹果。这是因为诺基亚在努力提高产品的品质之时，苹果却在致力强化与消费者的联结，整合消费者真正期待的产品体验，因为有了这些体验，才能让企业与消费者紧密地联系在一起。从这个意义上来说，企业所能联结的关系与可整合利用的资源比经济实力更重要。

产品或服务在新型商业关系形态下的地位也发生重大变化。在传统商业社会，产品或服务扮演着"连接媒介"的角色。但在新型商业关系形态下，产品或服务成为不同服务网络间可相连、可协作的一个"接口"。如小米手机以最好的硬件为噱头，祭出"为发烧而生"的口号，但就品质和功能而言，小米并不比苹果、三星做得更好，只不过解决了消费者重要的生活需求：低价享受一流性能。更重要的是小米拥有超强的联结功能，拥有上亿消费者组成的"米粉"。

新型商业关系形态下，变化最大的莫过于消费者。因为联结效应，分散、被动的消费者成为新型商业关系的创造主体，从同质性群体转变为个性化群体，从分散的弱势群体转化为目的性较明确的组织化社群，从需要引导的顾客转变为熟知产品的消费者，从普通消费者转变为产品创新的引领者。只有他们熟悉并喜爱产品，才有可能成为产品最终消费者。

"圈住眼球"仅是第一步，重要的是培育用户使用习惯、增加黏性、拓展价值链，这才是场景式营销的真谛所在。因此，构建以消费者为中心的生活场景，把产品或服务的研发、制造融入特定的场景，强化与消费者的联结，最大限度地满足消费者体验需求，场景式营销才会收到立竿见影的效果。

8.6

受众精确定位与分众精细化

互联网和移动互联网的本质是立体、多点、全方位、全时空的不间断连接，与传统意义的连接不同，其革命性意义在于打破了人类社会几千年来的单一中心模式，将金字塔型的社会结构扁平化。没有中心，核心元素就是人人都是中心。比如，以前了解信息，多是浏览中央新闻媒体，而现在一切都在改变，不再仅看电视、报纸，而且在手机上随时随地接收信息、随时随地发送信息、随时随地制造信息，每一台电脑、每一部手机、每一个人都变成一个信息中心，社会变成多中心的社会，人类进入多中心的时代。

经典的市场"定位"理论告诉我们，某项产品或服务如果要进入一个市场，必须分析：目标客户是谁？需求是什么？产品如何定位？如何满足目标人群的需求？但在移动互联网的强烈冲击下，一切将彻底改变：快餐式阅读、注意力分散、碎片化时间、商业关系重构等，"去中心化"趋势愈演愈烈，这是一把"双刃剑"：一方面，将原有的商业模式、营销理念、沟通内容和资源配置切割成碎片；另一方面，又促使技术、平台及各种创意等各种要素重新整合，为场景式营销功能的施展带来无限的想象空间。

每一个人都是"中心"与每一个人的消费时间"碎片化"并行不悖，适应"去中心化"和"时间碎片化"态势，围绕不同消费者在特定场景下不同个性化需求，塑造不同场景化的"触点"是必然趋势。

2015 年，国内大批 O2O 公司纷纷"夭折"。根据之前互联网权威部门的专业盘点，O2O 最火爆的餐饮、旅游、汽车等 16 个行业领域，千余家企业都在阵亡名单之列，缺少对用户需求的精准把握和疯狂、盲目地砸钱而最终没有赢得广大消费者的广泛认可，成为压死这些企业的最后一根稻草，也给场景式营销敲响了警钟！如何更好、更精准地了解消费者，以真情实景赢得消费者的"芳心"？如何提高消费者对产品品牌的忠诚度？如何与消费者保持长期稳定的关系？

"受众定位"指以受众本位为思想基础，确定目标接受人群，在信息传播活动中，以受众为中心，满足受众获取信息需求。这就如电视节目受众大致分为两种类型：一种是宽众型，不分阶层群体，面向全社会各阶层、各群体所有受众；二是窄众型，基本面对特定受众群体。虽然受众定位宽窄不限，但首先必须明确掌握受众的年龄层次分明、文化水平、经济状况、欣赏品位、基本需求、群体倾向等方面的问题。只有精确受众定位，电视节目才会有观众、受欢迎。如湖南卫视综艺娱乐节目《快乐大本营》，以新鲜的题材、多样的形式、清新的风格、新奇的内容，注重知识性、趣味性和参与性等艺术方式，引领观众走向一个崭新的视听空间，成为全国最有影响力的频道栏目之一。《快乐大本营》以年轻观众数量最多，24 岁以下观众比例约占 36%，同时辐射各个群体，45 岁以上观众比例达到 28%，其中女性观众比例达到 60% 以上。湖南卫视《快乐大本营》将节目受众群定位为"锁定娱乐、锁定年轻、锁定全国"，敢于突破时空地域限制，放大娱乐元素，全力打造"娱乐资讯的个性化"节目。"快乐大本营，天天好心情"，很快在全国掀起快乐旋风，成为"最具活力的电视娱乐品牌"，

被媒体专家称之为"快乐旋风"，引发了全国电视界的"综艺节目"变革。再比如凤凰卫视的话语空间《鲁豫有约》。节目采用迎合大众口味的栏目话题，寻求公众话语和个人话语之间共鸣点及个人窥视他人心里秘密心态的平台，目标受众定位于一批文化层次高、收入高、社会地位高的人群，同样赢得大批忠实观众。

与其他营销模式并无两样，场景式营销同样要面对如何做好"受众定位"的重要问题。如果不知道"受众"在哪里，场景式营销就无从谈起！

场景式营销中的"受众定位"，与传统营销中企业定位、产品定位、竞争定位完全不同，虽然同样需要围绕着消费者展开，但有根本的区别：一方面，"受众定位"以消费者为中心的大数据搜集、分析为依据，针对消费者的消费习惯和消费偏好，运用最先进的技术手段和方法主动去适应；另一方面，"受众定位"从人性入手，借助移动互联、传感和定位技术，分析品牌、产品和消费者之间内在联系，深入挖掘消费者在特定场景下的内在真实需求和兴趣点，并与人性的某些元素如好奇、偷窥、愤怒、感性、高兴、忌妒等结合，构建符合消费者心境的场景，影响和诱发消费者消费欲望，既适应品牌或产品的定位贴合，又能最大限度地满足消费者的需求。

2015年8月，向来以营销著称的"小米"又有新动作，选择与"滴滴打车"达成战略合作协议：滴滴打车APP成为小米新品红米2的首发合作平台，北京地区的滴滴打车用户还可以享受红米2提前体验和快速配送服务。快的打车与滴滴打车合并后组成新的"滴滴打车"业务发展迅速，先后布局拼车、代驾、定制班车市场，备受风投资本追捧。2015年7月，"滴滴打车"宣布获得20亿美元的融资，成为当时全球非上市公司最大融资。小米公司通过短短5年的快速发展，已经一跃发展成为国产智能手机的领航者。小米与滴滴合作，此种做法以前并不多见。小米与滴滴，一个是国内智能手机的巨头，另一个则是移动出行的领军者，看似两个互不相关、互不联

系的行业，为什么要进行深度合作，同时在滴滴首发？

众所周知，滴滴和快的改变了人们传统的出行习惯，尤其是在合并之后，围绕着消费者出行需求，滴滴快的构建了一个集出租车、专车、代驾、巴士等产品为一体的"一站式"平台。通过滴滴快的，用户的差异化出行需求可以得到满足，滴滴快的成为行业关注焦点。在消费者层面，经过 3 年的发展和积累已拥有近 2 亿用户，且日订单金额近千万，牢牢占据中国移动出行市场的领先地位。虽然滴滴快的发展迅速，但一直在探索商业发展模式，陆续推出积分商城、游戏中心、打车红包等，还尝试各种跨界合作。此次跨界联合小米，滴滴快的还将为小米提供快速配送服务。可以看作滴滴快的"移动出行 + 物流配送"方面的一次试水。

彼时，小米成立 5 年，智能手机出货量仅次于三星、苹果和联想，排名全球第四。为了保持出货量的持续增长，小米也在不断寻找新的销售渠道。对于小米而言，滴滴快的海量高活跃且有良好支付习惯的消费群体，正是小米手机的潜在消费者，可以帮助小米进一步开拓社会化推广和销售渠道，深层含义则是拓宽"受众"的新商业模式。

2014 年 12 月，据《福布斯观察》发布的一项调查显示：亚太地区营销人员认为，多样化的"受众定位"方法比其他方面更重要。

"分众精细化"同样是场景式营销面临的重要课题。场景式营销之所以要分众精细化，这是适应移动网络新技术所缔结的信息传播结构中，"权力"分散、"中心"弱化、需要面对"去中心化"的现实；有统计数据显示：国人每 6 分钟要看一次手机，平均每天翻看手机 150 次左右，大家都在寻找一种存在感，又在完成个人信息的整合；自己既在购买产品或服务，又在向好友推介产品或服务；营销和消费几乎可以同时完成，每个人既可能是消费者，也可能是营销者，营销和受众的身份可以互换。

这种互动性赋予人们在消费环节，具有充分转换角色的自由，受众不

再是被动地接收营销信息，而是主动掌握、控制信息，甚至参与信息的传播。特别移动智能让每一个消费者时时处于频繁的"个体移动"之中，"小众化"趋向越来越清晰，这就要求在运用场景进行营销时，必须用动态的眼光看待和研究消费者"个体移动"、所处的场景不断变换的特点，科学地把握消费群体聚集、移动的生活轨迹，寻找最佳场景诱发消费者的"触点"，提高场景式营销的效果。

社会分层的精细化是社会进步的积极表现。随着社会物质的丰富和文明程度的提高，社会呈现"多层级"特征是社会发展的必然趋势。所谓"多层级"，指的是社会组织分工越来越细化，群体特征越来越清晰，从而划分人群的分层标准不断被修正。仅采用传统人口统计方法已经无法对社会形态进行划分，更无法准确地判断其消费观念与消费行为。比如，人群精细化分层主要表现为文化价值取向的差异，但在某些特定的场景下，年龄、收入和学历未必能成为"高消费"群体的主要判断标准。一些"新富翁"未必都是高端收入的群体，而是接受了超前消费意识的群体。

用"移动"的眼光追寻消费者的聚集和移动，就能发现消费者在移动过程中所形成的特殊场景。如按照不同居住小区的人群分层、按照不同购物场所的消费者分层，甚至求学人群的分层等。多层分级的特点表现为群体受众的轮廓越来越集中和清晰，对于场景式营销而言，则是目标受众不断的集中和清晰化。很明显，准确把握多层分级现状，为场景式营销提供了契机。

PART 9

场景式营销的痛点分析

9.1
直面和解决消费者痛点

通俗地说，消费者的痛点是消费者急切需要解决，但又没有得到满足的问题。当消费者某个迫切需求被满足时，自然就会产生愉悦的感觉；而消费者的愉悦程度则取决于产品或服务的交互设计和功能。也就是说，痛点是消费者基本需求和潜在需求，基本需求指吃、穿、用、住、行及生理、心理、文化、价值等；潜在需求指在基本需求基础上衍生出来的享乐、安逸、舒适、快乐、兴奋等。解决消费者痛点，是场景式营销成功的必要条件。

围绕解决消费者"痛点"开展营销的成功案例很多。由于手机时不时会收到电话推销广告，消费者恨不得卸载手机的通话功能，于是有了"搜狗号码通"；缴水电煤气费要排长长的队，但又不愿看银行工作人员的脸色，于是有了"支付宝钱包"；遇到头疼发热等小病，到医院就诊能折腾成大病，又不敢随便吃药，于是有了"家庭用药"；一个人到了一个新地方，面对四周林立的餐馆，却不敢贸然进去用餐，于是有了"大众点评"等。这些都是隐藏在消费者内心深处的"痛点"，痛中还有一种难言之隐的羞辱感觉，而这些产品或服务的出现迅速化解了"痛点"，因而赢得了消费者认可，

占据了广阔的市场空间。

抓住消费者"痛点"、构建场景开展营销较为精准的是"海飞丝"。早期的海飞丝营销构建了这样的场景：第一次拜访岳父母时，岳父母满眼看见的是年轻人上衣的头皮屑，满脸不悦；面试时，面试官紧锁眉头盯着年轻大学生整齐得体的上衣那片片白点等。因为头皮屑不讨家长喜欢和受聘不成功，万恶的头皮屑是消费者心中说不出的"痛点"。如何解决这个痛点呢？海飞丝场景告诉消费者：用海飞丝！2015年"双11"过后的第二个周末，很多人的快递还在路上，海飞丝又在全国22个城市举行大规模的换领活动。海飞丝举办50万瓶的"免费换领"活动，自然不是"土豪"慷慨撒钱，目标特别清晰：提升品牌渗透率！海飞丝每年销量稳步增长，牢固占据着洗发水品牌销量前三。但事实上，在快速扩张的过程中，海飞丝的危机已浮出水面，其在国内的渗透率越来越低，原因是对年轻人的吸引力越来越弱，没有被年轻人广泛接受或认可。毫无疑问，年轻人代表未来，如果一个产品或服务不能满足年轻人的有效需求，终将被无情抛弃。为了搞定年轻人，海飞丝推出一系列改革，主要从产品研发和品牌塑造两方面发力。前者加大研发投入，组建全球一流的研发团队，致力打造让消费者"尖叫"的产品，继续保持在去屑市场的领先优势。相对于产品研发比拼团队执行力，品牌塑造对企业提出了更高的挑战，除了涉及投入大量资金和资源，更重要的是在消费者已有认知基础上，灌输新理念，而且要被广大消费者广泛认可和接受，这是一个相对漫长而且艰巨的过程。尽管困难重重，海飞丝还是果断地迎合年轻人需求，大力追求品牌年轻化，力求成为年轻人去屑的首选品牌。一方面，海飞丝一改过去偏爱成熟、稳重"大叔级"代言人的风格，转向挑选年轻、帅气、实力派偶像，通过品牌形象代言人的与时俱进，完成品牌塑造第一步，使消费者对其认知有所改观，至少没有停留在过去大叔专用品牌定位上，但离吸引消费者购买，甚至主

动传播还略欠火候，原因在于不足以构成年轻人购买的欲望。"明星代言"对品牌推广固然有效，但也不是万能灵丹，得益导向和从众是人性使然，也是普遍的消费心理，且两者互相推动。人对利益的抵抗力几乎为零，利益导向通常会加速从众心理的蔓延。所以，给年轻人实实在在的好处，才能让他们对品牌产生好感，加上产品高品质的加持，容易产生口碑传播和刺激消费的正向循环。此番海飞丝大手笔"免费换领"，意在转化品牌形象的基础上进一步向年轻人靠拢，提升品牌在年轻群体中的影响力和号召力，进而改变品牌渗透率下降的现状。再比如，近年来异常火爆的"怕上火，喝王老吉"，让凉茶王老吉的销量一度打破了可口可乐帝国的神话。这句简单明了、铿锵有力的广告词，直接触碰到消费者普遍存在的痛点：上火！吃火锅怕上火、吃辣椒怕上火、天气干燥怕上火等，这些都是消费者心中的痛，怎样解决呢？请喝王老吉凉茶！

消费者的"痛点"，在很大程度上就是消费者的有效需求。挖到消费者的痛点，就等于为产品或服务找到了市场和消费者。如果没有发现消费者的"痛点"，无中生有也要创造一个痛点，这是许多营销者经常采用的营销战略。

传统营销的主流思想是"定位理论"，品牌推广的重点是"差异化"和"找卖点"。如今，移动互联网横空出世，一些企业营造特定场景带来巨大市场回报和品牌黏度后，场景思维逐渐成为主流，而且创造出更大的市场效果。这个思维的最大变化就是，变找产品的"卖点"为找消费者"痛点"。

两者之间虽然仅为一字之差，但内涵差异远不只一字。"卖点"是营销人员站在自身角度发现自身产品的优势，可能是相对优势，也可能是绝对优势，只能代表"我有什么""我的产品的特点值得你购买"；却没有体现出消费者"你需要什么""你为什么愿意付费埋单"。所以，在实际营销过程中往往是"孤掌难鸣"，得不到消费者的认可。而场景式营销找"痛

点"则不同，是真正站在消费者需求的基点上，发现需求、最大限度地满足需求，因而容易获得消费者的青睐。需要说明的是，能成为"痛点"的需求不一定是简单"卖点"，甚至可能与厂商提供产品属性没有关系。例如，干果营销，是否为原产地、质量是否安全、颗粒是否饱满都是传统营销中的卖点，也可以成为消费者买点。而消费者买后如何食用常常被厂商忽略，甚至很多人购买时认为吃核桃会崩掉牙、吃松子会劈掉指甲等都是常事，尽管感觉不爽，这和产品营销似乎无关，但痛点确实存在。于是"三只松鼠"发现并抓住消费者买后食用不方便的"痛点"，在产品销售时提供简易的食用工具，让消费者自始至终有一个好的体验。也因此在不长时间内，"三只松鼠"成为国内干果销售的第一品牌。从"买不买"到"买了如何吃"这是传统营销思维向场景营销思维转变时出现的新思考。场景式营销彻底摒弃了传统营销做法，而是不停地挖掘、寻找、解决消费者的"痛点"。

在以往的营销实践中，许多人想当然地认为，解决了痛点就等于找到了卖点，但随着消费者需求和行业的快速变化，"痛点"也会发生变化，而这时许多厂商仍一窝蜂地聚焦于"曾经的痛点"。所以，寻找消费者痛点的过程，往往意味着"提出新的问题"，而不是针对"原有问题提出正确的解决方案"。谁最先挖掘发现了消费者的痛点，谁最先提出解决方案，谁就能逆流而上，在纷繁复杂的市场中占据制高点。

那么，在场景式营销中，如何寻找、发现消费者的"痛点"？

▷ 1. 在产品研发阶段开始寻找

寻找消费者的痛点，是在产品研发阶段首要考虑的问题。即将推向市场的研发产品满足了消费者的哪些需求？消费者在特定的场景下使用产品会不会很满意？这一点特别重要，不能想当然。否则，投入巨额资金研发

的产品可能会失败，就是因为确认的痛点没有经过小规模的测试来控制风险，或者因为耗费成本，走了弯路。就是说，研发者找到了消费者的痛点还不够，必须在特定场景下通过一定规模的测试，观察分析消费者使用产品是不是很满意，而不是凭主观臆断认为消费者一定很满意。

▷ 2. 做最小规模产品原型测试

围绕消费者的痛点，建立最精简的产品原型。这个产品原型只包含最基本的功能模块。然后在最短时间内上线这个最基本的产品原型，认真搜集和分析反馈的数据，如果产品解决痛点方案不被消费者接受或认可，那么就立即改变产品设计、研发的方向。当我们在找到消费者痛点后，不要急着去做大的产品规划，而是要针对痛点建立最小的产品形态，构建简易的营销场景，先观察这个是不是消费者真正的痛点，产品是不是解决了消费者的痛点，用最小的代价去做实验，这才是最明智的选择。

▷ 3. 与消费者一道开发产品

产品或服务是在厂商的试验室设计、开发的，但最终是要走向市场售给消费者使用的。除非研发者非常了解消费者痛点，并能从这些痛点中找到突破点，否则很难获得产品营销的成功。如果不是特别了解或特有把握准确判断消费者痛点，最好的办法是"邀请"一些消费者参与产品或服务的研发、设计，让消费者帮助寻找和确认痛点，这样，成功的概率会大大提高。

9.2
多种营销模式的整合

    每一个人在每天的生活、工作和学习中，每时每刻都处于不同的场景之中，会产生各种不同需求。有一些是长期需求，有一些则是持续的短期需求。如消费者刚来到一个陌生城市，最迫切需要解决的是吃饭、住宿需求。而一旦入住宾馆、走出餐馆，这些需求基本满足后，消费者又会产生其他需求，如去娱乐场所或其他方面的需求。这时推介宾馆、餐馆吃住方面的信息给这位消费者便没有了实际意义，只有推介影院、夜总会方面的信息，才能触发消费者的消费意向，使其完成下一次消费行为。

    对于厂商来说，通过丰富的信息推介，实现消费者生活场景的无缝覆盖，建立全场景的营销布局，一方面，能够基于产品或服务的特征，让营销与消费者在特定和应用场景下的需求与体验相匹配；另一方面，强化彼此之间的关联度，能够对消费者产生水到渠成的营销效果，发挥品牌自身的强大优势，帮助提升消费者对品牌形象的认知度，这正是厂商不懈追求的目标。

    场景是场景式营销不可或缺的要素，场景式营销说到底，就是要多场景触达并诱发消费者产生购买欲望，否则消费体验与品牌需求只能是空话。

　　以"红牛"为例，红牛进入市场之初，推行"提神醒脑，补充体力"和"渴了喝红牛，困了、累了更要喝红牛"的能量供应理念，希望帮助熬夜加班的人群保持足够充沛的精力，让更多的人了解红牛、体验红牛，这一理念获得了大量拥趸，红牛市场也得到了进一步的扩大。但红牛仍不满足于此，在满足消费者需求的同时，引导和培育消费者，让"你的能量超出你的想象"得到更真实的印证。2015 年，红牛开创了一个全新的夜生活场景："红牛之夜"。间接地告知消费者，经过一天的紧张工作，不应该再强迫自己已疲惫的身心去承受更多，也不要再试图压抑最真实的自我。经过红牛精心调制、创造出的"红牛鸡尾酒"，带来全新的享用地点和全新畅饮方式：虽是熟悉的夜店场景，却有新潮的说唱音乐，更有时尚男神华丽现身，让每一位红牛消费者能够体验不一样的夜生活。

　　"红牛之夜"意在开拓全新的产品营销渠道，突破原有品牌定位的限制，挣脱过去传统消费方式和消费观念的束缚。"红牛之夜"为了实现这一宏伟目标，在着力构建多元化的城市生活、多元化的夜生活体验、推出多元化产品的同时，打造多元化营销场景。红牛不再局限于渠道、卖场，不再局限于零售方式。再次启程时，通过全新营销模式——音乐营销、明星效应、场景体验等营销整合，区别于常态的推广方式；精心设计产品消费现场，采用多场景打造热传播，吸引更多的消费者参与；将消费者置身于多种场景之中，让品牌直接与消费者亲密接触，既以生活方式与消费场景来打动消费者，也丰富了消费者体验。正是通过这样的方式，红牛将其特有的产品新概念，渗透到全新的消费场景中，用真实的消费场景发掘消费者消费欲求，塑造更强的品牌效应，从而开拓全新的市场领域。

　　红牛的启示在于：场景体验结合音乐营销，同时辅之以明星效应，更有利于创造贴近产品的购物环境，为消费者打造出另一个崭新的能量世界。顺应时代潮流，将深思熟虑的市场切入角度与灵活新颖的推广理念相融合，

这样才能给消费者带来更多的选择，才能成功赢得消费者更多的期待，从而引起消费者的共鸣，将品牌推广到更广、更深的层次。

随着移动互联网与传统商业模式的不断融合，使得大量移动互联网产品雨后春笋般地涌现，每个人都成了市场的"中心"，场景式设计成为产品营销中最重要的因素，"场景"在移动互联网时代演绎和延伸为场景式。

什么是场景式？场景无处不在，在特定的时间、地点和人之间存在着特定的场景关系，延伸到商业领域便引发不同的消费需求。举例来说，朋友聚会，在大家都讨论哪家餐厅就餐的这个场景里，自然而然就要查询一下附近有哪些餐厅，哪些餐厅的味道好而且实惠。"大众点评"就能契合消费者的这个需求，"吃饭前挑选餐厅"就是一个"场景式"，并由此衍生出下一个消费需求："去哪家餐厅就餐"。如果是一家企业做场景式营销，情况自然比"找一家餐厅吃饭"复杂得多。不仅要密切把握消费者消费节点的变化，而且需要与潜在消费者进行互动和沟通，提升消费者体验，实现品牌价值观的传递，这就需要将各种互联网资源整合，追求多触点、多渠道、多场景的一致，通过"万箭"穿心，达到品牌形象的持续传播。

"搜狗"正是通过丰富的用户产品，实现了网民上网的全营销场景无缝覆盖，让消费者始终置身于场景中，优化用户体验，渐渐勾勒出全场景的营销版图。使透过产品技术布局 PC 端及移动端跨场景整合营销变成了现实。

据统计，网民上网时，搜索、输入、流量覆盖了绝大多数网民上网的行为场景，他们主要借助这三种方式获取信息。而搜狗基于输入法、搜索、浏览器三大核心产品构建的三级火箭发展模式，实现了网民上网主要场景的完美覆盖，恰好满足了网民上网的需求，并以此为基础实现了商业变现。搜狗通过搜索推广、图文推广、平台开发、输入法皮肤等众多商业产品，为企业提供精准的营销机会，将企业品牌推广与网民上网行为实现全面融

合，打通网民的行为需求与消费需求，既能最大化变现流量，又兼顾了用户体验。场景式营销的真正创新之处在于，不只是把技术作为实现创意的工具，更为关键的是，营销工作的策划、制作人员在思想层面与移动互联网、场景思维深度融合，密切关注消费者需求和消费者在特定场景下的体验，并将这种需求和场景体验结合起来，消费者在纷繁的信息海洋里接受场景的引导，让跨场景整合营销发挥更大作用。

"搜索"是用户上网获取信息最常见、最主要渠道，在搜索场景中用户消费诉求简单明了，所以，"搜索引擎"历来被广告商所重视。基于PC端和移动端的屏幕显示不同，搜索场景呈现出两种完全不同的发展趋势。基于用户使用习惯的改变，PC端与移动端的双屏整合营销，已经被越来越多的企业选用，尤其是在搜索场景中，可以结合用户的上网时间，让碎片化时间得到充分利用，有效扩大覆盖范围。如搜狗与"聚美优品"的合作，正是采用"双屏跟进"策略。在PC端为满足聚美优品多维度推广需求，搜狗搜索通过品牌专区对"聚美优品"的品牌、活动、促销、APP、电话咨询等信息进行同步展现，有效提升了品牌形象和消费者关注度。

基于广告商在搜索场景的品牌宣传需求，搜狗在PC端推出面向不同行业客户需求的广告形式。搜狗搜索开放平台，可以在搜索结果页面给用户提供更多信息，如通过特殊产品样式、大量的曝光频率、关键词、精准定位等手段，使企业的展现结果更丰富、获取的流量更具有商业价值，同时让用户在搜索平台上与客户进行更多交互，提升体验和营销效率。能够更加开放、公正地与各个垂直领域的优秀企业合作，为网民提供更好的服务。

在移动端，配合智能手机屏幕的特征，搜狗选择在焦点位置，突出聚美优品的推广重点：APP下载，有效提高了转化率。同时，搜狗独立的搜索APP上线，意味着搜狗加速移动互联网布局，覆盖16大行业近千家企业。自与腾讯合作以来，腾讯庞大的移动业务为搜狗搜索提供了大量搜索入口，

制造了很多移动搜索的整合与创新场景，搜狗移动搜索的发展也因此有了更大的想象空间，这也是众多品牌厂商选择搜狗移动搜索的重要原因。双屏跟进，整合的是用户的碎片时间；而在聚美优品看来，意义则是网罗更多的潜在消费者。在聚美优品这次推广中，移动页面浏览量接近 PC 端，相比于单纯的 PC 端推广，此次双屏推广让聚美优品多收获近 50% 的点击率。

用户上网浏览行为所包含的信息异常丰富——人口属性、兴趣爱好、购物属性等，那么，该如何实现消费者与商品之间的精准对接？"搜狗晨星"作为搜狗精准展示广告产品，覆盖搜狐等数百家门户网站，每日展现量超过 10 亿，依托后台海量的数据及分析技术，将获得的丰富用户信息运用到广告定向和匹配中，找到产品的目标受众，让广告出现在真正需要的人面前。

9.3

场景式营销需要"移步换景"

在文学作品的场景描述中，人走景移，随着人物注意力或观察点的不断变换，不断展现新的场景画面。"移步换景，别有洞天"，虽然赞叹的是自然、空间场景之美。如果移植于场景式营销，同样适用。不同目的、不同兴趣的用户上网场景存在着巨大的差异化，即便是同一用户不同时间的上网场景，也在不断地发生变化。移动智能终端技术的发展，加剧了用户上网场景的不断切换：在办公室、家里、户外，甚至上下班的路上都可以随时随地在互联网上遨游。这使得场景变换在场景式营销中被赋予了更为特殊的意义，如何把营销更恰当地切换到用户所在，并使之成为用户乐意接受的场景，已经成为场景式营销的重要课题。

严格意义上来说，"场景式营销"将是移动互联网时代做营销首要考量的重要因素，当构建的营销场景越符合消费者的生活形态、越接近消费者的真实生活，对消费者的感染力影响力就越强，品牌的推广效果就越好。道理特别简单：移动互联网时代的营销市场已经发生了巨大变化，不仅是"小屏"和"跨屏"营销问题，还是根据消费者所处的地理位置进行受众分群，

并基于场景分析提供程序化信息投放的时代。其主要特征，不仅仅是"跨屏"，更偏重于真实用户轨迹的"移动"。这是因为消费者在没有定位之前的"移动营销"，仅仅是"小屏"甚至是"跨屏"营销，充其量是 PC 电脑端的延续，而有了位置定位后，通过对受众使用智能手机所处的不同场景进行相关数据分析和积累，可以准确判断受众所处的精确位置、目的地去向等，甚至通过分析受众去过的某些实体商店购物频率和购买习惯，可以大致判断出消费者对产品或服务和品牌的忠诚度。

2014 年 11 月，腾讯推出的系列创新移动广告产品"移步换景"，便是针对消费者移动场景，而推出的基于用户位置服务的地理定位、使用时间及历史行为等数据，对用户所在的场景进行分析判断，广告商使用腾讯开发的"移步换景"则能实现更具针对性的场景式营销投放：不仅不同的行业客户可以选择出最有利的营销场景，同一个品牌也可以在不同场景下变换与用户沟通的信息内容，在消费者一天不同的生活形态中"投其所好"，增强营销内容的关联度和命中效果。基于地理位置信息，通过移动端连接真实世界与虚拟世界能够创造很好的营销效果。根据美国一家权威机构统计显示：一般的移动广告点击率为 0.4%，而但凡基于地理信息的移动广告的点击率则超过平均水平；其中，基于位置感应设备和地理围栏技术的移动广告效果可达到平均水平的 2 倍，而在此基础上，基于对受众位置轨迹和真实移动监测的移动广告，点击率则更高。基于地理位置的定向营销的价值，不仅在于广告点击率的提高，更深层次的意义在于构建了现实世界的"场景式营销"，摆脱了场景式营销仅在智能手机上"小屏幕营销"的格局，让真正的场景式营销得以落地、生根、开花。

当然，地理位置信息要足够精准，才能准确判断受众在实体商业网点有没有光顾和消费，这需要比地理围栏更精准的技术判断，只有在这一前提下，在定向推广时才可以对商场内的消费受众和店门口路过的受众采取

不同的策略，实现"移步换景"，将"路人"转化为品牌的"粉丝"。

这是一个"移动互联"时代，每一个人的生活都被智能移动终端包围着，智能手机几乎延伸成人们身体的一个"器官"，无时无刻不在影响着人们的生活。据谷歌发布的消费者网络行为报告显示：移动设备正成为亚洲消费者的主要应用平台。在全球智能手机使用率最高的 10 个市场中，亚洲实际占据 5 席，其中中国的比例高达 74%，远高于美国的 57%。这对于市场营销者来说，意义重大而又深远。一方面，可以借此了解消费者行为的变化，利用定位服务调整营销内容和模式，开拓场景式营销的空间和范围；但另一方面，也对场景式营销的精准性提出了更高的要求，不仅要对移动端的目标群体进行精确细分，而且要通过对时间、地域、终端、人群等特点多维定向，实现场景式精准营销，最大限度地促成购买行为的发生。

对于地域差异对场景式营销精准度的影响，麦肯锡城市群研究方法做出了详细的诠释，中国不同的城市在收入水平、地理位置、经济贸易等方面存在明显的区别和差异。按照相似性可以被划分为若干城市群，而在同一城市群中，往往可以发现消费者具有共同的消费态度和偏好，其消费能力和用户画像极为相似。腾讯的"卫星城"便是基于这样的原理，通过"城市群"联投，帮助广告商家覆盖范围更广、影响更多的潜在目标人群。移动端用户共同的产品使用习惯，造就了时段性的活跃高峰期，腾讯基于时间维度的"轰炸机"产品，则可以抓住用户使用智能手机的高频"黄金阶段"，以视频贴片的形式进行密集的投放，达到短时间内高频率、高效率的曝光目的。

"传统广告业不会消亡，但传统广告人会消亡！"这绝不是什么"危言耸听"，在场景式营销语境下，营销行业竞争更为惨烈，淘汰转瞬即至，行动迟缓或是一个决策错误，都将会葬身于湍急的蓝海旋涡里。传统广告人如果不能抓住移动互联网快速普及的契机，适时改变广告投入方向，进

一步区分和明确投放目标和方式，仍迷恋于电视、报纸等传统媒介主导的时代，单纯地把消费者、受众当作教堂里的听众，让他们专心致志地接受"传教"，那么，广告商人的消亡也仅是一个时间问题。在场景式营销中，广告商仍然有用武之地，但首先必须将场景思维与用户思维有机结合、将数据有效转化为商业价值。这其中关键点在于：一方面，要能够实现规模化的移动用户覆盖，快速触达、快速海量曝光；另一方面，要在海量用户中找到目标用户，并进行有效的交流互动，推动消费者发生购买行为。

早在2013年12月，"奔驰"首次尝试在微信腾讯新闻插件的下方做图片展示广告，基于微信庞大用户数量的影响力，实现最大程度的营销触达。此后，奥迪、马自达等行业品牌也纷纷尝试该广告投放形式，均取得了比较满意的营销效果。腾讯借势在移动端整合了所属新闻、视频、微信和微博等8大APP组成"亿触达"产品，广告商可以自由组合进行跨产品的整合联投。自推出以来，得到许多知名品牌广告商的关注。

从另一个角度看，基于移动互联网基础之上的场景式营销，虽然可以凭借心智影响或触发消费者购买欲望，但从形式上看，仍然是"眼球经济"，消费者眼球聚集的地方就是财富聚集的地方。当人们用近一半的休闲时间在玩手机、平均每天每人打开手机次数超过150次时，一场有关眼球的争夺战便已悄然打响。移动互联网把人们的时间分割、注意力打碎成片，将消费者、受众的眼球吸引到虚拟的"游乐场"和"信息海洋"，并不断变换"游玩场景"，不时地制造消费者、受众的"聚焦点"，人们的生活场景已经完全"移步换景"化。在移步换景中，消费者同样要面对营销场景中存在着的许多"异景"：数量巨大的垃圾信息，分散了消费者碎片化注意力，互联网经济面临激烈的注意力之争，传播的成本也在不断攀升。厂商们为了博取消费者目光，不得不抓住人性的弱点，有热点就上，不断迎合消费者口味，抱着热点刷存在感。从车展变成"胸展"到比基尼餐厅；从卖场

人体彩绘秀到美女身贴二维码做推广，点越露越多、底线越来越低，只要消费者喜欢，无论低俗与否，都"秀"给消费者赏玩，抢占消费者注意力。刘强东也不得不放下身段，与奶茶妹妹开奶茶馆，上演一场场的爱情活话剧，为京东商城争夺消费者注意力和平台入口；潘石屹不得不在国内楼市萧条时期，策划并亲自参演电影《拆弹专家》和《阿司匹林》，为自己的地产项目进行一场网络娱乐营销；张朝阳也上演了"天安门前玩滑板"的事件营销，为搜狐吸睛等。

　　"移步换景"是场景式营销中的一把双刃剑，既能为品牌推广和传播正能量发挥作用，也能为歹人所用、败坏社会公德。例如 2015 年 7 月 14 日的优衣库不雅视频事件，有网友怀疑是优衣库营销策略，但优衣库随即否认。不管视频属于个人行为还是营销手段，都是不入流的下三烂行为，严重毁坏了社会公德，与正当营销格格不入，只会引起消费者的反感和厌恶，也有人感叹"世风日下、人心不古"。但这都是仗剑人的过错，与剑本身无关。

9.4

互动场景比交易场景更重要

在许多人的意识里，"流量为王，变现为大"。在场景式营销的商业化运作中，把构建场景的重点放在"找到用户需求点，做到最大价值"，"用户量上来后，再做商业变现"。越来越多的商业形成场景内的商业新模式，场景即交易，在 APP 里创建一个特定的应用场景，而这个场景又自然地与商业化进行对接，比如像"什么值得买""辣妈帮"等购物导购推荐类平台均属于此种类型；一些应用类工具如"墨迹天气""新闻头条"等都凭借商业链条缩短、移动支付异常方便的特点，构建特定的应用营销场景，做各自商城和商品的交易与销售。即便腾讯也不断在外进行沟通，包括微信主打与线下实体商店的连接，就是线上与线下（O2O）的一个融合，主要是从做用户连接、做社会化聚敛人气到切入商业化交易，然后再通过互联网金融做杠杆，最后一步步往上走。线上与线下整合的直接结果：提升了公司形象和拓展了业务领域；同时也为经营者开辟了一个收入来源，而这个业务来源与本身的业务并不冲突，包括可以通过广告进行商业化、通过交易进行商业化、通过金融进行商业化等，关键点就是场景即交易，

而移动互联网连接着各种各样的场景。

如果按照消费者主权商业的场景进行切分，营销场景可以分为 5 种类型的市场营销场景：办公室场景、办公园区场景、途中场景、社区场景及家庭生活场景。以途中场景为例，又可以分为交通、旅游、商圈生活服务类等。在整个途中场景中，单就旅游这个途中场景，就有"携程""去哪儿""途牛"等门户网站挖空心思构建营销场景。但对于消费者来说，因为在途中消费场景中，消费者玩的是信息消费，其关注重点大多集中在价格、便捷性等方面。不论是"滴滴打车"，还是"快的打车"，消费者选择的前提仍是考量自身利益、价格实惠及便捷性，而不会锁定某一辆出租车。

事实上，在这 5 种类型的营销场景中，除了"途中场景"之外，决定办公室场景、办公园区场景、社区场景及家庭生活场景营销成功的不是交易场景，而是互动场景。如果没有与消费者的真实"互动"，就不会产生真实的"信息消费"触点场景，没有"信息消费"的触点场景，就没有基于"信息消费"的下意识刺激和情绪上的纠结，这样的交易场景实际价值就不大。所有的线上与线下业务都可以横向分解到互动场景，只有与消费者真正产生了互动，消费者才有可能认知或接受企业的品牌形象，成为企业产品或服务的忠实"粉丝"，企业的品牌形象才能植根于消费者心中。

在 PC 电脑互联网时期，实现交易场景、提升消费者的消费额，形成一个比较经典的交易模型：流量与流量转化率与单个消费者消费金额的乘积。

在这个模式里，流量和流量转化率两个数据发挥着极为重要作用，转化率和客户交易单价实现的前提在于聚集大流量。俗话说，"巧妇难为无米之炊"。流量之于网站，正如同"米"与"巧妇"的关系，无米下锅，巧妇再巧，也难以煮出香喷喷的米饭来。流量的产生和运行又呈现出极具奇特的变化，一方面，互联网要求流量的产生极度标准化；而另一方面，用户使用互联网流量的用途又表现出极度的个性化。流量由运营商的标准

化管道承载和传输，却被异常个性化的平台和亿万终端用户所使用，从而演绎出千变万化的网络场景。所以，淘宝、天猫等电商平台用尽一切手段聚集力量，开发不同增值服务和广告位提高转化率；京东、当当等自营电商平台则千方百计地提高供应链能力，降低产品社会成本，从而降低成本及客户交易单价，其目标还是争夺流量。随着移动互联网的快速普及，碎片化、个性化成为主流；分享、互动、数据流动和新知识提升是消费的新驱动力，从大流量（标准化）到精准流量（个性化）再到争夺场景入口是必然的趋势，场景式营销的意义就在于此！

移动互联网赋予场景式三个决定性因素：消费者时间、消费者空间和消费者需求。时间决定了消费者是基于连续性流量，还是碎片化流量进行生活消费；空间决定了消费者在什么场合、场所、位置进行生活消费；需求则决定了消费者为什么要进行消费。这三个属性交织在一起共同形成场景式，导致标准化流量在不同消费者身上呈现出不同的个性化场景特征。而基于消费者主权商业的五大场景将被重新定义，为营销一个产品所营造的场景往往贯穿其中。每一个消费者的活动轨迹不外乎工作和生活，移动互联网的快速普及，人们工作和生活的边界变得越来越模糊，现在企业已经无法通过"补木桶短板"办法引导企业创新，而需要关注木桶的整个"底"才行。这个"底"就是所有员工工作和生活的价值与企业的关系！如果这个"底"没有被夯实，就无法激发每一名员工实现场景化，更无法与消费者建立互动场景，企业的创新能力更是无从谈起。

消费者的消费主权场景化，实质上就是构建消费者到消费者消费的大生态圈。比如，以工作场景为需求的消费呈现出连贯性，以娱乐场景为需求的消费在特定场合变成了碎片化，那么，消费在两个不同的场景中的价值有着相当大的差异，前者信息消费理性但对价格不敏感，后者则很可能对信息消费感性但对价格敏感。目前的线上线下O2O业务基本上都已经构

建了交易场景，但是运营交易场景的方式还是基于 PC 电脑时代的交易模型，利用朋友圈转发、补贴送产品（服务）让消费者下载 APP 等聚集流量，然后依托大流量吸引资本投资和媒体关注。但普遍存在着流量不精准的问题，所以也难以取得预期的营销效果。如何实现消费从大流量到精准流量，仅依靠交易场景是难以办到的，唯有互动场景可以解决。其中，"触点"是激活互动场景关键因素。就是说，与其花大力气用聚集流量方式形成入口，倒不如构建互动场景引导消费产生消费行为。

"触点"是流量化场景和消费者行为之间的联结"因子"，在新互动模型中，有两个维度：企业维度与消费者维度。企业维度通过不断创新，提供符合消费者粉丝需要的产品或服务，并长期获取利润，用赚到的钱再次创新，进入正循环；消费者维度是企业如何帮助消费者解决问题，让消费者需求得到充分满足。在企业维度层面，利用碎片化渠道和个性化内容的组合，对消费者开展不同的精准互动及符合人性的场景式营销，从而让企业和消费者共建消费者粉丝社群，同时粉丝社群进入社群自组织模式，实现传统组织和自组织的混合组织模式，使企业融入消费者主权商业社会。在消费者维度层面，消费者要么通过"场景→触点→互动"与企业形成弱关系的商业模式；要么通过"触点→场景→转化"与企业形成强连接的商业模式，消费者通过数据触点产生行为与企业进行互动，企业通过数据触点来采集消费者行为，从而对现有的产品或服务进行优化，并为产品或服务带来创新。触点的本质，使企业"人格化"成为有情感的"人"，进而实现人（企业）与人（消费者）之间的互动，触点基于碎片化渠道与个性化内容满足消费者的消费欲望和消费需求。所以，触点和场景通过精准的互动，强化了企业与消费者之间的强联结。这正印证了那句民间俗语：天时不如地利、地利不如人和。稍有改变的是，面对不确定的未来，基于科技带来的数据相对稳定性，"天时、地利、人和"变得已经同等重要。"天

时"就是趋势，所有成功企业，无不是先找对趋势，后补足能力和转换观念，佐证了"交易场景"不如"互动场景"有价值。

　　线上线下、连接互动、场景式营销带来了消费者的"信息消费"新模式，从而激活了消费者需求活力式创新。在消费者的有效需求和真实消费层面，不能只从物理空间维度来理解场景，还需要从消费者潜意识中纠结的心态入手，全面理解和实施场景式营销。场景切换或"移步换景"也就是顺应消费者消费心态的变化；每个场景对应的消费者心态都是稳定的，打破这种稳定的是外在的情绪刺激；从一个场景到另外一个场景，不同的消费者需要不同的"触点"刺激，但总有一种场景触点能覆盖最大的消费者群体，这个触点我们称之为"大概率数据触点"。大概率数据触点和典型的消费者群体，无时无刻不存在于某个场景之中，只要企业营造出贴合消费者的应用营销场景，在虚拟与现实互动的大概率数据触点刺激下，就能诱发消费者的购买欲望，并在互动场景内完成购买行为。

9.5
场景式营销是个完整的服务生态

　　据数据显示：截至 2016 年 7 月底，中国智能手机普及率达到 58%，运营商 WiFi 超过 800 万家，连续多年增长率超过 100%，移动互联网用户占国内网民总数的 95.1%。在移动互联网潮流下，与移动互联网相关的技术成为创意驱动的内核，各种营销方式和手段反而成了辅助手段，如果一款应用不能为消费者提供相同或更好的体验，则会变得无关紧要。而消费者生活时间碎片化和移动互联的空间凸显出"场景"的真正价值，是随着线上线下营销场景的打通，不断催生场景式营销升级，基于碎片化渠道的互动场景加速回归。

　　互动场景的回归，是以连接和关系为基础。关系指从社群走向社群组织化，关系存在于道德范畴和契约思维层面，中国传统哲学以"宗亲"为基础的关系，把社群演绎到极致；在移动互联网等科技驱动下，通过微信和二维码，人际间的连接变得十分简便和容易，消费者的隐私也越来越透明，消费者行为和认知的私密相关性，可以利用虚实互动连接实现商业价值。连接和关系，从某种程度上来说就是意识与思维，基于意识层面的连接和

思维层面的关系，就是一个相辅相成的互动场景，本质却是商家企业自上而下重构品牌形象，打造企业人格魅力与消费者开展亲密互动的过程。

从空间维度感知场景，线上一般为远场景或虚拟场景；线下一般为近场景或真实场景。线上与线下连接，说白了就是远场景与近场景的互动、虚拟场景与真实场景的交互。其实早在 PC 电脑时期，远场景与近场景构建已经开始进行，以交易场景中视觉传递价值为虚线、物流传递实物为主线；其中交易平台和第三方支付是虚、远场景，配送和实物属于真实的近场景；其打造远场景的方式在于：强化聚集人流，构建一个精美、流畅的网上商城和建设便捷、安全的支付和配送机制。但这时构建的场景仅仅关心线上交易和线上体验，是线上虚拟场景与线下真实场景的连接，而不是近场景与远场景的互动。移动互联网时代，进入了近场景与远场景的重构时期，重构的重点在于强化了虚拟场景与真实场景的互动，场景式营销渐入佳境：消费者持续在线，处处置身于场景之下、时时处于互动之中，身临其境的体验，社交媒体中的互动；便捷服务产生频繁交易、频繁交易产生信任、交易回归到服务信任。有信任促进了"真"交易、有信任加快了"快"服务，在互动信任中完成"真、快"的切换。场景式营销把商业场景中的交易行为、营销行为、体验行为通过互动结合在了一起。近场景偏体验、远场景偏交易，远近场景互动，实质上就是场景式营销的一个闭循环。

▷ 1. 场景式营销本身就是一个完整的生态

生态指一切生物的生存状态，以及在生物之间、环境之间环环相扣的关系。生态一般具有两大特点：一是上下游的串联；二是多元化构成有着一个共同核心。场景式营销正是基于场景无处不在，场景是一种心智影响力，消费理性化乃至情感化都可能成为消费决策的诱因。一个企业或一个

品牌都可以在"对的时间、对的场合为消费者提供对的信息"，推广企业或品牌的"价值"；在特定的场景氛围中，消费者会不知不觉地受到营销场景推介信息的启迪，萌发购买欲望、产生购买行为。在整个场景式营销过程中，无论是消费者需求的创造，还是广告经销商营销信息反馈的筛选，都是围绕"场景＋大数据"这个核心来完成。从这一点来说，场景式营销本身就是一个完整的生态。在这个生态中，众多场景式营销的商家就是这个生态的血管和管道，其职责就是将线上与线下连接起来，重新构建营销场景。在 PC 互联网时期，场景式营销基于网络内容浏览环境；而在移动互联网时代，场景式营销可以定位潜在消费者、准确分析消费者的真实需求，独立于内容，根据消费者碎片时间、碎片场景进行信息的精准推送。

现阶段的场景式营销，主要集中在线下采集消费者数据，进而把线下的场景转化为线上的流量；通过数据行为分析技术把消费者群体进行属性归类，从而推送更加精准的营销信息。这个过程，拉近了品牌与受众的距离，人是中介和载体，同时也是场景体验者和最终的消费决策者。

▷ 2. 与消费者形成良性价值交换

对于众多消费者而言，工作压力大、时间碎片化，在有限的上网时间里并不需要产品推介广告，而是需要为他们提供有价值的产品或服务，以满足当下的需求。而想要满足用户最根本需求，场景式营销无疑是实现这一愿景的最好方式和最佳途径。PC 电脑时期的场景式营销，构建营销场景的着力点大多集中在线上，这就导致对消费者的信息推介存在模糊和许多不精确的地方，如某位消费者经常浏览汽车门户网站，并不等于这位消费者就是要买车，或许只是喜欢车或对某款车型感兴趣。但移动互联网时期特别是大数据技术的应用，场景式营销已进入以价值为中心的营销时期，

意味着在透明的市场环境中，营销传播不能再像过去那样对消费者进行信息灌输，而应该更关注消费者的内心世界，通过科技创新、内容创新、传播方式创新，营造适宜消费者的生活服务场景，与消费者沟通，建立情感联系，诱发消费者的购买欲望，赢得消费者对产品的忠诚度。

从某种程度上来说，场景式营销是"精准"营销，应该把理性品牌定位上升到理性和感性定位，即通过打动消费者内心引发购买决策的理性思考，并且用品牌差异化吸引精神层面消费者的关注并使之确定决策，在理性和感性的共同作用下，通过特定的应用场景提供深度解读和洞察的内容，引导消费者与品牌产生强烈共鸣并做出持久的购买决策。

对于众多企业而言，如何才能做到消费者精准定位，同时又能通过差异化定位避开激烈竞争的红海市场？按照场景思维，一般包括选择问题、确定目标要素和提供相应解决方案三个步骤。场景式营销也不例外，目前在买方市场条件下，企业虽然要卖产品，实质上却是在兜售文化。如宝马的广告语"驾驭世界，一路向前"，就是一种情感定位，与之对应的是差异化精准定位战略。场景式营销实质是在塑造新型消费者"信任体系"。一方面，消费者对企业的信任（垂直化信任）大幅度降低；另一方面，消费者之间的互动和沟通显著增强，消费者彼此间的信任远大于对企业的信任。因此，消费者口碑对消费者决策有着重要影响，这意味着场景式营销必须进行深刻变革，一方面要强化移动端数据收集；另一方面要建立多维场景和消费者"信任体系"，由消费者自己组成圈子或社区，共同创造属于自己的产品和消费体验。既满足消费者当下的需求，又形成消费者与品牌的良性互动；既帮助了消费者，又因为良好的体验使消费者黏性提高。需要说明的是，消费体验已不是一种单纯的产品感受，而是个体消费者产生的体验总和。如淘宝社区的"淘分享""淘随购"就是这种消费趋势的产品化形式。

▷ 3. 场景式营销追求的是共赢

"流量为王"与"精准营销",其实并不是传统意义上的此消彼长的关系,在一定条件下,常常可以达到共赢的效果,而这个条件之一,就是赋予广告商家和消费者更多的选择。销售行业有句至理名言:"开发十个新客户,不如维系一个老客户。"这并不等于说新客户不重要,而是要赋予新用户更多的选项,衍生出更多的需求;给予营销商家更多的选择,更好地满足消费者的需求。不论是围绕消费者输入、搜索和通过浏览器这三种上网行为构建的以"兴趣引导 + 海量曝光 + 入口营销"营销场景,还是基于线下线上无缝对接的应用场景全覆盖,其基本要求都是对消费者场景更加细致、准确识别和判断,使品牌提供的信息能够更自然、更直接地满足消费者需求。特别是在线上流量的"红利"已经渐趋枯竭、成本越发高昂的背景下,基于场景数据挖掘的场景式营销,则变得更接地气,更容易"垂直落地",也能够轻松绑架"消费者习惯"。在数据互联互通的过程中,场景式营销线上不断渗透到线下的目的,就是为了在多个维度锁定消费者使用习惯,进而提升品牌影响力。需要明确的是,场景式营销追求的是共赢而不是垄断,这意味着场景式营销需要厂商、电商企业和消费者共同塑造,不仅要继续深化场景式营销的优势和价值,还需要积极将上下游进行串联,推动场景式营销互联互通的发展,带动整个生态的不断前进。

9.6
场景式营销的文化定位

互联网思维的本质是真正意义上的平等，而不是由一种主导走向另一种主导，也不是由一种主权转移到另一种主权。PC 互联网时期，消费者驱动的商业模式特征是以"眼球经济"为主，即依赖端口通过提供高质量的内容和有效信息获得流量，再通过流量变现的形式吸引消费者，最终形成完整的产业链条。当把消费者放在营销的核心地位，驱动整个企业运营体系运转的时候，问题便出现了：厂商企业把关注点聚焦在消费者和企业接触的平台端口上，试图让产品生产、设计等经济活动都围绕消费者需求展开。在过分强调实时追踪消费者变化的同时，其实是放弃了应对消费者变化的主动权。因为任何企业面对如此个性化、多样化的市场需求，往往会力不从心、穷于应付，碎片化细分市场带来的最大难题就是盈利难。互联网争夺的是流量和入口，消费者的流量更是直接决定了产品或服务的交易量。正是厂商流量和入口的竞争，造就了我国第一批"互联网品牌"如淘宝、韩都衣舍等，而 2012 年中小品牌"出淘"事件就是对抢夺流量和入口的抗争。

随着移动互联网技术的成熟，智能手机、定位导航、在线支付正在改

变着这个世界的商业模式及消费方式，移动社交网络、自媒体的迅速崛起，使得消费者的第一"触点"不再依赖搜索引擎或浏览器等导引进入门户网站完成消费；取而代之的是通过语言、二维码及随身携带的智能设备，方便地通过精心构建和观念植入的"具体生活消费场景"，与消费对象直接关联。消费者的个人价值观更加多元化，商品的外在属性更加明显，通过自身符号价值，让消费者产生和谐感与自我认同感，甚至让消费者忘记了商品的基本使用价值，直接让消费者在心理上产生一种虚拟的场景映射，从而产生消费的冲动。"谁掌握流量谁能称霸互联网"瞬间成为"明日黄花"，以消费者为中心的场景设计成为主宰营销的"王道"。谁有好的创意、谁树立了场景思维、谁营造了贴近消费者生活的应用场景，谁就可能成为移动互联网时期营销的大赢家。

"场景式营销"的逻辑：在消费这个层面，移动互联网带给人们的革命性影响主要是消费场景的变化，而不仅仅是电子商务等渠道的变革。正是场景的空间增加、消费者价值观的多元化及对场景含义的深化，导致了消费动机从本质上发生了变化。基于这种变化，通过利用产品或服务这样的"道具"，在一个个生活场景中尽情"表演"，以达到获得社会身份和消费者认同的目的。消费者在面对不同的生活消费场景时，就会自然而然地选择与场景需求相对应的产品或服务。

移动智能终端，在场景式营销中扮演着极为重要的角色，它既是高级传感器，又是高级联结器。一方面让消费者永远在线，另一方面让原来线上或线下独立存在的场景联结在一起。这种联结是以生产者与消费者的连接为基础，以场景为出发点。譬如微信，它既是一种典型的线上社交工具，也是一种线上沉浸式场景。但微信的参与者都是现实生活中的消费者或潜在消费者，这些消费者或潜在消费者又都是好友或熟人，线下社交与线上社交的场景因他们的参与联结起来。再譬如支付宝，只是一个支付工具被

应用在消费者购物的支付场景中，但如果不能满足消费者的某些场景需求，就会被其他能满足场景需求的产品所取代。如微信支付针对春节场景的发红包，一举打破了支付宝在支付市场一家独大的垄断态势，这让在社交场景上存在严重缺陷的支付宝备受压力，于是有了对陌陌的收购，并在2015年直接开通"圈子"功能，充分说明了场景对产品推广无比重要。

在构建的各种营销场景中，每一处场景都能自然引发另一处场景，场景之间关联密切、变化连续、界面复合并具有突出的视觉导向，如同电影镜头的切换。需要厘清的是，场景对于传统商业和对于移动互联网时期商业的意义和表达上的差别很大：在传统营销理念中，场景是一个表演舞台，阐释上更多偏重于它蕴含的文化和价值，据此赋予商品外在属性和产品或服务的价值，迎合消费者多样化的价值需求；而在移动互联网语境下，场景更像是一个介质、一个工具，场景桥接并催化了新商业模式，创造了新的商业机会。尽管有这些不同，但场景的本质并没有任何改变，它仍然是人们的生活片断、时空断面。舞台也好、工具也好，场景蕴含物理空间特性和文化特性，滋生和孕育了广大消费者新的消费观念和新的消费行为方式，不管线上产品还是线下产品，都绕不过去对场景的洞察。只有通过对产品或服务使用场景的洞察，才能让产品或服务不再是个物件。因为场景中的人、景和故事，使产品或服务变得鲜活起来，具有了与消费者交互关系的生命力，这正是让产品或服务或品牌形象获得消费者认同，营销场景成为一种文化现象的不二法门。

无创意，不营销。在以市场需求为主导的经济时代，移动端的消费者需求呈现出精细化、多样化、碎片化、个性化特点，"狂轰滥炸地毯式"电视、报纸广告已经给消费者带来审美上的疲劳，创意成为场景式营销不可或缺的驱动力，只有巧妙、精致和能给消费者带来惊奇、惊喜或不一样体验的营销创意，才能提升产品或服务的价值和曝光度，才能让消费者接受。

无社交，不营销。从微博、微信到陌陌，其本质都是借助各个社交工具使事件的信息曝光度扩大，让所有消费者在极短时间内知晓。"下雨天把杜蕾斯套在鞋子上可防水"想必大家都耳熟能详，在所有人都没有把它当作广告的时候，杜蕾斯的这条微博顺利刷屏，让杜蕾斯营销团队完成了一次华丽的品牌展示和宣传；而蒙牛的"吃货专车"之所以能够刷爆朋友圈，则是依靠一条"蒙牛吃货专车送惊喜"。微信用户不用叫专车也能参与抽奖，并可以分享到朋友圈让其他人参与。在社交媒体十分发达的环境下，社交广告正释放着"叫好又叫座"的价值，消费者对品牌的感知和体验呈现出多场景、网络化的特征。基于社交媒体优势，场景为品牌与消费者提供了最佳情感连接方式，能更真实地洞察消费者的真实需求，在多场景互动中打动消费者内心情感诉求；同时也是营销与效果最佳连接器，减少了转换环节，让线上线下无缝对接，创造切合实际的消费连接，达成口效合一。

无数据，不营销。在大数据时代，消费者处于全时在线极度碎片的信息环境中，只有大数据能还原真实生活，也只有大数据技术能支撑营销决策，真正剔除传统营销决策中以偏概全、本末倒置等痼疾。这种基于大数据营销的新常态，在新的数据体量、处理技术和分析方法上大大有别于过往，而常态则会在较长时期内保持稳定，因为对理性的无限趋近，就是决策根本出发点和落脚点的智能化。大数据更直接的影响是对商业模式和企业运营的改变，场景式营销基于大数据分析技术，可以精准地定位用户群体，深度解析和了解消费者行为，准确预测消费者行为；在此基础上构建特定的应用场景，做到有针对性地营销，引发消费者的购买行为，取得最佳营销效果。一句话，大数据带来丰富、强大的分析能力，还让越来越多的企业从中受益，为消费者提供按需设计、按需制造、按需满足的个性化体验，与消费者建立深度的信任，产生了"1+1 > 2"的效应。

无场景，不营销。移动互联已经融入人们的生活，成为人们生活不可

分割的一部分，微博、微信、支付宝、滴滴打车等，一张张无形的"大网"覆盖了人们的衣食住行，移动终端连接着每一个人，而人们也与纷繁复杂的网络紧紧相连、密不可分。人们拥有并使用的屏幕数量越来越多，时间和专注度却不断被蚕食，任何精心打造的信息传播都可能受到影响或被中断，如何才能无缝连接受众并全部陪伴他们的体验之旅？在营销这个唯变不变的环境下，场景式营销无疑是营销发展的最新趋势和必然。场景式营销从消费者需求出发，由于消费者在不同场景下关注不同的内容，不同消费者在不同场景下的兴趣点有差异，商家基于判断消费者当下环境需求，然后给消费者推送相应的品牌或者产品信息。也就是通过深入挖掘消费者需求和消费"痛点"，主动为消费者提供产品或服务的品牌信息和解决工具，构建全新的生活消费场景，创造全新的营销机会。